［編］
竹沢幸一
本間伸輔
田川拓海
石田尊
松岡幹就
島田雅晴

日本語統語論研究の広がり

Toward an integrated approach to Japanese syntax
From description to theory and from theory to description

記述と理論の往還

Toward an integrated approach to Japanese syntax:
From description to theory and from theory to description

© Koichi TAKEZAWA, Shinsuke HOMMA, Takumi TAGAWA, Takeru ISHIDA,
Mikinari MATSUOKA, and Masaharu SHIMADA

First published 2019

All rights reserved. No part of this publication may be reproduced,
stored in a retrieval system, or transmitted in any form or by any means,
without the prior permission in writing of Kurosio Publishers.

Kurosio Publishers
4-3, Nibancho, Chiyoda-ku, Tokyo 102-0084, Japan

ISBN 978-4-87424-811-9
printed in Japan

目　次

はしがき v

第 I 部　基調論文

第 1 章
形容詞連用形を伴う日本語認識動詞構文 .... 竹沢幸一　3

第 II 部　アスペクトと統語・意味

第 2 章
「ている」進行文の統語構造と数量副詞の解釈について

　　　　　　　　　　　　　　　　　　　　　　松岡幹就　25

第 3 章
「てある」文にみられる方言間差異 .... 島田雅晴・長野明子　45

第 4 章
経験相を表すテイル文と属性叙述
　―叙述類型論における記述と理論の融合に向けて― .... 鈴木彩香　65

第 III 部　テンスと統語・意味

第 5 章
素性継承システムのパラメータ化と日本語における定形節のフェイズ性
　　　　　　　　　　　　　　　　　　　　　　三上　傑　87

第6章
叙想的テンスの意味と統語　　　　　　　　　三好伸芳　107

第IV部　コントロール構文と統語・意味

第7章
いわゆる定形コントロール構文の節構造とその成立要因　　　　　　　　　阿久澤弘陽　129

第8章
日本語における後方コントロール現象　　　　　　　　王　丹丹　149

第V部　格と統語・意味

第9章
ナガラ節内における主格の認可について　　　　　　　石田　尊　171

第10章
対格目的語数量詞句の作用域、特定性、格の認可について　　　　　　　　　本間伸輔　191

第VI部　述語形態と統語・意味

第11章
否定辞から語性を考える
―3つの「なくなる」と「足りない」―　　　　　　　田川拓海　213

第12章
通言語的観点からみた日韓両言語における否定命令文　　　朴　江訓　229

目 次 | iii

第 13 章
「［名詞句］なんて～ない」におけるモダリティとしての否定述部
....井戸美里　249

第 14 章
事象類型の選択と状況把握
—テンス・アスペクトおよび自他動詞—..佐藤琢三　267

執筆者紹介..287

はしがき

　2017 年 3 月 27 日、編者の一人である竹沢の還暦を機に、筑波大学東京キャンパスにおいて、言語学ワークショップ『日本語統語論研究の広がり―理論と記述の相互関係―』が開催された。このワークショップでは、竹沢による生成統語論の理論的展開と日本語の格現象に関する講演が行われた後、日本語統語論における 4 件の研究発表が行われた。このワークショップは、その題名の通り日本語統語論をテーマとしたものであるが、それと合わせて副題にあるように、言語研究における事実観察すなわち記述と理論構築との往還に焦点を当てることもねらいとしていた。

　本書は、このワークショップの発展形として企画されたものである。ワークショップのテーマでもある、日本語統語論研究および記述と理論の往還を柱とし、竹沢が長きに渡って研究してきた日本語の述語および述語周辺部の事象に関する論集を作るべく構想を練った。述語周辺部の事象とは、述語に関係の深いテンス・アスペクトをはじめ、格、否定、定形性、節構造など広く述語周辺部にあると考えられる形式およびその意味を念頭に置いている。

　執筆陣は、竹沢の研究フィールドである生成統語論および日本語学の研究に携わる国内外の若手・中堅研究者を中心に計 15 名から構成されている。生成統語論に依拠した論考が半数程度を占めるが、いずれの論考も記述面を重視したものであるため、生成統語論の背景知識があまりない読者も、大きな困難を伴うことなく読むことができるものと思う。

　各章の概要は以下の通りである。

　第 I 部の第 1 章「形容詞連用形を伴う日本語認識動詞構文」（竹沢幸一）は、本書の基調論文として位置付けられるものである。本章では、「思える」という述語からなる認識動詞構文と「思われる」という述語からなる認識動詞構文を比較し、自発文である前者と受動文である後者の文法特性の違いを明確に浮かび上がらせている。ある理論を前提として演繹的に議論を進める通常の理論言語学のやり方とはあえて逆の方策をとることで、生成言語学になじみがない研究者との対話を可能にし、また、言語研究において理論と記

述の関係はどうあるべきなのかを問うている。このような観点から、格、述語の意味、節構造といった（日本語）生成統語論研究の古くて新しい問題に取り組んでいる竹沢論文は、まさしく本書の基調論文であり、読者には本章から読み始めることをおすすめする。

第Ⅱ部には、日本語文法研究で広く取り上げられてきたアスペクトに関する3編の論考を収録した。

第2章「『ている』進行文の統語構造と数量副詞の解釈について」（松岡幹就）では、世界各地の言語で、進行相の文が場所格叙述文の統語構造を持つという事実を背景に、日本語の「ている」進行形の文も、主語が有生名詞の場合には、当該構造を持ち得ると論じる。すなわち、「いる」が存在動詞として現れ、その項として主語名詞句と音形のない後置詞を主要部とする後置詞句を選択する。その後置詞句内には、名詞化された節が現れ、その主語が「いる」の主語によってコントロールされるという二重節構造を成す。これに対して、無生名詞を主語とする「ている」進行文においては、「いる」が相を表す機能範疇として現れる単一節構造が形成されると主張する。

第3章「『てある』文にみられる方言間差異」（島田雅晴・長野明子）は、東京方言の「てある」文と福岡方言の「てある」文を比較して、その相違点を記述し、理論的に説明することを試みている。まず、東京方言では完了の解釈しかない「てある」文が、福岡方言では完了に加え、進行の解釈があるということを観察し、福岡方言の「てある」文に見られる数々の特徴を記述している。そして、本書第2章の「ている」進行文の分析に基づいて、福岡方言の「てある」文に観察される進行読みは「ている」進行文をもとにしたものであり、また、完了読みも「ている」進行文と平行的な構造に由来すると主張している。さらに、東京方言との違いは形態的な外在化の違いに帰せられるものとしている。

第4章「経験相を表すテイル文と属性叙述―叙述類型論における記述と理論の融合に向けて―」（鈴木彩香）は、「太郎は二十歳になる前に、お酒を飲んでいる」という経験を表すテイル文を扱っている。特に、進行相を表すテイルは stage-level predicate、経験相を表すテイルは individual-level predicate とする理論的な先行研究に注目し、さらに観察を深め、記述の精

度を高めている。そして、経験相のテイルからなる文もテンスと相関関係を持てること、主語に中立叙述の解釈が可能であることを指摘し、経験相のテイルにも進行相のテイルと同様に stage-level predicate としての性質があると結論付けている。記述研究の知見と理論研究の観点を融合して、さらに発展的な分析を模索する事例研究となっている。

第Ⅲ部は、アスペクトと並ぶ日本語研究の重要テーマであるテンスや定形性に関する論考から成る。

第5章「素性継承システムのパラメータ化と日本語における定形節のフェイズ性」(三上傑) は、生成統語論の理論的課題に対し、日本語の関連事象の注意深い記述によって答えを与えるというスタイルの論考である。英語では定形節境界を越えた A 移動が不可能であるのに対し、日本語にはそのような制約が見られないことから、英語では定形節が常にフェイズを形成するのに対し、日本語では必ずしもそうではないと考えられている。本章は、収束性に基づいてフェイズを定式化することにより、この日英語間の違いが、フェイズ主要部である C から T へ継承される素性のタイプの違い、すなわち、Phi 素性か焦点素性かというパラメータに帰せられると主張する。さらに、本章で提案される分析は、日本語に A 移動タイプの長距離スクランブリングが存在することを正しく予測することを論じている。

第6章「叙想的テンスの意味と統語」(三好伸芳) は、主に主節での用法が議論されてきた日本語の叙想的テンス (ムードの「タ」) が従属節に現れた場合を取り上げ、叙想的テンスの意味的特徴と統語的な位置づけを考察している。叙想的テンスは「帰った、帰った」のような〈要求の「タ」〉を除けば従属節にも現れ得ること、〈発見の「タ」〉や〈想起の「タ」〉では主節述語のタイプとも連動した意味的制約が存在することを明らかにし、そうした制約が見られない〈仮想の「タ」〉についてもその理由を明確にする。また、〈要求の「タ」〉以外の叙想的テンスは南の四段階 (南 1974) における B 類節にも生起することを示し、通常のテンスの「タ」との統語的な差異について考察している。

第Ⅳ部は、述語がとる補文に関わる事象、とりわけコントロールを扱った論考から成る。

viii ｜ はしがき

　第 7 章「いわゆる定形コントロール構文の節構造とその成立要因」（阿久澤弘陽）は、「つもり／気」が補文をとる 2 種類の構文を分析し、その統語的・意味的成立条件を明らかにするものである。阿久澤は、「つもり／気」が定形節を補文として選択する構文があり、これが定形コントロール構文であることを統語的観点から論ずる。さらに、この構文の成立要件として、de se 態度と責任関係の 2 つの語彙意味論的要因を指摘する。「つもり／気」から成る構文の統語的・意味的な記述を丁寧に行うことによって、定形コントロールに対する新たな視点を提供する試みである。

　第 8 章「日本語における後方コントロール現象」（王丹丹）は、日本語において「許す」「命じる」などの述語によって導かれるコントロール文に対する詳細な記述を基盤にした意味論的・統語論的な分析を提案するものである。

（1）a.　父親は　彼女に／が　数学の授業を聞くことを許した
　　　b.　信長は　利家に／が　前田家の当主となることを命じた

王は、（1a, b）に示すようにこれらの述語のコントロール補文においてニ格とガ格の交替があること、ニ格の場合は前方コントロール、ガ格の場合は後方コントロールの構造になっていることを実例も用いながら明らかにしている。さらに、この現象に対しては意味的コントロールとスクランブリングを用いた分析が妥当であることを示している。

　第 V 部は、述語のとる項が持つ格に関わる現象を論じた論考から成る。

　第 9 章「ナガラ節内における主格の認可について」（石田尊）は、日本語のナガラ節内部で主格認可が起こる条件を記述し、ナガラ節内での格認可に関するモデルを提示している。ナガラ節については付帯状況（継続）ナガラ節、逆接ナガラ節の他に等位接続的ナガラ節を下位分類として立て、逆接ナガラ節のみが主節事態と独立した時間指示を持つと主張している。等位接続的ナガラ節を除くと、ナガラ節内で主格認可が起こるのはこの逆接ナガラ節の場合であり、かつその中でも非対格動詞や存在文の無生内項、および所有文の内項にのみ主格認可が起こることを指摘した上で、形態的に時制要素が現れないナガラ節の屈折要素に時間指示の有無を想定することを前提とした格認可のモデルを提案している。

第 10 章「対格目的語数量詞句の作用域、特定性、格の認可について」（本間伸輔）は、対格目的語数量詞句のとる「3 人の容疑者を」、「容疑者を 3 人」、「3 人容疑者を」の各形式の作用域特性、および格と特定性についての論考である。対格目的語が否定や付加詞に対して広い作用域をとるには、特定的な解釈が必要であり、対格格助詞と特定性の両方の統語素性の認可によって広い作用域が可能になると分析する。さらに、この分析によって他言語における対格の具現、特定性、移動可能性の関連性も捉えられることを示す。日本語数量詞句の作用域に関する新たな事実の指摘に加え、格標示と移動可能性との関連性や、他言語の関連現象をも射程に入れた興味深い分析である。

第Ⅵ部は、否定形など述語がとる形態に関する論考を収録した。

第 11 章「否定辞から語性を考える—3 つの『なくなる』と『足りない』—」（田川拓海）は、「なくなる」と「足りない」という 2 つの形態を取り上げ、それぞれの語性に関する統語的特徴と形態的特徴のずれを論じたものである。

(2) a.　お金がなくなった
　　 b.　鯵が高くなくなった
　　 c.　太郎は走らなくなった

(2) にあるように、「なくなる」は存在述語、形容詞述語、動詞述語と対応したものがあるが、アクセントなど複数の言語現象から (2a) が最も語としてのまとまりが強く、(2b) が最も弱いことを明らかにし、形態操作による分析を提案している。また、否定極性項目が共起しない現象などから、「足りない」に含まれる「ない」が統語的に機能していないことを示している。

第 12 章「通言語的観点からみた日韓両言語における否定命令文」（朴江訓）は、日本語と韓国語の否定命令文に現れる否定命令形式「-な」「ma」の相違点を考察の対象としており、「-な」と「ma」に否定極性項目（NPI）の認可および分布の自由性に関する異なりがあることを指摘した上で、両形式の歴史的変遷過程を検討していく。否定辞を源流とすると考えられる「-な」は「否定循環（negative cycle）」に合致した変遷過程をたどり、否定命令形

x ｜ はしがき

式として定着しているのに対し、「中止」を表す動詞の命令形にさかのぼる
「ma」は否定循環に従わないことを明らかにし、こうした歴史的変遷や文法
化に関する経緯の異なりを「-な」と「ma」の異なりに関連づけている。

　第13章「『［名詞句］なんて～ない』におけるモダリティとしての否定述
部」（井戸美里）は、「幽霊なんていない」のような例に見られる「［名詞句］
なんて～ない」という表現における否定述部の特徴を記述している。そこに
現れる「ない」は、単純な否定形式でありながら、話者の判断を表すモダリ
ティとしての外部否定を表すと主張する。また、「なんて」は、とりたて詞
や補文標識として、それが付加した命題について話者が偽だと信じているこ
とを表明する文に現れることを論じている。これらの観察を通じて、単純な
否定形式にも、内部否定を表すものと外部否定を表すものという、2つの語
彙項目を認める必要があるという結論を導いている。

　第14章「事象類型の選択と状況把握―テンス・アスペクトおよび自他動
詞―」（佐藤琢三）は、ある事態に対して複数の言語表現が選択可能である場
合に、その選択に事態の把握の有無や方法がどのように関係しているのかを
論じたものである。

(3)　a.　お客さんが　いる／来ている／来た
　　　b.　お茶　が入った／を入れた　よ

具体的には、(3a)に示されるように存在表現／テイル／タのいずれが選択
されるのか、(3b)に示されるように自他のいずれが選択されるのかという
2つの問題を取り上げ、詳細な記述を元に、前者には話者がその場の状況や
背景事情が理解可能かどうか、後者には事態を没入的に描くか鳥瞰的に描く
かという要因が重要であることを明らかにしている。

　以上のように、生成統語論を始めとする特定の言語理論への依拠の度合い
は異なるものの、各章とも日本語の述語および述語周辺の事象について、事
実観察すなわち記述を重視しながら言語理論の構築に寄与することを試みた
論考からなっている。読者は、日本語の述語および述語関連の事象に関する
研究動向を知ることができるのみならず、言語研究における記述と理論の往
還の重要性を感じとれるのではないかと思う。また、それが本書の意図する

ところでもある。

　最後に、くろしお出版の荻原典子氏には、本書の企画の段階から出版に至るまで労をお執りいただいた。心からお礼申し上げたい。

2019 年 7 月

編者一同

第Ⅰ部
基調論文

第1章

形容詞連用形を伴う
日本語認識動詞構文

竹沢幸一

1. はじめに

　言語形式の表面的な見かけはその背後に存在する重要な特徴を覆い隠していることがよくある。たとえば、英語の John is easy to please./John is eager to please. というミニマル・ペアは有名な例であるが、英語母語話者は、この二つの文は単に easy と eager という形容詞の表面的な対立だけにとどまらず、統語的にも意味的にも重要な違いを含んでいることを無意識のうちに知っている。そして、そうしたミニマル・ペアの発見と分析は母語話者の無意識の言語知識の解明に重要な役割を果たすこともこれまでの文法研究の歴史が示している。本章では、日本語からそうしたミニマル・ペアを一対とりあげ、そこからどのような記述的および理論的な議論が展開できるか考えてみたい。

　ここで考察の対象とするのは次のようなミニマル・ペアである。

(1) a.　太郎が花子に実際より若く思われている（こと）
　　 b.　太郎が花子に実際より若く思える（こと）
(2) a.　太郎が花子にこどもっぽく思われている（こと）

4 ｜ 竹沢幸一

  b. 太郎が花子にこどもっぽく思える（こと）

(3) a. その話が多くの人たちにとても不思議に思われている（こと）

  b. その話が多くの人たちにとても不思議に思える（こと）

(4) a. 太郎の行動が友人たちに不自然に思われている（こと）

  b. 太郎の行動が友人たちに不自然に思える（こと）

(1) から (4) までのペアは、文末の「思われている」と「思える」という述語部分を除いて同一の形式をもっている。

(5) NP ガ NP ニ 形容詞連用形 $\left\{ \begin{array}{l} \text{思われている} \\ \text{思える} \end{array} \right\}$ （こと）

さらに、その意味解釈を考えても両文は同じような状況を表している。(1)の例について具体的に見てみると、a, b どちらの文でも、形容詞連用形「実際より若く」が主格名詞句「太郎が」と叙述関係を結んで「太郎が実際より若い」という事態を表しており、また与格名詞句「花子に」がその「太郎が実際より若い」という事態を認識する認識主体（経験者）と解釈される。つまり、(1) の文の表す内容はどちらもおおよそ「太郎が実年齢より若い（若く見える）という事態の認識を花子がもっている」というものである。(2)から (4) の例も形容詞連用形が主格句と叙述関係をなし、与格句がその状況の認識主体という同様の解釈をもつ。

 確かに、それらは形式的にも意味的にも似通った表現ということができるが、他方、母語話者の直観からして両者のあいだにはかなりの違いが感じられることも事実である。その直観は、たとえば文末の名詞化辞・補文化辞の「こと」を外してみるとはっきりする。(1) では名詞句に与えられる格標示をはっきりさせるため、談話的な要因に影響されないように「こと」節に補文として埋め込むことによって主題標識のハの出現を排除しているが、「こと」を外して主節にしたときに両文のあいだには自然さの違いが生じる[1]。

---

1 判断は語順によっても多少影響されるが、ここでは語順の影響については考慮しない。例文の判断については様々な要因が影響している。ここでは、対立を最小にして例文のパラダイムを提示しているが、例文に不自然さが感じられる場合には、適当に単語を入れ替えてもらっても構わない。

（6）a. 太郎は花子に実際より若く思われている。

　　b. 太郎が花子には実際より若く思われている。

（7）a. 太郎は花子に実際より若く思える。

　　b. 太郎が花子には実際より若く思える。

「思われている」を含む（6）の場合には、a 文のように「太郎」にハを付けて主題化したほうが自然に感じられるのに対して、「思える」を含む（7）の場合、b 文のように「花子に」にハを付けて主題化したほうが文が落ち着く。

　こうした直観はどこからどのように生まれるのか？単に述語形式の違いからだけ生ずるわけではない。述語形式の選択と関連して、そのほか何らかの無意識の統語的・意味的計算が日本語母語話者の頭の中で行われているからであると考えられる。

　筆者はこれまで特に「思える」や「見える」といったタイプの認識動詞構文[2]について詳しい統語的研究（Takezawa 1993、1999、竹沢 2015、竹沢・Whitman 1998 など）を行ってきたが、本章では、（1–4）のタイプの形容詞連用形を含む認識動詞構文のミニマル・ペアに焦点を当てて、その対立から導かれる記述的一般化およびそれが提起する問題について検討していく。

　本章の構成は次のとおりである。2 節では、「思われている」を含む文と「思える」を含む文の統語的違いについて三つの現象に着目して観察を行う。3 節では、「思われている」と「思える」という述語形式のもととなっている「思う」という他動詞の特徴について観察する。4 節では、「思われている」と「思える」の特徴を「思う」という他動詞を介して記述的に明らかにし、5 節ではそれをもとに両構文のふるまいの違いがどのように説明されるのかを考える。6 節では、本章のまとめと今後の課題について簡単に論ずる。

　本章の基本的な方針は、理論言語学で一般的に行われているように、定の理論的な前提・仮説をもとにした予測に基づいて演繹的にデータの説明を行うのではなく、まずデータが示す範囲において記述的一般化を帰納的に導き出し、その後で記述的一般化が現象の説明とどうつながるかを考えていくという方向性で話を組み立てていく。そうすることによって、生成文法理論の

2　筆者の別の論文では、自発文（spontaneous sentences）とも呼んでいる。

6 ｜ 竹沢幸一

道具立てに精通されていない読者の方にも基本的な部分では経験的なデータに基づいて本章の目指すところを十分に理解してもらえるものと考える。

2. 「思われている」構文と「思える」構文の相違点

「思われている」構文と「思える」構文は、(5) に示したように名詞句の格配列も含めて表面的に非常に近い形式を示すにもかかわらず、主節における主題化に関して (6) と (7) の対立に示したような違いを母語話者は感じることを 1 節で述べた。本節では、二つの構文の特徴をはっきりさせるためにさらにそれらが異なったふるまい方を示す現象を提示する。以下では、再帰代名詞「自分」、「のこと」挿入、ニ・カラ格交替の三つの現象をとりあげることにする。

最初に、再帰代名詞「自分」を含む例文から考えていくことにしよう。(8) の例文であるが、これらは主節述語として「思われている」という形式が用いられている。

(8) a.　花子ᵢが自分ᵢの同僚に実際より若く思われている（こと）
　　 b. *花子ᵢに自分ᵢの同僚が実際より若く思われている（こと）

「自分」の先行詞となる「花子」がガ格名詞句として、また「自分」を含む名詞句がニ格名詞句として現れている (8a) では、「花子」と「自分」のあいだの同一指示が成り立つ。他方、先行詞「花子」がニ格で、また「自分」を含む名詞句がガ格で現れている (8b) では、同一指示は成り立たない。この関係は (9) のようにニ格名詞句とガ格名詞句の語順を入れ替えても変わらない。

(9) a.　自分ᵢの同僚に花子ᵢが実際より若く思われている（こと）
　　 b. *自分ᵢの同僚が花子ᵢに実際より若く思われている（こと）

それに対して、主節述語が「思える」の場合、(10) に示すように、ガ格名詞句に先行詞が、ニ格名詞句中に「自分」が含まれている場合は同一指示が成り立たず、逆にニ格名詞句に先行詞が、ガ格名詞句中に「自分」がある場合には、同一指示の関係が成立する。

第1章　形容詞連用形を伴う日本語認識動詞構文　｜ 7

(10) a. ＊花子ᵢが自分ᵢの同僚に実際より若く思える（こと）

　　 b. 　花子ᵢに自分ᵢの同僚が実際より若く思える（こと）

ここでも、(11) のように二格名詞句とガ格名詞句の語順を入れ替えてもこの関係は変わらない。

(11) a. ＊自分ᵢの同僚に花子ᵢが実際より若く思える（こと）

　　 b. 　自分ᵢの同僚が花子ᵢに実際より若く思える（こと）

　以上、再帰代名詞「自分」が先行詞としてどの格をもつ名詞句と同一指示の解釈を受けるか観察してきたが、ここでの観察をまとめると、「自分」の先行詞になり得るのは「思われている」構文では主格名詞句、「思える」構文では与格名詞句という違いがあることを見た。

　次に、二つ目の相違点として主格名詞句への「のこと」という要素の挿入可能性を見てみる。

(12) a. 　太郎（＊のこと）が花子にこどもっぽく思われている（こと）

　　 b. 　太郎（のこと）が花子にこどもっぽく思える（こと）

(12a) の「思われている」構文では主格句のなかに「のこと」を挿入することができないが、それに対して (12b) の「思える」構文では主格句のなかに「のこと」を挿入することができる。「思われている」構文と「思える」構文の主格句への「のこと」挿入の違いがどのような理由によって生じるのか、説明が求められる。

　次に、両構文の三番目の違いとして二・カラ格交替現象について見てみよう。(13) の例は「思われている」構文と「思える」構文の経験者項に現れる二がカラと交替できるかどうかのテストである。

(13) a. 　太郎がみんなに／から実際より若く思われている（こと）

　　 b. 　太郎がみんなに／＊から実際より若く思える（こと）

「思われている」構文の二はカラと置換可能であるが、「思える」構文の二はカラとは置換できない。

ここまで、「思われている」と「思える」が違ったふるまいを示す三つの現象を観察してきたが、これらの観察は【表1】のようにまとめられる。

【表1】「思われている」構文と「思える」構文の対立

	「思われている」構文	「思える」構文
「自分」の先行詞	ガ格名詞句　OK ニ格名詞句　*	ガ格名詞句　* ニ格名詞句 OK
ガ格句への「のこと」挿入	*	OK
ニ・カラ格交替	OK	*

　以上、本節では一見したところ意味的にも形式的にもとても似ている「思われている」構文と「思える」構文ではあるが、いくつかの文法現象のなかでそれらを観察したとき、そのあいだには実はかなり明確な違いも観察されることを指摘した。

　さて、こうした事実観察を受けて次の問題は、表面的には非常に似通った言語表現がこれら三つの現象に関してなぜ異なるふるまいを見せるのかという点である。この問題を考えるために、これらの構文の唯一の表面的な対立点である「思われている」と「思える」という述語形態の特性についてまず詳しく考察を行うことにする。

3.　「思う」

　本章で考察対象としている「思われている」と「思える」という述語形式であるが、これらは形態的にどちらも「思う」という他動詞を基体としてそこから派生した形式である。本節ではまず「思われている」と「思える」の基体となっている動詞「思う」の語彙的特徴を項構造と語彙的アスペクトの観点から明らかにし、さらに「思う」という動詞との比較を介して「思われている」と「思える」という派生形がどのような文法的特徴をもつものなのかを記述的に見ていくことにしたい。

　最初に「思う」という動詞の基本的な項構造を考えてみよう。この動詞は《思う》という心的プロセスを担う経験者（experiencer）項と《思う》の思考・

認識内容である命題 (proposition) 項をとる 2 項述語と特徴づけるのは至極自然な仮定である。そして、この項構造の統語的具現として、経験者は外項として主語の位置 (構造的に言うなら TP の指定辞) を、また命題は一般的に補文化辞「と」を伴った定形節補文 CP として VP 内の内項の位置を占める[3]。

(14)
統語構造：[TP [NP 花子] が [VP [CP 太郎が実際より若いと] 思って] いる]

項構造：　　　[経験者]　　　[命題]

さらに、「思う」は命題項に対応して「と」節だけでなくもう一つ (15) のような補文形式をとることもできる。

(15) a. 花子は太郎を実際より若く思っている。
　　 b. 花子は太郎を頼りなく思っている。
　　 c. 花子は太郎の話を胡散臭く思っている。
　　 d. 花子は太郎の言うことをとてもこどもっぽく思っていた。

(15) には「思われている」構文および「思える」構文でも見た形容詞連用形述語が含まれている。(15) は (14) のような「と」節をとる場合と同じ項構造をもち、動詞「思う」は経験者項と命題項の 2 項述語であるとの前提に立てば、形容詞連用形述語は対格で標示されたその意味上の主語と叙述関係を結んで (16) のように構成素 X を統語構造上、形成していることになる。

(16) [NP 花子が] [X 太郎を 実際より若く] 思っている。

　　 経験者　命題

日本語学において、連用形という形態は品詞分類の考え方のなかで副詞として扱われ、名詞句と叙述関係を結んで命題を形成するといった考え方はあまり馴染みがないものかもしれない。しかし、形容詞連用形を英語の不定詞

3　説明の便宜上、ここでの議論では「VP 内部主語仮説」および「v 軽動詞」システム (Chomsky 1995、Hale and Keyser 1993 など) は導入せずに説明を行う。

10 ｜ 竹沢幸一

と対応させて考えてみるとそれは極めて合理的な考え方である。「思う」の補文のとり方を英語の believe の補文のとり方と比較してみると、日英語のあいだに興味深い対応関係が見えてくる。「思う」の「と」節と形容詞連用形節の二つの補文のとり方は、(17) に示す英語の動詞 believe の補文のとり方に対応している。

(17) a. She believes [$_{CP}$ that he is smart]

　　 b. She believes [$_X$ him to be smart]

(17a) の that は日本語の「と」と同様、定形節補文 CP を導入する補文化辞 C である。それに対して (17b) は to 不定詞節、つまり非定形の補文形式であり、日本語の形容詞連用形と対応する。非定形節の範疇上の正体についてはいくつかの考え方が可能であり、ここではひとまず X と表しておくことにする。この X については、日英どちらの言語でも、補文の意味上の主語が主節動詞「思う」／ believe によってその節境界 X を越えて対格を付与されており、こうした点から、X は補文タイプ（平叙文・疑問文・感嘆文など）や時制辞（過去・現在）に関して「完全」な指定をもっている CP とは異なり、補文化辞および時制辞を欠くという点で「不完全 (defective)」で、その節の外部から統語操作を許す「透明」な特性をもつ節であると特徴づけることができる。つまり、X は命題として意味的なまとまりをもつ節でありながら、そのなかに含まれる要素に対してその節の外側の要素からのアクセスを許し、一定の統語操作（格付与や一致）を可能にするタイプの節ということになる[4]。

　ここで、非定形節補文の分析方法について一言付け加えておきたい。英語の (17b) のタイプの文の構造と派生については生成文法初期から数多くの研究が行われてきた[5]。基本的な考え方としては、主動詞 believe が him に対して節境界を越えて格を与えると分析する「例外的格付与 (Exceptional Case Marking: ECM)」と、him が埋め込み節の主語から主節の目的語に繰り上

4　ミニマリスト理論流に言うなら「位相(phase)」とならない節ということになる(Chomsky 2001、2008 など参照)。

5　生成文法での繰り上げ構文の研究史については Davies and Dubinsky (2004) を参照。

がって主節で格が認可されると考える「目的語繰り上げ（Raising to Object: RTO）」の二つの分析方法が提案されている。

(18) a. [She believes [$_X$ him to be smart]]

b. [She believes him [$_X$ ~~him~~ to be smart]]

本章での議論に関する限り、どちらの分析をとるかはあまり重要ではない。説明の便宜上、ひとまず主節への繰り上がりをせずに補文内で対格を受けるという ECM 分析を採用して議論を進める。またこのタイプの構文のことをECM 構文と呼んでおくことにする。

　ここまでは「思う」の項構造について特に命題項の統語的具現に注目して述べてきたが、次に「思う」の語彙的アスペクトに関する特徴について簡単に触れておきたい。上の例文 (15) では現在時の状況を表すために、「思っている」という継続相のテイル形を用いている。これは「思う」が語彙的アスペクトの観点から見て、心的活動を表す非状態動詞（活動動詞）であり、現在時を指し示すためには、単純現在形の「思う」ではなく、継続相のテイル形を用いる必要があるためである[6]。また、上で項構造に関して日本語の「思う」と英語の believe との対応関係を指摘したが、両動詞を語彙的アスペクトの観点から対比する際には注意が必要である。上述のとおり、「思う」は心的活動を表す活動動詞であり、現在時を指示するためには継続相（進行相）標識のテイルが必要となるのに対して[7]、believe は状態動詞であり、一時

---

[6] 日本語のテイルおよび語彙的アスペクトについては金田一 (1950)、奥田 (1978a、1978b)、竹沢 (1991)、影山 (1996) など、英語の語彙的アスペクトについては Vendler (1967)、Dowty (1979) などを参照。

[7] 現在時を指し示す表現として、主語が 1 人称の場合は単純現在形を「私はそう思う」のように使うことができる。これは「思う」を人称制限のある「痛い」や「うれしい」など状態性をもつ知覚・心理述語として使用している場合の用法である。基本的に「思う」は 1 人称以外の主語の場合、「*あなた／彼はそう思う」とは言えず、現在時指示のためにはテイルの使用が必須である。

性を表すような特殊な状況を除いて原則的に進行相とは共起できず、単純現在形で現在時を指示する。

　以上、本節では動詞「思う」の特徴を項構造と語彙的アスペクトの観点から明らかにした。まとめると、「思う」は経験者と命題を項としてとる2項述語であり[8]、命題は「と」節 CP か形容詞連用形節 X として統語的に具現する。X は構成素をなしながら、CP とは異なり、その内部の要素に対して外側から統語的アクセスを許す透明な節境界である。また「思う」はアスペクト的に非状態動詞であり、現在時を指示するためには継続相アスペクトのテイルの使用が求められる。

4.　「思う」と「思われている」、「思える」

　前節で「思える」「思われている」の基体となっている「思う」の特徴を見てきたが、本節では、「思う」という動詞との対比のなかで「思われている」と「思える」という二つの述語形態を含む構文の特徴を明らかにしていくことにする。

　(19)にまとめたように、「思う」がもつ形容詞連用形を選択するという語彙特性は「思われている」にも「思える」にもともに引き継がれていることをもう一度確認した上で、両者の分析に入る。

(19) a.　「思う（思っている）」
　　　　花子が太郎を実際より若く思っている（こと）
　　b.　「思われている」
　　　　太郎が花子に実際より若く思われている（こと）
　　c.　「思える」
　　　　太郎が花子に実際より若く思える（こと）

8　「思う」には「恋人／昔を思う」のように人や物などの対象（theme）を内項としてとる用法も存在する。しかし、対応する自発用法「*花子に昔が思える」や受動用法「*昔が花子に思われている」は許容されない。

4.1 「思われている」

最初に、(19b)「思われている」の特徴を (19a)「思う」との関係から考えてみよう。述語の形態的特徴から「思われている」は他動詞「思う」に受動形態 -(r)are（プラス、アスペクト標識 -te-i）が付加したもの (omow-are-te-i-ru) とみなすことができる。また、統語的には (20) のような能動・受動の対立は一般的に次のように関係づけられる。

(20) a.　太郎が花子を愛している (aisi-te-i-ru)。
　　 b.　花子が太郎に愛されている (ais-are-te-i-ru)。

受動形態 -(r)are の付加によって他動詞の外項「太郎」が項としての統語的資格を失って付加詞（「太郎に」）へと格下げされ、また他動詞が本来もつ対格付与能力が奪われて、もともと対格を受けるはずの内項「花子」が目的語位置から主語位置（構造的に言えば、TP の指定辞位置）に格上げされる[9]。

以上が一般的に考えられている基本的な受動文の特質であるが、(20b) のような典型的な受動文と (19b) の「思われている」受動文の違いは、主語化される要素が動詞から直接、意味役割をもらう目的語ではなく、形容詞連用形から意味役割を受けとる形容詞連用形補文の意味上の主語であり、それは節境界を越えて他動詞「思う（思っている）」によって本来であれば対格が与えられるはずの名詞句であるという点である。それを簡略化した構造で示すならば、次のようになる。

(21) a.　[TP 花子が [VP 太郎に　花子が　愛されて] いる]
　　 b.　[TP 太郎が [VP 花子に [X 太郎が　実際より若く] 思われて] いる]

ちなみに、(21b) は英語 believe の ECM タイプの受動化構造と平行的である。

9　内項が格上げされる理由としては二つ考えられる。一つは主語に対する格付与を行うため、もう一つは節には必ず主語が必要であるという統語的原則によるという考え方（「拡大投射原理 (Extended Projection Principle: EPP)」Chomsky 1981、など）である。どちらの立場をとるかを論ずるためには、一定の理論的枠組みを仮定する必要がある。

14 ｜ 竹沢幸一

(22)　[TP He is believed　[VP by her [X ~~he~~ to be smart]]]

　このように、-(r)are という受動形態は項の文法関係と格を変える機能を
もっているが、語彙的アスペクトについてはまったく影響を及ぼさない要素
であることは言うまでもない。たとえば、(20) の「愛する」という他動詞
型の心理動詞は日本語ではアスペクト的に心的活動を表す非状態の他動詞で
あり、現在時を指し示すためにはテイルが必要である[10]。それは受動化され
た (20b) においても変化しない。同じく、形容詞連用形補文をとる (19a, b)
の場合も、能動・受動の違いにかかわらず、現在時指示ではテイルが使用さ
れなければならない。

4.2　「思える」

　続いて、「思える」構文についてその特徴を「思う」との関係に基づいて
考えてみよう。「思える」の形態的構成であるが、「思える」は他動詞「思う
(omo(w)-u)」にいわゆる自発の形態素 -e が付加して派生したもの (omo(w)
-e-ru) である。自発の -e を付加することによって格配列も可視的に変化する。

(23) a.　花子が [太郎を実際より若く] 思っている (こと)
　　 b.　花子に [太郎が実際より若く] 思える (こと)

「思う (思っている)」では、(23a) に示すように、経験者項が主語として主
格をとり、補文の意味上の主語が対格を受けていたが、自発形態の -e を挿
入することによって、(23b) に示すように、経験者項はニに変わり、また補
文の意味上の主語は主格となる。

　こうしたいわゆる自発に属する動詞には「思える」のほか「見える」、「聞
こえる」などが含まれる[11]。「見る」と「聞く」は外項として経験者を、そし

10　英語の love は believe 同様、状態動詞であり、能動・受動に関係なく継続相アスペクト
標識なしで現在時を指し示すことができる。経験者を主語 (外項) とし、対象を目的語 (内
項) とする love ／「愛する」などのいわゆる ES 心理動詞 (Belletti and Rizzi 1988) は両言語
で語彙的アスペクトがまったく異なる。

11　「見える」、「聞こえる」は形容詞連用形節 (道がまっすぐに見えた) およびテ形節 (道

第 1 章　形容詞連用形を伴う日本語認識動詞構文 ｜ 15

て内項としては命題ではなく対象[12]をとる 2 項の他動詞であるが、自発形態素の -e を付け加えることによって経験者項と対象項の格が変わる。

(24) a.　太郎がそれを見る。　　　b.　太郎にそれが見える。
(25) a.　太郎がそれを聞く。　　　b.　太郎にそれが聞こえる。

これは (23) で見た「思える」の経験者項がニ格、形容詞連用形節の意味上の主語がガ格をとる場合と平行的である。両者の違いはただ主格名詞句が補文の主語か、あるいは主動詞の目的語 (内項) かという点のみである。

　ではなぜ自発形態がそうした格パターンの変化を引き起こすのかという問いが当然起こってくる。その問いに対しては、自発形態の -e が状態性に関する語彙特性を有しているからであるということになる。(24, 25) の「見る」、「聞く」は単純現在形で現在の状況を述べることができない非状態動詞であり、現在の事態を描写するにはテイルを用いなければならない。

(26) a.　今現在、太郎がそれを*見る／見ている。
　　 b.　今現在、太郎がそれを*聞く／聞いている。

　一方、自発形の「見える」「聞こえる」はそのままの単純ル形で現在時の状況を指し示すことできる。

(27) a.　今現在、太郎にそれが見える。
　　 b.　今現在、太郎にそれが聞こえる。

このように、自発形態の -e は非状態動詞を状態化する接辞であり、そのために -e の付加によって状態述語と同様の格配列への転換が発生することになる。よく知られているように、形態的派生形ではなくても、もともと 2 項の状態動詞である「できる」、「わかる」、「要る」などの述語は経験者 (所

が曲がって見えた) をとることができる。一方、「見る」、「聞く」はそうした補文 (*道をまっすぐに見た・*道を曲がって見た) はとれない。「見える」の詳しい分析については竹沢 (2015) を参照。

12　知覚動詞の対象には「モノ (thing)」と「状況 (situation)」の 2 種類がある。状況は日本語では形式名詞「の」を伴って統語的に具現化する。

16 ｜ 竹沢幸一

有者）項に与格が、対象項に主格が付与される[13]。

(28) a. 太郎に数学ができる。
　　 b. 花子にお金が要る。
　　 c. 花子に英語がわかる。

　さらに、この自発動詞のアスペクト転換に基づく格変化であるが、受動文の場合のように項構造と文法関係の変化が伴うわけではない。起こるのは非状態から状態へのアスペクトの変化とそれに伴う格変化のみである[14]。つまり、こうした2項の状態述語文は統語的には他動詞の構造をもつのに対して、格配列としては対格を含まないという自動詞的な二面的特徴をもつ。

4.3　まとめ

　本節では、形容詞連用形節をとる「思われている」と「思える」の特徴を「思う（思っている）」を介して明らかにしてきた。ここでの観察は以下のようにまとめられる。

単文

●他動詞 　　　　$[_{TP}$ NP ガ 　$[_{VP}$ NP ヲ 　V$]]$ 　　　　　　（非状態）
　　　　　　　　例：太郎が花子を見ている。

●状態述語 　　　$[_{TP}$ NP ニ 　$[_{VP}$ NP ガ 　V$]]$ 　　　　　　（状態）
　　　　　　　　例：太郎に花子が見える。

●受動 　　　　　$[_{TP}$ NP ガ 　$[_{VP}$ （NP ニ）　NP ガ 　V$]]$ 　（非状態）
　　　　　　　　例：花子が太郎に見られている。

13　状態述語の格配列に関する研究は、標準理論の枠組みでは Kuno (1973)、Shibatani (1977)、Kuroda (1978)、GB 理論では Takezawa (1987)、ミニマリスト・アプローチでは Tada (1992)、Koizumi (1995)、Ura (2000)、Takano (2003)、Hiraiwa (2005)、Takahashi (2011) などを参照。

14　自発形態の付加が受動形態の付加の場合と違って文法関係に影響を与えていないことは、2 節でも見る「自分」の先行詞解釈や「のこと」の挿入可能性を使って示すことができる。

形容詞連用形節を伴う複文

●思う 　　　　　$[_{TP}$ NP ガ $[_{VP}[_X$ NP ヲ 　形容詞] 思っている]] 　　（非状態）

　　　　　　　　　例：太郎が花子を実際より若く思っている。

●思える 　　　　$[_{TP}$ NP ニ $[_{VP}[_X$ NP ガ 　形容詞] 思える]] 　　　　（状態）

　　　　　　　　　例：花子に太郎が実際より若く思える。

●思われている 　$[_{TP}$ NP ガ $[_{VP}$ (NP ニ) $[_X$ NP ガ 形容詞] 思われている]]

　　　　　　　　　　　　　　　　　　　　　　　　　　　　　　　　（非状態）

　　　　　　　　　例：太郎が花子に実際より若く思われている。

5.　現象の説明

　前節で「思える」構文と「思われている」構文の特徴を明らかにしたが、本節ではその特徴づけに基づいて、2節で指摘した「自分」再帰代名詞、「のこと」挿入、ニ・カラ格交替の三つの現象に関する両構文の違いがどのように説明できるのか考えていくことにする。

　最初に「自分」再帰代名詞の例から考えてみよう。2節の例文（8）から（11）において「思える」構文と「思われている」構文で「自分」の先行詞の決定が主格句と与格句で逆転していることを観察した。つまり、「思われている」構文では主格句が、「思える」構文では与格句が「自分」の先行詞となる。この理由は、「思われている」構文が受動文であり、「思える」構文が状態性をもつ自発文という特徴から説明される。具体的に例を見ながら説明していこう。再帰代名詞「自分」は主語をその先行詞としてとらなければならないという主語指向性をもっていることはよく知られている。

(29) a.　山田先生 $_i$ が自分 $_i$ の学生を叱った／自分 $_i$ の学生を山田先生 $_i$ が叱った。

　　 b.　*自分 $_i$ の先生が太郎 $_i$ を叱った／*太郎 $_i$ を自分 $_i$ の先生が叱った。

そして、それは語順には影響を受けないことも知られている。この「自分」テストを受動文と自発文で行ってみると受動文では主格要素が「自分」の先行詞になり、与格要素はその意味役割が経験者であるにもかかわらず、先行詞にはなれない。それに対して、自発文では逆に与格要素が先行詞となり、

主格句は先行詞にはなれない。

(30) 受動文

    a.   太郎${}_i$が自分${}_i$の友人に見られた／自分${}_i$の友人に太郎${}_i$が見られた。

    b. *自分${}_i$の友人が太郎${}_i$に見られた／*太郎${}_i$に自分${}_i$の友人が見られた。

(31) 自発文

    a.   太郎${}_i$に自分${}_i$の友人が見える／自分${}_i$の友人が太郎${}_i$に見える。

    b. *自分${}_i$の友人に太郎${}_i$が見える／*太郎${}_i$が自分${}_i$の友人に見える。

この理由は、前節での議論からも明らかなように、受動文の統語構造上の主語が主格句であるのに対して、自発文の主語はそれが状態述語文となっていることから、与格句であるためである。そして、「思われている」構文と「思える」構文は形容詞連用形を含んではいるものの、受動文および自発文の一種であることから、「自分」の先行詞決定に際して形容詞連用形節をとらないものと同じふるまいを見せるのは何ら不思議なことではない。

　次に、「のこと」の挿入可能性について具体的なデータで「思える」構文と「思われている」構文のふるまいの違いを見ていこう。「のこと」の挿入可能性について2節の (12) で観察したことは、「思われている」構文の主格句には「のこと」を挿入できないのに対して、「思える」構文の主格句には「のこと」が挿入できるという事実であった。まず「のこと」挿入の基本的な観察であるが、名詞句が有生の場合、それが目的語位置に現れる場合には、「のこと」を挿入することが可能であるのに対して、それが主語位置である場合には、挿入が不可能である^{15}。

(32) a.   太郎が花子（のこと）を殴った／見た／ほめた。

    b.   太郎（*のこと）が花子を殴った／見た／ほめた。

つまり、「のこと」挿入は一種の目的語テストとして機能することを示している。受動文と自発文でこのテストを行うと次のようになる。

(33) a.   太郎（*のこと）が花子に見られた。

15　「のこと」に関しては Kinjo and Sasaguri (1999)、Takano (2003) などを参照。

b.　太郎（のこと）が花子に見えた。

これは、語順を変えても容認可能性はまったく変わらない。

(34) a.　*花子に太郎（のこと）が見られた。
　　b.　花子に太郎（のこと）が見えた。

この事実を前提に (12) の例に戻ると、a の「思われている」構文の主格句
は受動化により、主節の主語に繰り上げられているのに対して、b の「思え
る」構文の主格句は形容詞連用形節の主語にとどまっており、しかもそれは
ECM 構文の対格名詞句同様、主動詞の領域内にとどまっているので、「のこ
と」の挿入が許されると説明することができる。
　次に「思われている」構文と「思える」構文の三つめの対立点としてニ・
カラ格交替について見てみよう。ニとカラが交替できるのは経験者項が受動
化によって格下げされた場合だけである。それは、形容詞連用形を伴った
(13) の場合でも、(35) のように普通の単文の心理動詞の受動文の場合でも
変わらない。

(35)　花子が太郎に／から　愛されている／憎まれている／嫌われている。

　以上、2 節で指摘した「思われている」と「思える」の三つの違いに対し
て説明を与えたが、最後にもう一つ 1 節で触れた (6, 7) の話題化に関する両
構文の違いについてもその理由を考えておきたい。そこで指摘した事実は、
「思われている」構文では主格句が話題化しやすいのに対して、「思える」構
文では与格句のほうが話題化しやすいという直観があるという点であった。
これは、主語位置を占める要素は談話のトピックとしてとり出しやすいのに
対して、主語位置以外の要素の場合には、何らかの対比的な前提をもたせな
いとハによる話題化はしにくいことが影響しているためである。「思われて
いる」構文の場合は主格句が主語の位置を占めるのに対して、「思える」構
文では与格句が主語の資格をもっているため、両者に違いが生じると説明を
与えることができる。
　本節では、前節までの「思われている」と「思える」の特徴づけをもとに

両者のあいだに見られる違いがどのように説明されるのかに対する分析を与えた。

6. おわりに

　本章では、表面形式もまた意味的にもよく似た「思っている」構文と「思える」構文というミニマル・ペアの比較からスタートし、両者の統語的・意味的違いを明らかにした。その際、できる限り理論的な前提を導入せずに、経験的なデータ間の対立によって示せる範囲で議論を組み立てながら、両構文の特徴の違いを明らかにするように努めた。また、ここでのアプローチではミニマル・ペア同士を直接比べるのではなく、そのあいだに両者の構文のもととなっている別の構文を介在させることによって、そのミニマル・ペアの特徴をより明確にできるよう分析を行った。

　現在の生成文法理論は、ある意味、経験的な論証よりも概念的な理屈が優先され、極めて限られたデータに基づいて体系化が進められている傾向が強いように感じる。この論文は、普段、理論的な前提からスタートして議論を組み立てるのとは異なり、ミニマル・ペアの対立に基づく経験的データによって行き着ける範囲内でこれまでの自分自身の研究を構成し直したといってもいい論文である。

　しかしながら、一定の理論的な指針を置いた上での議論を展開しなければ、十分に深く、体系的な研究にまではつながらないということもまた事実である。それはこの研究のなかでも一番重要な格付与の問題に対してそのメカニズムを体系的に扱えなかったことにも現れている。そこにはやはり、記述あるいは理論の一方に偏るのではなく、そのあいだの適正なバランスということが言語研究を実り多いものにしていくためには必要であることを示していると思われる。

謝辞

　還暦記念言語学ワークショップ『日本語統語論研究の広がり』の企画委員と本論文集の編集委員の皆さんには大変お世話になった。企画に参加してくれたすべての皆様に心から感謝の意を表したい。また本章を執筆するにあたり、筑波大学大学院の竹本

理美さんには原稿準備の様々な段階で協力を頂いた。この場を借りてお礼申し上げる。

参照文献

奥田靖雄 (1978a)「アスペクトの研究をめぐって (上)」『教育国語』53: 33–43. 宮城教育大学.

奥田靖雄 (1978b)「アスペクトの研究をめぐって (下)」『教育国語』54: 14–27. 宮城教育大学.

影山太郎 (1996)『動詞意味論』東京：くろしお出版.

金田一春彦 (1950)「国語動詞の一分類」『言語研究』15: 48–63.

竹沢幸一 (1991)「受動文、能格文、分離不可能所有構文と「ている」の解釈」仁田義雄 (編)『日本語のヴォイスと他動性』59–81. 東京：くろしお出版.

竹沢幸一 (2015)「「見える」認識構文の統語構造とテ形述語の統語と意味」由本陽子・小野尚之 (編)『語彙意味論の新たな可能性を探って』243–273. 東京：開拓社.

竹沢幸一・John Whitman (1998)『日英比較選書 9 格と語順と統語構造』東京：研究社出版.

Belletti, Adriana and Luigi Rizzi (1988) Psych verbs and θ-theory. *Natural Language and Linguistic Theory* 6: 291–352.

Chomsky, Noam (1981) *Lectures on government and binding: The Pisa lectures*. Dordrecht: Foris.

Chomsky, Noam (1995) *The minimalist program*. Cambridge, MA: MIT Press.

Chomsky, Noam (2001) Derivation by phase. In: Michael Kenstowicz (ed.) *Ken Hale: A life in language*, 1–52. Cambridge, MA: MIT Press.

Chomsky, Noam (2008) On phases. In: Robert Freidin, Carlos P. Otero, and Maria Luisa Zubizarreta (eds.) *Foundational issues in linguistic theory*, 133–166. Cambridge, MA: MIT Press.

Davies, William D. and Stanley Dubinsky (2004) *The grammar of raising and control: A course in syntactic argumentation*. Oxford: Blackwell Publishing.

Dowty, David R. (1979) *Word meaning and Montague grammar: The semantics of verbs and times in generative semantics and in Montague's PTQ*. Dordrecht: Reidel Publishing Company.

Hale, Ken and Jay Keyser (1993) On the syntax of arguments and the lexical expression of syntactic relations. In: Ken Hale and Jay Keyser (eds.) *The view from building* 20, 53–109. Cambridge, MA: MIT Press.

Hiraiwa, Ken (2005) Dimensions of symmetry in syntax: Agreement and clausal architecture. Ph.D. dissertation, MIT.

Kinjo, Yumiko and Junko Sasaguri (1999) On the modal usage of formal noun *koto*. In: O. Fujimura, B. D. Joseph, and B. Palek (eds.) *Proceedings of LP '98*, 333–348. Prague: The Karolinum Press.

Koizumi, Masatoshi (1995) Phrase structure in minimalist syntax. Ph.D. dissertation, MIT.

Kuno, Susumu (1973) *The structure of the Japanese language*. Cambridge, MA: MIT Press.

Kuroda, Shige-Yuki (1978) Case-marking, canonical sentence patterns, and counter equi in Japanese (a preliminary survey). In: John Hinds and Irvin Howard (eds.) *Problems in Japanese syntax and semantics*, 30–51. Tokyo: Kaitakusha.

Shibatani, Masayoshi (1977) Grammatical relations and surface cases. *Language* 53: 780–809.

Tada, Hiroaki (1992) Nominative objects in Japanese. *Journal of Japanese Linguistics* 14: 91–108.

Takahashi, Masahiro (2011) Some theoretical consequences of Case-marking in Japanese. Ph.D. dissertation, University of Connecticut, Storrs.

Takano, Yuji (2003) Nominative objects in Japanese complex predicate constructions: A prolepsis analysis. *Natural Language and Linguistic Theory* 21 (8): 779–834.

Takezawa, Koichi (1987) A configurational approach to Case-marking in Japanese. Ph.D. dissertation, University of Washington.

Takezawa, Koichi (1993) A comparative study of *seem* and *omoe*. In: Heizo Nakajima and Yukio Otsu (eds.) *Argument structure: Its syntax and acquisition*, 75–102. Tokyo: Kaitakusha.

Takezawa, Koichi (1999) Syntactic structures and derivations of two types of epistemic verbs with an infinitival complement in English and Japanese. In: Yukinori Takubo (ed.) *An attempt at construction of universal grammar based on comparative syntax of Japanese, Korean, Chinese and English*. Report of International Scientific Research Program, 187–205. Kyushu University.

Ura, Hiroyuki (2000) *Checking theory and grammatical functions in universal grammar*. New York: Oxford University Press.

Vendler, Zeno (1967) *Linguistics in philosophy*. Ithaca, NY: Cornel University Press.

第 II 部
アスペクトと統語・意味

第2章

「ている」進行文の統語構造と
数量副詞の解釈について

松岡幹就

1. はじめに

　類型が異なる世界の様々な言語で、進行相の文が場所格叙述文の統語構造を持つことが知られている（Bybee et al. 1994）。(1) のような日本語の「ている」形の進行文も存在動詞の「いる」と同形の補助動詞「いる」を伴っているが、管見の限り、場所格叙述文の構造を備えている可能性について検証している先行研究は少ないと見られる。

(1) a.　太郎が　本を　読んでいる。
　　 b.　風が　木の葉を　揺らしている。

本章は「ている」進行文についてこの問題を取り上げ、統語構造が異なる2つのタイプがあり、そのうちの1つは場所格叙述文そのものであると主張する。それは (2) に示すように、存在動詞としての「いる」が二重節構造を形成する場合である。

(2) a.　太郎が　本を　読んでいる。
　　 b.　[太郎$_i$ が [$_{PP}$ [$_{NP}$ PRO$_i$ 本を　読んで] Ø$_P$] いる$_V$]

具体的には、主節動詞としての「いる」が、主語名詞句を対象項として、ま
た音形のない後置詞を主要部とする後置詞句を場所項として選択する。その
音形のない後置詞は、動名詞接辞の「て」が付いて名詞化された節を補部と
して選択する。さらに、その「て」が付いた従属節の主語が主節動詞「い
る」の主語によってコントロールされる。

　もう一方のタイプの「ている」進行文は、(3) に示すように、「いる」が
相を表す機能範疇（Asp）として現れ、単一節構造を持つ。

(3) a.　風が　木の葉を　揺らしている。
　　 b.　[[_{PP} [_{NP} 風が　木の葉を　揺らして] Ø_P] いる_{Asp}]

こちらの主語は「て」が付いて名詞化された節内に生成される。その他の点
では、上記 (2) の「ている」進行文と共通した特徴を持つ。つまり、「いる」
は音形のない後置詞を主要部とする後置詞句を選択し、その後置詞は「て」
が付いた節を選択する。

　(3a) の例のように無生名詞を主語とする「ている」進行文は、その種の
名詞句が語彙動詞としての「いる」によって選択されないために (2b) の構
造を形成できず、常に (3b) の単一節構造を持つと主張する。そして、この
「ている」進行文の構造の 2 分類は、有生主語文と無生主語文の間に見られ
る数量副詞の解釈の違いに自然な説明を与えることを示す。また、これら 2
種類の「ている」進行文は、Laka (2006) が分析しているバスク語の 2 種類
の進行文に対応すると論じる。

　「ている」進行文の統語構造は、日本語の複合動詞に関する先行研究にお
いて、しばしば議論されてきた。本章で提案する分析は、それらの先行研究
と 2 つの点で異なる。1 つには、「ている」進行文の主語は、有生・無生に
関わらず「いる」の項ではなく、「ている」が付いた動詞の項として生じ、
それが表層の主語の位置に繰り上がるとして、(3b) に近い構造が仮定され
るのが一般的であった（三原 1997、竹沢 2004、Kishimoto 2018）。これに対
して本章では、上記のように、有生主語の「ている」進行文は、主語が「い
る」の項として生じるコントロール構造を持つことができると主張する。

　本章の分析が先行研究と区別されるもう 1 つの点は、動名詞接辞の「て」

第2章 「ている」進行文の統語構造と数量副詞の解釈について | 27

が付いた動詞と後続の「いる」の関係である。本章でも見るように、「て」
が付いた動詞と「いる」は、統語構造において互いに近い位置に現れなけれ
ばならない。それを説明する分析として、「て」が付いた動詞が「いる」の
位置に主要部移動するという仮説が先行研究で提案されてきた（McCawley
and Momoi 1986、Hayashi and Fujii 2015）。本章では、その分析にとっての
経験的な問題を指摘した上で、(2b) や (3b) で示したように、「て」と「い
る」の間に音形のない後置詞が存在するために、上記のような分布上の制限
が見られると主張する。

　本章の構成は以下の通りである。2 節では、「ている」進行文の主語が、
数量副詞の解釈に関して、例外的な性質を持つように見える事例について
述べる。3 節では、「ている」進行文が二重節構造を持つと仮定することに
よって 2 節で見た事例を自然に説明できることを論じる。4 節では、無生主
語を持つ「ている」進行文は二重節構造を形成できず、単一節構造を持つと
する分析を提示する。最後に 5 節で結論を述べる[1]。

2.　「ている」進行文における数量副詞の解釈

2.1　数量副詞「たくさん」の性質

　影山（1993: 54–55）や岸本（2015: 13–20）で指摘されているように、数量副
詞として文中に現れる「たくさん」は、動詞の内項（典型的に〈対象〉の意味
役割を持つ項）が指示する事物の数量を指定することはできるが、外項（典
型的に〈動作主〉の意味役割を持つ項）の指示対象の数量を表すことはできな
い。例えば、他動詞文中に現れる「たくさん」は、(4) に見るように、上記
の意味で目的語を修飾することはできるが、主語を修飾することはできない。

(4) a.　先生が宿題を授業中にたくさん出した。
　　　　（たくさん ＝ 宿題／*先生）　　　　　　　　　（岸本 2015: 13）
　　b.　学生が花瓶を教室でたくさん壊した。
　　　　（たくさん ＝ 花瓶／*学生）　　　　　　　　（岸本 2015: 14 参照）

1　標準日本語の進行文と福岡方言の進行文の相違について本書島田・長野論文を、また「て
いる」進行文と「ている」完了文の相違について本書鈴木論文を、それぞれ参照されたい。

これについて影山 (1993) は、Tenny (1994) らが言うように、内項は動詞が表す事象のアスペクトを 'measure out' するが、外項はそのような機能を持たないという違いから来るものだと述べている。例えば、John ate an apple. という文において、食べられたリンゴの量が当該の出来事の進行の尺度を表すのに対し、ジョンに起き得るいかなる変化（例えば、空腹感の変化）もそのような尺度にはならない (Tenny 1994: 11–12)。数量副詞の「たくさん」は、本来、動詞句が持つ事象項を修飾することにより、その動詞句が表す出来事が多く発生したという意味をもたらすと考えられるが、その動詞句のアスペクトを規定する内項がある場合には、同時にその内項が指す事物の量が多いという解釈が生じるのである[2]。

　「たくさん」のこのような解釈は、他動詞文に限らず、内項を含む文一般に見られる。例えば (5) のように、受動文においては、「たくさん」が主語を修飾する解釈を持つことができる。これは、受動文の主語が内項として生じているためだと考えられる。

(5) a.　宿題が先生によってたくさん出された。
　　　　（たくさん ＝ 宿題）
　　b.　花瓶が彼らによってたくさん壊された。
　　　　（たくさん ＝ 花瓶）　　　　　　　　　　　　　（岸本 2015: 14）

さらに、非対格自動詞の文に現れる「たくさん」も、(6) のように主語を修飾することができる。この事実も、これら非対格自動詞の主語が内項であることを考えれば説明できる。

(6) a.　野菜が長雨でたくさん腐った。
　　　　（たくさん ＝ 野菜）

2　以下の例のように「たくさん」が外項の直後に現れる場合には、それが外項を修飾する解釈が得られる。
　　i.　　学生がたくさん花瓶を教室で壊した。　　　　　（たくさん ＝ 学生／花瓶）
このような場合は、「たくさん」が数量副詞としてではなく、外項の名詞句内に数量詞として現れていると考えられる。「たくさん」の名詞句内の位置については、Watanabe (2006: 283) を参照されたい。

第2章 「ている」進行文の統語構造と数量副詞の解釈について | 29

    b.   花瓶が地震でたくさん壊れた。

       （たくさん ＝ 花瓶）   （岸本 2015: 14, 15）

　一方、非能格自動詞の文に現れる「たくさん」は、(7) に見るように、主語を修飾することはなく、動詞が表す動作や活動の量を指定する解釈を持つ。

(7) a.   子どもが公園でたくさん遊んだ。

       （たくさん ＝ 遊んだ量／*子ども）

    b.   この会社では従業員が日曜日もたくさん働く。

       （たくさん ＝ 働く量／*従業員）   （岸本 2015: 15）

これら非能格自動詞の主語は外項であり、文中に内項がないため、「たくさん」が動詞句の事象項を修飾する解釈、すなわち動詞句が表す出来事が多く発生したという解釈がそのまま現れると見られる。

　上記の「たくさん」の例と異なり、動詞が進行相を表す補助動詞「ている」を伴うと、上述の一般化に反して、「たくさん」が外項を修飾するような解釈を持つ場合がある。例えば、影山（1993: 55）および岸本（2015: 17）は、(8) のような非能格自動詞の「ている」進行文では、「たくさん」が主語の指示対象の数量を指定することができるという観察をしている。

(8)   子どもが公園でたくさん遊んでいた。   （cf. (7a)）

    （たくさん ＝ 子ども）   （岸本 2015: 17）

同様に、(9) のような他動詞の「ている」進行文では、「たくさん」は他動詞の主語か目的語いずれの指示対象の数量も表すことができる。

(9)   学生が花瓶を教室でたくさん壊していた。   （cf. (4b)）

    （たくさん ＝ 学生／花瓶）

なぜ「ている」進行文において、本来得られないはずの「たくさん」の解釈が可能になるのかという疑問が生じる[3]。

3　岸本（2005）は、数量副詞「いっぱい」も「たくさん」と同様に動詞の内項を意味的に修飾することを観察している。さらに「ている」進行文においては、「いっぱい」が (8)

2.2 先行研究の分析

　上で見た「たくさん」の解釈について、岸本 (2015) は以下のような統語構造に基づく分析を提案している。まず、数量副詞としての「たくさん」は、(10) に示すように、動詞句内の外項が生じる位置よりも下位で、かつ内項が生じる位置よりも上位の位置に付加すると仮定される。

(10)　[$_{VP}$ 外項　[たくさん　[内項　V]]]　　　　　　　(岸本 2015: 17)

そして、「たくさん」によって数量を指定されるには、この構造において、それより下位の位置になければならないと仮定される。すると、(10) において、内項および動詞は「たくさん」よりも下位に位置するためにそれによって修飾されるが、外項はより上位にあるために修飾されない、ということになる。岸本は、動詞が「ている」を伴わずに現れる (4–7) の例の「たくさん」の解釈は、この構造に基づいて説明されるという。

　その上で岸本は、(8) の「ている」進行文については、「いる」が繰上げ動詞として主節を構成する二重節構造を持つと仮定すれば、(11) に示すように、「たくさん」がその主節の動詞句に付加することができるという。

(11)　[$_{VP}$ たくさん [$_{VP}$ 子どもが [遊ん]] (で) いる]　　(岸本 2015: 18 参照)

この構造においては、従属節の動詞の項は、外項であっても内項であっても「たくさん」より下位に現れることになる。これが (8) において「たくさん」が主語を修飾することができる理由だとされる。

　しかし、この岸本 (2015) の分析では予測できないと見られる事例がある。まず、(12) に示すように、二重目的語動詞の単文に現れる数量副詞「たくさん」は、助詞「を」で標示される直接目的語の数量を指定することはできるが、「に」で標示される間接目的語の数量を指定することはできない。これは、Tenny (1994: 11, 68) でも英語の事実に基づいて論じられているように、一般に動詞の直接目的語（直接内項）は動詞が表す事象のアスペクトを

の「たくさん」のように、非能格自動詞の主語を修飾する解釈が得られると述べている（岸本 2005: 153, 注 8）。「ている」進行文における「いっぱい」の解釈については、Matsuoka (2019) が本章での「たくさん」の分析と本質的に同じ分析を提示している。

'measure out' するが、間接目的語（間接内項）はそのような機能を持たないためだと考えられる。

(12) a. 先生が生徒に宿題のプリントを教室でたくさん渡した。

（たくさん ＝ プリント／*生徒）

    b. 花子がお菓子を子どもに公園でたくさんあげた。

（たくさん ＝ お菓子／*子ども）

そして、この制限は、(13) に示すように、これらの二重目的語動詞の「ている」進行文にも見られる。

(13) a. 先生が生徒に宿題のプリントを教室でたくさん渡していた。

（たくさん ＝ プリント／*生徒）

    b. 花子がお菓子を子どもに公園でたくさんあげていた。

（たくさん ＝ お菓子／*子ども）

上で見た岸本の「ている」進行文の分析を (13) の例に適用すれば、二重目的語動詞の直接目的語も間接目的語も従属節内に現れるので、「たくさん」が主節の「いる」を主要部とする動詞句に付加しさえすれば、「たくさん」が直接目的語あるいは間接目的語のどちらでも修飾できることを予測する。それができないということは、上の (8) の例の分析（(11) 参照）も見直される余地があることを示唆している。

3. 場所格叙述文としての「ている」進行文

本節では、バスク語の進行文が場所格叙述文の構造を持つとする先行研究を参考にして、「ている」進行文についても、存在動詞としての「いる」が主語を内項として選択する構造を持つという分析が可能であると論じる。それによって、上述の「ている」進行文における一見例外的な「たくさん」の解釈が説明されることを示す。

3.1 バスク語の進行文

能格言語であるバスク語では、(14a) の未完了相の文に見られるように、

32 ｜ 松岡幹就

通常、他動詞文の主語は能格で標示され、目的語は自動詞文の主語と同様に音形に現れない絶対格を持つとされる。しかし、（14b）に見るように、他動詞が *ari* を伴う進行相の文では、主語が能格でなく絶対格で現れる[4]。

(14) a.　emakume-a-k　ogi-a　　jaten　du.
　　　 woman-DET-ERG　bread-DET　eating　has

　　　 ' The woman eats (the) bread. '

　　 b.　emakume-a　ogi-a　　jaten　ari　　da.
　　　 woman-DET　bread-DET　eating　PROG　is

　　　 ' The woman is eating (the) bread. '　　　　　　（Laka 2006: 173）

　Laka（2006）は、進行相を標示する *ari* は、（15）に見るように、場所格の後置詞句を選択する独立した動詞としても現れることを指摘している。

(15) a.　emakume-a　dantza-n　ari　　da.
　　　 woman-DET　dance-LOC　engaged　is

　　　 ' The woman is engaged in dance (The woman is dancing). '

　　 b.　[IP [DP emakume-a] [VP [PP dantza-n] ari] da]　　（Laka 2006: 174）

これを踏まえて Laka は、（14b）の進行文に現れる *ari* も場所格後置詞句を選択する主動詞であり、名詞化された動詞句が後置詞の補部になっているという分析を提案している。つまり、（14b）は、（16）に示す二重節構造を持つと主張している。

(16) a.　emakume-a　ogi-a　　ja-te-n　　　ari　　da.　　　（＝（14b））
　　　 woman-DET　bread-DET　eat-NML-LOC　engaged　is

　　 b.　[IP [DP emakume-aᵢ] [VP [PP [NP [VP PROᵢ ogi-a ja(n)]] n] ari] da]

　　　　　　　　　　　　　　　　　　　　　　　　（Laka 2006: 174–175）

この分析によれば、問題の進行文の主語は主動詞 *ari* の対象項であり、主節において格を付与される唯一の名詞句である。Laka は、（14b）において、

4　本章のバスク語の例文のグロスで用いられている略語は以下の通り：DET（決定詞）、ERG（能格）、LOC（場所格）、IMPF（未完了相）、NML（名詞化接辞）、PROG（進行相）。

第 2 章　「ている」進行文の統語構造と数量副詞の解釈について　│ 33

主語が能格でなく絶対格を持つのはこのためだという。言うまでもなく、後置詞句内に埋め込まれた他動詞は、主節の主語への格付与に関わらない。(16b) に見るように、他動詞自身の主語は PRO として現れ、主節の主語によってコントロールされる。

3.2　二重節構造を持つ「ている」進行文

　上記のバスク語の *ari* と同様、「ている」進行文の「いる」も (17) に見るように、場所を表す後置詞句を伴って、独立した存在動詞として現れる。

(17) a.　子どもが　公園に　いた。
　　 b.　学生が　教室に　いた。

これを踏まえ、本章では、「ている」進行文もバスク語の *ari* 進行文と同じ場所格叙述文の構造を持つと仮定する。すなわち、(18) に示すように、「いる」が主節動詞として現れ、主語をその対象項として、主要部が音形を持たない後置詞句を場所項として選択する。そして、「て」を伴う動詞句は名詞化され、発音されない後置詞の補部として現れる。

(18) a.　子どもが　公園で　遊んでいる。
　　 b.　[$_{VP}$ 子ども $_i$ が [$_{PP}$ [$_{NP}$ [$_{VP}$ PRO$_i$ 公園で　遊ん] で] Ø$_P$] いる]

以下では、この「て」が付いた動詞句（以後「「て」動詞句」）が名詞化され、音形を持たない後置詞によって選択されるという分析を支持する事例を見る。

　まず、「て」動詞句は典型的な名詞句が占める位置、すなわち格が与えられる位置に現れる。例えば、「て」動詞句は、起点を表す「から」や手段を表す「で」などの一部の後置詞の補部の位置に現れることができる。

(19) a.　[本を読んで] から　寝た。
　　 b.　[電車に乗って] でなく、徒歩で帰った。

一方、同じ非定形でも連用形の動詞を伴う動詞句は、同じ位置に現れることができない。

(20) a. *[本を読み] から　寝た。

　　b. *[電車に乗り] でなく，徒歩で帰った。

後置詞の補部となるのは名詞句または名詞相当語句に限られるとすれば、「て」動詞句も名詞（相当）句であり得ることになる。

　また、「て」動詞句は属格の「の」を伴って、名詞句内に現れることもできる。

(21) a. 　[重い荷物を持って] の登山　　　　　　　　（Nakatani 2013: 65）

　　b. 　[図書館で本を読んで] の帰り　　　　（Shibatani 2017: 281, fn. 15）

一方、連用形の動詞を含む動詞句は、属格標示を伴うことができない。

(22) a. *[重い荷物を持ち] の登山

　　b. *[図書館で本を読み] の帰り

この事実も「て」動詞句が名詞（相当）句であり得るという見方を支持する。

　次に、「ている」進行文の「て」動詞句が音形を持たない後置詞によって選択されるという分析を支持する事実について見る。それは、「て」動詞句の分布が、音形を持たない補文標識を主要部とする節の分布に類似しているというものである。(23) に見るように、英語で、架橋動詞が選択する定形の CP 節の主要部は、音形を持つ場合は *that* として現れるが、CP が動詞の補部の位置に現れる場合には、音声化されない（*that* が省略される）こともある。

(23) a. 　Ben knew [$_{CP}$ that/ ∅ the teacher was lying].　　（Stowell 1981: 396）

　　b. 　It was widely believed [$_{CP}$ that/ (?)∅ he liked linguistics].

　　　　　　　　　　　　　　　　　　　　　（Bošković and Lasnik 2003: 527）

しかし、(24) に見るように、CP 節が話題化される、副詞句を越えて外置される、あるいは右枝節点繰上げを受けるなど、CP 節を選択する動詞の補部の位置にないと見られる場合には、*that* は省略できない。

(24) a. 　[$_{CP}$ That/ *∅ the teacher was lying]$_i$ Ben already knew t$_i$.

　　　　　　　　　　　　　　　　　　　　　　　　（Stowell 1981: 397）

b. It seemed at that time [_CP_ that/ *∅ David had left].

c. They suspected and we believed [_CP_ that/ *∅ Peter would visit the hospital]. (b, c: Bošković and Lasnik 2003: 529)

これらの例で *that* が省略できない理由について様々な分析が提案されているが、一般的に、空範疇の C が統語部門（LF および PF も含む）において適切に認可されないためだと考えられている（Kayne 1981a、Stowell 1981、Bošković and Lasnik 2003）。

また、これらの *that* の分布と類似した分布が、日本語関西方言の定形節の補文標識にも見られることが知られている（Saito 1986、Kishimoto 2006）。(25) に見るように、架橋動詞が選択する定形の CP 節がその動詞の補部の位置にあれば、CP の主要部としての補文標識「て」は随意的に現れる。

(25) a. ジョンが ［神戸に 行く（て）］ 言うた。

b. ジョンが ［自分が 天才や（て）］ 思うてる（こと）

(Saito 1986: 312)

しかし、(26) に見るように、CP 節がかき混ぜ規則によって文頭に現れたり、CP 節と動詞の間に副詞句が介在したり、あるいは動詞が右枝節点繰上げを受けたりして、CP 節とそれを選択する動詞が本来の補部と主要部の位置関係にないときは、補文標識「て」は省略できない。

(26) a. ［神戸に 行く *（て）］ ジョンが 言うた。 (Saito 1986: 312)

b. 佑介、［自分が 悪い *（て）］ しつこう 言うてた。

(大津 2004: 93)

c. ジョンが ［神戸に 行く *（て）］、そいで メアリーが ［東京に 行く *（て）］、言うた。 (Saito 1986: 318)

先行研究では、これらの関西方言の音形を持たない補文標識の分布は、上記の英語の空範疇の C の分布と本質的に同じものであり、同じ原理によって説明されるべきものだと考えられている（Saito 1986、Kishimoto 2006）。

さて、ここで本題の「ている」進行文に戻ると、「て」動詞句も上記の音

形を欠いた補文標識を主要部とする CP と同様の分布を示すことがわかる。
(27) に見るように、「て」動詞句がかき混ぜ規則によって文頭に現れたり、
「て」動詞句と動詞「いる」の間に副詞句が介在したり、あるいは「いる」
が右枝節点繰上げを受けたりして、「て」動詞句と「いる」が本来の補部と
主要部の位置関係にないと見られる場合は、非文となる。

(27) a. *[新聞を　読んで]　ジョンが　いた。
　　 b. *ジョンが　[新聞を　読んで]　その時　いた。
　　 c. *ジョンが　[新聞を　読んで]、そして　メアリーが　[テレビを
　　　　　見て]、いた。

このような制限は、「もらう」、「くれる」、「みる」などの「いる」以外の補
助動詞によって選択される「て」動詞句にも見られることが Nakau (1973)、
McCawley and Momoi (1986)、Hayashi and Fujii (2015) などで指摘されてい
る。これらの先行研究では、「て」動詞句の主要部である動詞が常に当の補
助動詞に移動すると仮定され、(27) のような例が非文となるのは、その移
動が妨げられるためであると分析されている。

　しかし、そのような分析にとって問題となる事実がある。それは、(28)
に見るように、問題の「て」動詞句と補助動詞の間に「は」、「も」、「さえ」
などの副詞的な助詞が入ることである (Martin 1975、影山 1993、Nakatani
2013)。

(28)　僕は　泣いては／も／さえ　いなかった。　　　　(Nakatani 2013: 109)

岸本 (2005) は、(29) の例を挙げ、これらの助詞はその左側に現れる要素に
付加するが、語の内部には現れないことを指摘している[5]。

(29) a.　海外 {は／も／さえ}
　　 b.　海外旅行 {は／も／さえ}

5　影山 (1993: 362) は以下の例を挙げ、問題の副詞的な助詞は、統語構造で形成されると
考えられる複合述語の間にも入らないことを示している。
i.　a. *おなかを空かせた子供達は木の根っこを食べサエ始めた。
　　 b. *とうとう雪が降りモ出した。

c. ＊海外 {は／も／さえ} 旅行　　　　　　　　　　（岸本 2005: 22）

このことから岸本は、文末に膠着して現れる動詞や形容詞から成る複雑述語の間にこれらの助詞が入る場合、統語的にはそれらの述語は独立していて、主要部移動は起こっていないと主張している。この見方に基づくと、(28)のように「て」動詞句と「いる」の間に助詞が介在できるということは、先行研究で仮定されているような「て」動詞句からの主要部移動は起こっていない（少なくとも義務的には起こらない）と考えられる。

　そうなると (27) の例の非文法性について、先行研究とは別の説明が必要になる。本章は、(18b) で示したように、「ている」進行文では、「て」を伴う動詞句は名詞化され、発音されない後置詞 (P) の補部として現れ、さらにその P を主要部とする後置詞句を「いる」が選択すると提案する。これによれば、(27) のそれぞれの例は、(30) に示す構造を持つと仮定される。

(30) a. ＊[PP [NP 新聞を　読んで] ∅P]　ジョンが　いた。

b. ＊ジョンが　[PP [NP 新聞を　読んで] ∅P]　その時　いた。

c. ＊ジョンが　[PP [NP 新聞を　読んで] ∅P]、そして　メアリーが
　　　[PP [NP テレビを　見て] ∅P]、いた。

(30) のそれぞれは、空範疇の P を主要部とする PP とそれを選択する動詞「いる」が本来の補部と主要部の位置関係にないという特徴を持つ。これは空範疇の C を主要部とする CP とそれを選択する動詞が補部と主要部の関係にないという上記の (24) や (26) の非文の例の特徴と平行的である。また、先行研究において、様々な言語の補文標識の C と前置詞または後置詞の P が統語範疇として類似した性質を持つということが指摘されている（Kayne 1981b、Emonds 1985、Grimshaw 2005）。これらを踏まえると、(24) や (26) で空の C が適切に認可されないことが非文法性の要因であるとされるのと同様に、(30) においても空の P の認可に問題が生じているという可能性が考えられる。そうだとすれば、先行研究のように「て」動詞句から「いる」への主要部移動を仮定せずに (27) の非文法性を説明することが可能にな

38 ｜ 松岡幹就

る⁶。このようにして (27) の事実を説明できるということは、本章で提案する (18b) の「ている」進行文の構造、特に、「て」動詞句が音形のない後置詞の補部として現れるという分析が支持されることになる⁷。

3.3 「ている」進行文における数量副詞の解釈再考

　上記 (18b) で提示した「ている」進行文の構造を仮定すると、2 節で見た一見例外的な「たくさん」の解釈が自然に説明される。まず、(8) や (9) で見たように、非能格自動詞や他動詞に「ている」が付いた文において、「たくさん」が主語の数量を指定できるという事実について考える。(18b) によれば、(8) や (9) の主語は、非能格自動詞や他動詞の主語ではなく、存在動詞としての「いる」の主語として生成されていることになる。存在動詞「いる」が現れる単純存在文の主語は、(31) に見るように、「たくさん」によって修飾される。

(31) a.　子どもが　公園に　たくさん　いた。　（たくさん = 子ども）
　　 b.　学生が　教室に　たくさん　いた。　　（たくさん = 学生）

これは、「いる」が非対格自動詞であり、主語が直接内項として生成されるためだと考えられる。(8) や (9) の主語も「いる」の主語である限り、それらが「たくさん」によって修飾されるという事実も同じように説明される。
　次に、(13) で見た、二重目的語動詞の「ている」進行文における「たくさん」の解釈について考える。上述のように、同文での「たくさん」は、二重目的語動詞の単文に現れる「たくさん」と同様に、直接目的語の数量を指定することはできるが、間接目的語の数量を表すことはできない。これは、

6　(28) で「て」動詞句と「いる」の間に現れている副詞的な助詞は、動名詞接辞の「て」に付加していると仮定され、PP と「いる」の間の補部と主要部の関係を妨げないと考えられる。

7　Bošković and Lasnik (2003) は、英語の音形を持たない C は接辞であり、PF で隣接する動詞に併合することによって認可されると主張している。そして (24) の空の C を含む例は、その併合が妨げられるために非文になると述べている。Matsuoka (2019) は、「ている」進行文に現れると仮定される音形のない後置詞に同じ分析を適用し、PF で隣接する「いる」に併合すると論じている。

第2章 「ている」進行文の統語構造と数量副詞の解釈について | 39

「ている」進行文における間接目的語が、二重目的語動詞あるいは存在動詞「いる」のいずれにも直接内項として選択されないためであると説明される。

4.　単一節構造の「ている」進行文

　前節では「ている」進行文が、存在動詞としての「いる」を主動詞とし、主語が「いる」の対象項として生成される場所格叙述文の構造を持つと主張した。この分析は、これまでに提示した例文からわかるように、有生名詞を主語とする「ている」進行文に基づくものであった。本節は、無生名詞を主語とする「ている」進行文について考察し、前節で導入された構造とは異なる構造を持つと主張する。

　1節でも述べたが、(32) に見るように、「ている」進行文の主語として無生名詞が現れることも可能である。

(32) a.　電話が　鳴っている。
　　　b.　風が　木の葉を　揺らしている。

このような「ている」進行文については、前節の (18b) で示した構造を仮定することはできない。というのも、(18b) においては、主語が存在動詞「いる」の対象項として選択されるが、単純存在文で「いる」の対象項として現れるのは有生名詞であり、(33a) に見るように、無生名詞は排除されるからである。無生名詞が指示する事物の存在を表すには、(33b) のように、動詞が「ある」でなければならない。

(33) a.　*電話／風が　いる。
　　　b.　電話／風が　ある。

すると、主語が無生名詞の「ている」進行文は、(18b) とは異なる構造を持つと考えられる。

　ここで再びバスク語の事実に注目されたい。Laka (2006) によれば、同語の東部方言では、中央方言 ((14b) 参照) と異なり、他動詞が *ari* を伴う進行相の文の主語が、(34a) に示されるように、本来の他動詞文の主語と同様に能格で標示される。これについて Laka は、*ari* の統語的性質の違いによ

るものだと分析している。特に、上述のように、中央方言の *ari* は語彙動詞であるのに対し、東部方言の *ari* は相を表す機能範疇（Asp）の要素だとされる。このため、(34a) の主語は他動詞 *uz* ' to leave ' の外項として生成され、(34b) に見るように、文全体は単一節構造を持つと考えられる。

(34) a.　gazteri-a-k　　pilot-a　uz-ten　　ari　　du.
　　　　youth-DET-ERG　ball-DET　leave-IMPF　PROG　has
　　　　' The youth is leaving the ball. '

　　 b.　[IP [DP gazteri-a-k]　[AspP [AspP [VP pilot-a uz] ten] ari] du]

（Laka 2006: 175–176）

Laka は、この種の進行相の文は、バスク語の東部方言で現在起きている文法化（grammaticalization）によって生じていると述べている。

　この Laka によるバスク語東部方言の分析に倣えば、(32) のような主語が無生名詞の「ている」進行文においても、文法化によって語彙動詞から機能範疇に変化した「いる」が現れている可能性が考えられる。そして、主語である無生名詞は、「て」動詞句の主要部である語彙動詞（(32a) の「鳴る」、(32b) の「揺らす」）の項として生成されると仮定される。

　ただ、無生主語の「ている」進行文も有生主語の「ている」進行文といくつかの点で同じ統語的特徴を示す。まず、(35) に見るように、「て」動詞句と「いる」の間に「は」、「も」、「さえ」などの助詞が入る。

(35)　風が　木の葉を　揺らしては／も／さえ　いた。

このことは、有生主語の「ている」進行文と同様に、「て」動詞句内の動詞が主要部移動していないことを示唆している。また、(36) に見るように、無生主語の「ている」進行文も、有生主語の進行文と同様に、「て」動詞句と「いる」が補部と主要部の位置関係にない場合には非文となる。

(36) a.　*[木の葉を　揺らして]　風が　いた。
　　 b.　*風が　[木の葉を　揺らして]　その時　いた。
　　 c.　*風が　[木の葉を　揺らして]、そして　雨が　[屋根を　叩いて]、

いた。

これらの事実を踏まえ、(37) に示すように、無生主語の「ている」進行文においても、「て」動詞句は音形を持たない後置詞の補部として現れていると仮定する。

(37) a.　風が　木の葉を　揺らしている。

　　 b.　[$_{AspP}$ [$_{PP}$ [$_{NP}$ [$_{VP}$ 風が 木の葉を　揺らし] て] $\emptyset_P$] いる$_{Asp}$]

上述のように、無生主語の「ている」進行文では「いる」が機能範疇として現れると仮定されるが、有生主語の進行文に現れる語彙動詞としての「いる」と同種の後置詞句を選択すると見られる。これは、「いる」が文法化によって機能範疇となったものの、元の語彙動詞（存在動詞）の性質を部分的に継承しているためだと考えられる。

　上記の分析が正しければ、「ている」進行文の無生主語は、有生主語と異なり、「いる」の内項として生じることはないので、「て」動詞句内で内項として生成されない限り、数量副詞としての「たくさん」によって修飾されることはないと予測される。(38) の無生主語進行文では、「て」動詞句の主要部が他動詞であり、主語はその他動詞の外項として現れていると考えられる。予測される通り、「たくさん」が主語の指示対象の量を指定する解釈は得られない。

(38) a.　ろうそくの灯りが　人々の顔を　暗がりの中で　たくさん
　　　　　照らしていた。
　　　　（たくさん ＝ 人々の顔／＊ろうそくの灯り）

　　 b.　南風が　発電機のプロペラを　海上で　たくさん　回していた。
　　　　（たくさん ＝ 発電機のプロペラ／＊南風）

(9) で見たように、「て」動詞句の主要部が他動詞である有生主語の進行文では、「たくさん」が主語を修飾する解釈が得られるという事実と対照的である。この有生主語と無生主語の間に見られる違いは、「ている」進行文の主語が一様に「て」動詞句内の動詞の項として生成されるとする岸本

42 | 松岡幹就

（2015）の分析では予測されないと考えられる。

5. おわりに

　本章では、日本語の「ている」進行文の統語構造について、動詞「いる」の統語的性質の違いに基づく2つのタイプがあるとする分析を提案した。一方では、「いる」が存在動詞として現れ、主語をその対象項、また音形のない後置詞を主要部とする後置詞句を場所項として選択する。その後置詞の補部として「て」を伴って名詞化された節が現れ、その主語が「いる」の主語によってコントロールされる二重節構造が形成される。もう一方では、「いる」が進行相を表す機能範疇として現れ、項は全て「て」を伴って名詞化された節内に生成される単一節構造を持つ。「ている」進行文の主語が無生名詞の場合は、存在動詞としての「いる」の項として現れることができず、単一節構造しか形成されないと主張した。そして、この分析は、「ている」進行文の有生名詞主語が、「ている」が付く動詞の種類に関わらず、内項の性質を示し得るのに対し、無生名詞主語にはそのような特徴が見られないという事実によって裏付けられると論じた。また、ここで提案された「ている」進行文の2種類の統語構造は、Laka（2006）が分析しているバスク語の2種類の進行文の構造に相当し、そこで示唆されているように、単一節構造の進行文は二重節構造の進行文から文法化によって派生した可能性があるということを述べた。本章の分析が正しければ、進行相の文が場所格叙述文と同じ統語構造を持つという世界の諸言語に見られる特徴が、有生主語を持つ「ている」進行文にも見られるということがいえる。

謝辞

　本章の一部は、2018年9月に筑波大学で開催された「第29回ことばを考える会研究発表会」で発表した。貴重なコメントや質問をして下さった大矢俊明、金谷優、島田雅晴、長野明子、中村典生、廣瀬幸生、本間伸輔の各氏に謝意を表したい。また、本章の原稿に目を通され、有益な助言を下さった2名の査読者の方々に御礼申し上げる。なお、本研究は、JSPS科研費（JP19K00601）の助成を受けたものである。

参照文献

大津由紀雄（2004）『探検！ことばの世界』東京：ひつじ書房.

影山太郎（1993）『文法と語形成』東京：ひつじ書房.

岸本秀樹（2005）『統語構造と文法関係』東京：くろしお出版.

岸本秀樹（2015）『文法現象から捉える日本語』東京：開拓社.

竹沢幸一（2004）「日本語複合述語における否定辞の位置と節構造」『日本語文法学会第 5 回発表論文集』175–184.

三原健一（1997）「動詞のアスペクト構造」鷲尾龍一・三原健一『日英語比較選書 7 ヴォイスとアスペクト』107–186. 東京：研究社出版.

Bošković, Željko and Howard Lasnik（2003）On the distribution of null complementizers. *Linguistic Inquiry* 34: 527–546.

Bybee, Joan, Revere Perkins, and William Pagliuca（1994）*The evolution of grammar: Tense, aspect, and modality in the languages of the world*. Chicago: University of Chicago Press.

Emonds, Joseph（1985）*A unified theory of syntactic categories*. Dordrecht: Foris.

Grimshaw, Jane（2005）*Words and structure*. Stanford: CSLI.

Hayashi, Shintaro and Tomohiro Fujii（2015）String vacuous head movement: The case of V-*te* in Japanese. *Gengo Kenkyu* 147: 31–55.

Kayne, Richard（1981a）ECP extensions. *Linguistic Inquiry* 12: 93–133.

Kayne, Richard（1981b）On certain differences between French and English. *Linguistic Inquiry* 12: 349–371.

Kishimoto, Hideki（2006）On the existence of null complementizers in syntax. *Linguistic Inquiry* 37: 339–345.

Kishimoto, Hideki（2018）Projection of negative scope in Japanese. *Gengo Kenkyu* 153: 5–39.

Laka, Itziar（2006）Deriving split ergativity in the progressive. In: Alana Johns, Diane Massam, and Juvenal Ndayiragije（eds.）*Ergativity*, 173–195. Dordrecht: Springer.

Martin, Samuel E.（1975）*A reference grammar of Japanese*. New Haven, CT: Yale University Press.

Matsuoka, Mikinari（2019）On the locative structure of -*te iru* progressives in Japanese. *Gengo Kenkyu* 155: 131–157.

McCawley, James D. and Katsuhiko Momoi（1986）The constituent structure of *to* complements. *Papers in Japanese Linguistics* 11: 1–60.

Nakatani, Kentaro（2013）*Predicate concatenation: A study of the V-te V predicate in Japanese*. Tokyo: Kurosio Publishers.

Nakau, Minoru（1973）*Sentential complementation in Japanese*. Tokyo: Kaitakusha.

Saito, Mamoru（1986）Three notes on syntactic movement in Japanese. In: Takashi Imai and Mamoru Saito（eds.）*Issues in Japanese linguistics*, 301–350. Dordrecht: Foris.

Shibatani, Masayoshi（2017）Nominalization. In: Masayoshi Shibatani, Shigeru Miyagawa, and Hisashi Noda (eds.) *Handbook of Japanese syntax*, 271–331. Berlin: Mouton de Gruyter.

Stowell, Tim (1981) Origins of phrase structure. Ph.D. dissertation, MIT.

Tenny, Carol (1994) *Aspectual roles and the syntax-semantics interface*. Dordrecht: Kluwer.

Watanabe, Akira (2006) Functional projections of nominals in Japanese: Syntax of classifiers. *Natural Language and Linguistic Theory* 24: 241–306.

第 3 章

「てある」文にみられる方言間差異

島田雅晴・長野明子

1. はじめに

よく知られているように、存在を表す動詞は、機能的動詞、補助的動詞として相を表す形式の中に組み込まれることがある。例えば、英語の存在動詞 be は be ~ing という進行の意味を表す形式の中に生起する。また、日本語の存在動詞「いる」も「ている」という進行や完了の意味を表す形式の中に生起する。

(1) a. John is in his room.　　　　（存在）
　　b. John is playing the piano　　（進行）
(2) a. ジョンは今部屋にいる。　　　（存在）
　　b. ジョンは今ピアノをひいている。（進行）

この現象は通言語的に観察され、興味深い研究対象として本書松岡論文、鈴木論文も扱っている。

　日本語では「いる」という存在動詞の他に「ある」という存在動詞もあり、同じく「て」を伴い、「てある」の形式で完了の意味を表す。

46 | 島田雅晴・長野明子

(3) a. ケーキが焼いてある。
　　 b. リンゴが切ってある。

例えば、(3a) ではケーキを焼くという行為の結果、ケーキができあがっている状態、(3b) ではリンゴを切るという行為の結果、リンゴが切れている状態が表されている。

　(2b) の「ている」文と (3) の「てある」文は、前者は進行の読み、後者は完了の読み、という解釈上の違いに加えて、もう1点形式的な面で大きな違いがある。それは、(3) の「てある」文では、主格主語として動詞「焼く」あるいは「切る」の目的語に相当するものが生起している点である。この点で (3) の「てある」文は受動文に似ており、intransitivising resultative と呼ばれている[1]。「ている」文にはこのような自他変換はなく、動詞の項構造がそのまま反映された格形態の具現となっている。

　「てある」文は、竹沢 (2000) などの先行研究もあるが、「ている」文に比べるととりあげられる機会が比較的少ないように思われる。本章ではこの「てある」文に焦点をあてる[2]。特に、東京方言と福岡方言の「てある」文の間にある、ほとんど知られてこなかった方言間差異に着目する。そして、普遍文法研究の観点から、「ている」文に対する本書松岡論文の知見も参考にしながら、なぜそのような違いがあるのか検討する。

　本章の構成は以下のとおりである。2節では、まず、東京方言と福岡方言の存在動詞の分布について確認し、東京方言と福岡方言の「てある」文の違いを指摘する。3節では、福岡方言の「てある」文の基本性質について記述する。4節では、福岡方言の「てある」文の曖昧性について観察する。5節では、「てある」文に生起する主格名詞について検討する。6節では、松岡論文を援用した分析案を提示する。7節では、結語に変えて「てある」文に関する東京方言と福岡方言の相違の理由について述べる。

1　先行研究については、Martin (1975)、Miyagawa (1989) などを参照。

2　本章では、特に断りのない限り、「てある」文、という表現で、目的語が主語に格上げされたようにみえる (3) のような文を指すことにする。

2. 東京方言と福岡方言の「てある」文

存在を表す動詞として、東京方言では「いる」と「ある」が用いられ、福岡方言では「おる」と「ある」が用いられる。どちらの方言でも無生物が主語となる場合は「ある」が選択されるが、有生物が主語となる場合は東京方言では「いる」、福岡方言では「おる」が選択される。

(4)

	無生物主語	生物主語
東京方言	ある	いる
福岡方言	ある	おる

(5) a. 公園に噴水がある。(東京方言・福岡方言)

    b. 太郎がいる。(東京方言)

    c. 太郎がおる。(福岡方言)

このように、存在を表す語彙動詞としては、「ある」は東京方言と福岡方言に共通している。しかし、「てある」文になると大きな違いが出てくる。

このことは、まず、東京方言の「ている」文で観察されている曖昧性について確認しておくとわかりやすい (Kuroda 1979)。

(6) a. FBI が花子のことを調査している。

    b. FBI is investigating Hanako.

    c. FBI has investigated Hanako.

よく知られているように、「ている」文は進行の読みと完了の読みで曖昧になる。例えば、(6a) は (6b) で言いかえられるように「調査中である」という進行中の事態を表すこともできれば、(6c) で言いかえられるように「調査済みである」という行為の完了を表すこともできる。しかし、「てある」文は、行為の進行と解釈することはいかなる場合もできない。

(7) a. 花子が道に車をとめている。

    b. 車がとめてある。

(7a) の「ている」文は、車を駐車している最中であるという進行の解釈、および、車をとめ終わって，車がその状態にあるという完了の解釈のどちらも可能であるが、(7b) の「てある」文は、車がその状態にあるという完了の解釈しかない。

　「車をとめる」という動詞句は、車を駐車する行為とその行為の着点である駐車された状態を意味する。「てある」文は、この行為の着点である状態を取り出す形式といえる。したがって、行為しか表さない動詞句では「てある」文は許されない。例えば、「戸をたたく」という動詞句は、「てある」文にすることはできない[3]。

(8)　*戸がたたいてある。

(7, 8) でみてきたのが東京方言の「てある」文の基本性質であるが、福岡方言ではそれが異なる。音韻的にも福岡方言では「てある」を「ちゃー」と発音することがあるので、以後本章では福岡方言の「てある」文を「ちゃー」文と呼んで東京方言の「てある」文と区別することにする[4]。そして、何より重要なのは、東京方言の「てある」文と福岡方言の「ちゃー」文の解釈上の違いである。

　まず、(9) をみてみたい。(9a) は (7b)、(9b) は (8) の福岡方言に相当する文である[5]。

(9)　a.　車がとめちゃー。
　　　b.　戸がたたいちゃー。

3　戸をたたいて、戸の形状を変える、という意味ではなく、ここではあくまでも、戸をたたくという行為を行う、という意味で判断する。

4　福岡市、北九州市、大牟田市の各シルバー人材センターにおいて 60 歳以上の九州方言母語話者に聞き取り調査を行った中では、「ちゃー」を用いるのは福岡市シルバー人材センターの話者に限定されていた。なお、本章の第 2 著者は福岡市と同じ方言圏に属する近隣地域の出身者であり、福岡方言の母語話者であるが、同じく福岡方言母語話者の両親ともども「ちゃー」を自然に用いる。

5　福岡方言の主格は「の」または「が」という助詞で表される。両者の使い分けについては本章では触れない。

東京方言では、(7b) の「てある」文は完了の解釈のみ可能で、進行の解釈は不可能であった。しかし、(9a) の「ちゃー」文は、完了に加えて、進行の解釈も可能なのである。つまり、誰かが今現在車をとめようと努力している状況を意味することができる。(9b) も (8) の東京方言とは異なり、容認可能となる。なぜかといえば、福岡方言では「誰かが戸をたたいている」という進行の解釈が可能になるからである。ただし、「誰かが戸をたたいた」という完了の解釈では東京方言と同じく容認不可能である。これら (9a, b) で観察された事実を考えると、福岡方言の「てある」文、つまり、「ちゃー」文には、進行の解釈もあるということなのである。このことはこれまでの文献では指摘されていない事実である[6]。

　そこで、本章では次のような問いをたてることにする。

(10)　なぜ東京方言の「てある」文は完了の解釈だけになり、福岡方言の「ちゃー」文は進行と完了の解釈で曖昧になるのか。

この問いに答えるためには、「ちゃー」文の基本的特徴に関する情報が不可欠である。これも先行研究にはないものであり、次節でそれらを列記する。

3.　「ちゃー」文の基本性質

　「ちゃー」文の文法上の基本性質をリストすると次のようになる。

(11) a.　「ちゃー」文のもとになる文の他動詞は動作主 (Agent) を主語にとる。

　　b.　「ちゃー」文に動作主の存在は含意される。

　　c.　「ちゃー」文に動作主を具現することはできない。

6　本章の事実観察は、筆者らが 2018 年に福岡県福岡市、北九州市、大牟田市、および熊本県八代市の各シルバー人材センターの協力のもと、各地の 60 代以上の母語話者を対象に行った方言調査の結果をもとにしている。このうち、(9) のように (ノないしガ標示の) 主格で始まる「てある」文の進行解釈を容認したのは福岡市の話者だけであった。大牟田市や八代市では、目的格名詞の主格への繰り上げを伴わない場合には「てある」がつくことで進行の読みが可能になることが確認された。この調査の詳細については、島田・長野・三上 (編)『九州方言調査報告 (第 2 号)』として現在印刷準備中である。

        d. 「ちゃー」文のもとになる文の目的語、つまり、「ちゃー」文の主語
           は無生物でなければならない。
        e. 「ちゃー」文のもとになる文の目的語は対格の標示を持つものでな
           ければならないが、担う意味役割に制限はない。
        f. 受動文とは異なり、「ちゃー」文では分離不可能所有物が主語とし
           て生起できる。

以下、例文とともに簡単にみていく。まず、(11a) についてである。「ちゃー」
文のもとになる文、とここでいっているのは、「ちゃー」文の主語を目的語と
してとり、「ちゃー」という形態素がついている他動詞を主動詞とする文の
ことである。例えば、(9b) の「ちゃー」文のもととなる他動詞文としては、
次のようなものが考えられる [7]。

(12) a. 誰かが戸ばたたきようが。
     b. 風が戸ばたたきようが。

肥筑方言の形態素「よう」は進行を表し、(12a) は「誰かが戸をたたいてい
る」、(12b) は「風が戸をたたいている」の意味になる。ここで、(9b) がど
のような解釈になるか注意深く内省してみると、その解釈は (12a) にほぼ相
当することがわかる。つまり、(9b) では動作主が生起していないが、必ず
有生の動作主が行為に関与しているという含意があるのである。大雑把にい
えば、「ちゃー」文は、動作主主語をとる他動詞を自動詞化した文、という
ことができる。したがって、動作主を主語にとらない「もらう」のような他
動詞からできている文 (13a) を (13b) のような「ちゃー」文にすることは
できない。

(13) a. 太郎がプレゼントをもらった。
     b. *プレゼントのもろーちゃーばい。

このように、「ちゃー」により自動詞化する他動詞は必ず主語に動作主をと

---

7 「戸ば」の「ば」は目的格の格助詞、「よう」は進行相を表す不変化詞、文末の「が」は
文末不変化詞である。

第3章　「てある」文にみられる方言間差異　| 51

らなければならない。

　そして、先に (7b) の解釈について述べたように、「ちゃー」文自体、動作主の存在を含意する。(11b) はそのことを述べたものであり、それは次のような事例からさらに支持される。

(14)　店に入ろうて、車のとめちゃーばい。
(15)　{わざと／*たまたま} 戸のたたいちゃーばい。

(14) の「店に入ろうて」は、店に入るために、という意味を表す副詞節である。(14) は「ちゃー」文が目的を表す副詞節に修飾されることを示している。また、(15) は「わざと」という副詞は「ちゃー」文に生起できるが、「たまたま」という副詞は生起できないことを示している。これらは、「ちゃー」文に動作主の存在を示唆するものである。

　一方で、「ちゃー」文は、(11c) にあるように、「によって」という表現を用いて動作主を顕在的に生起させることはできない。

(16) *誰かによって戸のたたいちゃーが。

「誰かによって」という表現が顕在的に存在している限り、(16) は容認不可能である。

　「ちゃー」文のもとになる他動詞文には、主語だけでなく、目的語にも一定の制限がある。それを述べたのが、(11d) と (11e) である。(11d) は、もとの文の目的語、つまり、「ちゃー」文の主語は無生物でなければならないことを述べている。それは次の例によって示すことができる。

(17)　{戸の／*太郎の} たたいちゃーばい。

無生物の「戸」であれば「ちゃー」文の主語になれるが、人である「太郎」は主語になれないのである。

　(11e) は、もとの文において対格をとる目的語のみが「ちゃー」文の主語に格上げされることを述べている。例えば、同じ名詞の「風呂」でも、もとの他動詞文で対格をとる目的語として生起していなければ、「ちゃー」文の主語にはなれない。

(18) a. 太郎が風呂を沸かした。

　　 b. 風呂の沸かしちゃーばい。

(19) a. 太郎が風呂に入った。

　　 b. *風呂が入っちゃーばい。

興味深いことに、対格さえとれば、意味役割は関係なさそうである。例えば、主題 (Theme) ではない経路、場所、方角などの意味を担う目的語も、対格目的語であれば「ちゃー」文に変換することができる。

(20) a. 太郎が海岸を歩いた。

　　 b. 海岸の歩いちゃーばい。

このように、対格をとる場所表現が「ちゃー」文の主語として生起可能である一方、「に」がつく場所表現は「ちゃー」文の主語にはなれない。

(21) a. 花子が海岸に座った。

　　 b. *海岸の座っちゃーばい。

(21a) は対応する「ちゃー」文が存在せず、それは (21a) が対格目的語をとらないからだと考えられる。

　最後に、「ちゃー」文と受動文との違いについてふれる。一つは、すでに (11c) にあるように、「によって」などを用いて動作主を明示的に出すことができない点である。もう一つは、受動文とは異なり、分離不可能な所有物を主語にとることができる点である。受動文では、次の例にあるように、「手」のような分離不可能所有物が主語として生起することはない。

(22) a. 彼がさかんに手をふった。

　　 b. *手は彼によってさかんにふられている。　　　　　　　（仁田 1982）

これに対して、「ちゃー」文では、分離不可能所有物が主語として生起できるのである。

(23) a. 手がさかんに振っちゃー。

　　 b. 顔のあろうちゃーばい。

このように、「ちゃー」文も受動文と同じく目的語の主語への格上げがあるようにみえるが、両者は性質を異にするのである。

4. 進行の「ちゃー」文と完了の「ちゃー」文の違い

　福岡方言の「ちゃー」文は、東京方言の「てある」文と異なり、完了に加えて進行の読みも可能であることはすでにみたとおりである。本節では進行の「ちゃー」文と完了の「ちゃー」文の文法的なふるまいに違いがあることを観察し、「ちゃー」文を分析する足がかりとしたい。

　まず、「ちゃー」文の主語が本当にもとの他動詞文の目的語を格上げ（移動）することで生起しているのかを調べることから始める。これには受動文の派生を調べた先行研究の議論が参考になる。例えば、原田（1977）は能動文の目的語を主語に格上げする操作で受動文が派生することを動詞句イディオムを用いた議論で証明している。日本語の動詞句イディオムには、「白羽の矢をたてる」、「ケチをつける」、「けりをつける」、「足を洗う」などがあるとされているが、原田は動詞句イディオムを受動化し、その目的語を主語にすることが可能であることを観察している。

(24) a.　この分析にはケチがつけられた。

　　 b.　この問題にはけりがつけられた。

　　 c.　彼に白羽の矢がたてられた。　　　　　　　　　（原田 1977）

このことは、受動文は対応する能動文の目的語を主語に格上げすることが派生に関与していることを示唆している。

　同様のテストを「ちゃー」文に適用するとどうなるであろうか。動詞句イディオムから「ちゃー」文をつくってみると、次のようになる。

(25) a.　あの問題にけりのつけちゃーばい。　（進行／?*完了）

　　 b.　花子に白羽の矢のたてちゃーばい。　（進行／?*完了）

　　 c.　あの活動から足のあろうちゃーが。　（進行／?? 完了）

(25a) は「けりをつける」、(25b) は「白羽の矢をたてる」、(25c) は「足を洗う」を「ちゃー」文にしたものである。これらの例にみられるように、動

詞句イディオムを「ちゃー」文にすること自体は可能である。しかしながら、それは進行の読みにおいて可能なのであり、完了の読みでは極めて難しい。どのイディオムも行為だけでなく、それに伴う結果状態も表すのであるから、完了の解釈があってもおかしくないのに、である。もちろん、動詞句をイディオムではなく、文字通りの意味でとれば、完了の読みも可能になる。例えば、(25b)であれば、白羽の矢を花子に突き刺すという解釈においては完了の読みは可能になる。(25c)も「あの活動から」を削除すれば、足を洗浄してきれいになったという文字通りの解釈が可能になり、その場合完了の読みが可能になる。

(25)でみた事実は、進行の「ちゃー」文と完了の「ちゃー」文は統語構造が異なることを示唆する。具体的には、進行読みの「ちゃー」文の主語は、イディオム解釈が可能なことから、対応する他動詞文からの派生主語であり、完了読みの「ちゃー」文の主語は基底生成したものであるという分析が可能になる。

実際、三原(1997)は「ている」文について、似たような結論に達している。すでに(6a)でみたように、「ている」文もまた「ちゃー」文と同じように進行の読みと完了の読みで曖昧である。三原(1997)もイディオムなどを用いた統語テストから、進行の「ている」文の主語は派生主語で、完了の「ている」文の主語は基底生成主語であると論じ、それぞれに次のような構造を仮定している。

(26) a.　進行の「ている」文　　　　b.　完了の「ている」文

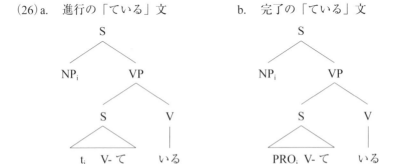

例えば、(6a)では、進行読みの場合は主語の「FBIが」が移動で繰り上がっ

第3章 「てある」文にみられる方言間差異 | 55

ているが、完了読みの場合は最も高い主語の位置に基底生成しており、動詞「調査する」の外項である PRO をコントロールする構造となっている。

「ちゃー」文も三原の「ている」文と同じ分析が可能なように思われる。「ちゃー」文と「ている」文では、繰り上がったり、空代名詞になったりしているのがもとの他動詞文の主語か目的語かが異なるだけと考えられるのである。つまり、進行の「ちゃー」文の主語は派生主語で、(26a) のように動詞句の中から目的語が繰り上がり、一方、完了の「ちゃー」文の主語は基底生成で、動詞句の中からの移動はないと考えることができる。

しかし、他の統語テストを適用してみると、「ちゃー」文は少々事情が異なるようである。例えば、遊離数量詞によるテストを考えてみたい。Miyagawa (1989) の研究でよく知られているように、遊離数量詞は被修飾語の名詞句と隣接し、お互い c 統御の関係にあることが必要である。

(27) a.　学生が本を4冊買った。
　　 b.　学生が4人本を買った。
　　 c.?*学生が本を4人買った。　　　　　　　　　　（Miyagawa 1989）

(27a) の「本を」と「4冊」、(27b) の「学生が」と「4人」は隣接しているが、(27c) の「学生が」と「4人」は隣接していない。したがって、(27) は容認されない。しかし、(28) の受動文では、一見するところ、(27c) のような主語と遊離数量詞の配列であるにもかかわらず、遊離数量詞による修飾が可能で、2台の車、という意味になるのである。

(28)　ゆうべ、車が泥棒に2台盗まれた。　　　　　　（Miyagawa 1989）

Miyagawa によれば、これは受動文の主語がもとは目的語の位置にあり、主語位置に移動したことの証拠であるという。目的語の位置に痕跡を残して移動し、その痕跡と遊離数量詞が隣接関係を保っているということである。

この遊離数量詞のテストを「ちゃー」文に適用してみるとどうなるであろうか。「ちゃー」文の主語と遊離数量詞が離れている文で考えてみる。

(29)　車が駐車場に2台とめちゃーばい。　（完了／*進行）

動詞句イディオムのテスト結果を踏まえ、三原の分析を適用するならば、(29)の「ちゃー」文では進行の読みが可能になるはずである。(28)の受動文の主語と同じように、進行の「ちゃー」文の主語は動詞句内から移動してきたものと考えられるからである。しかしながら、その予測に反して、(29)を進行の読みでとることは不可能である。このことは、進行の「ちゃー」文の主語は派生主語ではないことを意味する。なお、完了の「ちゃー」文については、動詞の目的語が空代名詞であるので、それと遊離数量詞が隣接することで関係を保つことができると考えられる。

　このように、進行の「ちゃー」文と完了の「ちゃー」文は違ったふるまいを示す。進行の「ちゃー」文は動詞句イディオムの解釈を許すが、完了の「ちゃー」文は許さない。一方、完了の「ちゃー」文は遊離数量詞と離れることが可能であるが、進行の「ちゃー」文は不可能である。特に、進行の「ちゃー」文を考えると、この2つの性質の一方は派生主語であることを、もう一方はそうでないことを示唆し、三原の「ている」文の分析をそのまま援用することはできない。次節ではこの相いれない状況の解決案を検討する。

5.　「ちゃー」文の主格名詞について

　本節では、前節でみたパラドックスの解決策として、進行の「ちゃー」文を主格目的語構文の一種とみることを提案する。日本語では主語と目的語の格標示のパターンが「主格 - 対格」となることが一般的であるが、「できる」、「わかる」、「みえる」などの状態動詞の場合は「与格（または主格）- 主格」というように目的語が主格を担うことがあり、これに関する先行研究も多い。竹沢 (2015) から引用したこの格標示パターンを示す例をあげる。

(30) a.　太郎には花子（のこと）がわかる。
　　 b.　太郎には花子がみえる。

また、「られる」という可能を表す形態素が他動詞に付加することで、目的語の格標示が対格でも主格でも可能になることがある。

(31) a.　花子がいなごを食べた。

b.　花子が {いなごを／いなごが} 食べられた。

(31b) のような文において、主格目的語は対格目的語と異なり、目的語の基底位置より階層的に高い位置に移動するとする分析があるが、そのような移動を仮定しない分析もある[8]。竹沢 (2015) は認識動詞の「みえる」が形成する次のような文をとりあげて、その主格付与について、やはり、移動を仮定しない分析を提案している。

(32) a.　太郎には花子がやせてみえた。
　　b.　太郎には線が曲がってみえた。
　　c.　太郎には柱が傾いてみえた。
　　d.　太郎には輪郭がぼやけてみえた。

認識動詞の「みえる」が、「花子がやせて」、「線が曲がって」、「柱が傾いて」、「輪郭がぼやけて」という不定詞節を補部として選択しているとすると、不定詞節の主語の主格がどこから来るのか、という問題が生じる。これは ECM 構文で不定詞補文の主語の目的格はどのように認可されるのか、という問いと平行的である。ECM 構文で不定詞補文の主語が上位の節から目的格を付与されているのと同様に、(32) の「花子が」などの不定詞節の主語は上位の節の T から主格を付与されている、というのが竹沢の考え方である。しかも、移動することなく、もとの位置で主格が認可されているとする。
　進行読みの「ちゃー」文は、動詞句イディオムの解釈を許しながらも、遊離数量詞と主格名詞は文字通り隣接していることが必要であった。このことは、進行読みの「ちゃー」文の主格名詞は移動を伴う派生主語ではなく、移動を伴わない主格目的語であることを意味しているとはいえないだろうか。そうだとすると、進行読みの「ちゃー」文では主格名詞が痕跡を残すという派生を想定することはできない。遊離数量詞と主格名詞が隣接していない場合、主格名詞の移動で生じた痕跡と遊離数量詞が隣接している、という状況になっているわけではないのである。本章では、進行の「ちゃー」文は受動

8　移動を仮定する分析については、Koizumi (1998) などを参照。移動を仮定しない分析については、Saito (2012) などを参照。

文のような移動を伴う派生ではなく、移動を伴わない主格目的語を含んだ文の一種であると主張する。

例えば、「車をとめる」という動詞句が「ちゃー」文になり、「車がとめちゃー」となった場合、進行読みでは「車が」は（派生）主語ではなく、主格目的語として機能しているのである。「車がとめ」という動詞句が形成されていて、「車が」は「とめる」の目的語であると考えるのである。「とめる」から「とめちゃー」が派生することで、目的語の格標示が変化していることになる。あくまでも進行読みの場合、「車がとめちゃー」は目的語と動詞から形成される動詞句のまとまりをなしていることになり、したがって、動詞句イディオムの解釈が可能になるのである。一方、(29)の「車が駐車場に2台とめちゃーばい」のように、主格目的語とそれを修飾する遊離数量詞の間に「駐車場に」のような副詞要素が介在した場合、それらはすべて基底生成であると考えれば、遊離数量詞に隣接する「車が」の痕跡を想定できないので、隣接条件を満たせず、非文になるのである。実際、「駐車場に」が「車が」と「2台」の間に介在しない語順であれば容認される。

(33)　駐車場に車が2台とめちゃーばい。　（完了／進行）

進行の「ちゃー」文が主格目的語構文の一種であることは、それが主格目的語構文にみられる特徴を示すことで支持される。しかも、主格目的語の基底生成分析と相性がいい。Saito (2012) は、受動文の主格主語と可能文の主格目的語の重要な違いを指摘し、後者には移動は関与していないとする。

(34) a.　花子$_i$が [$_{vP}$太郎$_j$に [$_{VP}$自分$_{i,j}$の　ワニを食べ]] -させ-た (こと)
　　 b. *ワニ$_i$が花子によって [$_{vP}$太郎に [$_{VP}$ t_i 食べ]] -させ-られ-た (こと)
　　 c.　花子が [$_{vP}$太郎に [$_{VP}$ワニ {を／が} 食べ]] -させ-られ-た (こと)

(34a)は使役構文であり、「自分」の束縛可能性からわかるように、「花子が」も「太郎に」も主語として機能している。このとき、目的語の「ワニ」を受動化すると、(34b)にみられるように非文となる。これは、目的語の「ワニ」が主語である「太郎」を超えて移動し、受動文の主格主語になるからだと考えられる。ところが、「られ」は「られ」でも可能を表す形態素の「ら

れ」が使役動詞に付加した場合は、目的語が主格で標示されてもよい。それを示したのが、(34c) である。仮に、非顕在的にでも主格目的語が受動文の主語と同じように移動しているのであれば、非文になるはずである。しかし、実際はそうではない。したがって、主格目的語の生起には移動は関与していない、ということになる。

同じテストを進行の「ちゃー」文に適用するとどうなるであろうか。進行の「ちゃー」文の主格名詞はどのようなふるまいをするのであろうか。次の使役文を例として考えてみたい。

(35) 花子が [$_{vP}$ ロボットに [$_{VP}$ 道を歩]] -かせ-た(こと)

この文の使役動詞の「させ」に「ちゃー」を付加して「させちゃー」とし、使役主の「花子」を隠し、対格目的語の「道を」を主格の「道が」に変えてみると次のようになる。

(36) [$_{vP}$ ロボットに [$_{VP}$ 道が歩]] -かせ-ちゃー-ばい （進行）

興味深いことに、(36) は進行読みの「ちゃー」文として容認されるのである。「誰かがロボットに道を歩かせている」という進行の解釈が可能なのである。そうだとすると、進行読みの「ちゃー」文の主格名詞は受動文の主格主語ではなく、可能文や認識動詞文に生起する主格目的語と平行的なふるまいをし、移動はしていないことが示唆される。よって、進行読みの「ちゃー」文の主格名詞は基底生成の主格目的語とする考え方には一定の妥当性があると思われる[9]。

一方、完了読みの「ちゃー」文の主格名詞はどうであろうか。4 節でみたように、完了読みの「ちゃー」文では動詞句イディオムの解釈が不可能であった。それと三原 (1997) の「ている」文の分析をあわせて考えると、完了読みの「ちゃー」文における主格名詞は、基底生成主語といえる。三原が (26b) の構造で完了読みの「ている」文で仮定したように、状態動詞の主語として基底生成し、それが補文をとるのである。例えば、「車がとめちゃー

---

9 竹沢 (2000) も「てある」文の主格名詞に関して、主格主語の可能性を論じている（松岡（個人談話））。

ばい」の完了読みでは、「車が」というのは「てある（＝ちゃー）」の中の動詞「ある」が選択している基底生成主語で、「ある」は同時に「PRO pro とめて」という補文をとっていると考えられる。「PRO」は動詞「とめる」の主語として任意の行為者を指す。一方、「pro」は動詞「とめる」の目的語で基底生成した「ある」の主語「車が」と同一指示になるのである。したがって、完了読みの「ちゃー」文は英語の「Tough 構文」に似ているといえる。次節では、本書松岡論文の「ている」進行文の分析を参考にして、進行と完了の「ちゃー」文の構造的な違いをさらに検討する。

6. 松岡（2019）の「ている」進行文の分析の援用

松岡（2019）は（37a）のような有生主語が生起する「ている」進行文は、（37b）のような二重節構造の場所格叙述文の構造を持つと主張している。

(37) a.　太郎が本を読んでいる。

　　 b.　[太郎 $_i$ が [$_{PP}$ [$_{NP}$ PRO$_i$ 本を　読んで] Ø$_P$] いる $_V$]　　　　（松岡 2019）

「いる」は機能範疇というよりは、存在を表す語彙範疇の動詞であり、それが後置詞句の「本を読んで」を選択しているという。そして、後置詞句の中の主語は空代名詞で、主節の存在動詞がとる主語にコントロールされるのである。このように、「ている」進行文とは、存在を表す語彙動詞が二項述語として主語と後置詞句をとっている文ということになる[10]。この節では松岡の「ている」進行文の分析を「てある」文、「ちゃー」文に援用し、「てある」文の 2 つの読み、それから、「ている」文と「てある」文の対応関係に統一的な説明を与えることを試みる。

まず、完了読みの「ちゃー」文から検討する。というのは、これは松岡が提案した（37b）の「ている」文の構造にほぼ等しいからである。具体的には、完了読みの「ちゃー」文である（38a）は（38b）のように分析できる。

10　松岡（2019）は無生物が「ている」の主語として生起している場合の構造はこれとは区別している。その場合「いる」は相を表す機能範疇で、単一節構造を持つという。本章で深く関わるのは二重構造の方なので、単一節構造の「ている」進行文には特にふれない。

第3章 「てある」文にみられる方言間差異 | 61

(38) a.　車がとめちゃー。

　　 b.　［車ⁱが［PP［NP PROarb proⁱとめて］∅P］ある ᵥ］

「ちゃー」文も、「ている」進行文と同じように、存在の語彙動詞が主語と後置詞句をとるとする。同じ相でも進行を表す場合と完了を表す場合とでは動詞が異なり、進行では「いる」、完了では「ある」が使われるということである。しかし、進行相でも完了相でも主動詞が異なるだけで構造が同じであるというように、また、どちらの場合も「いる」や「ある」といった存在動詞が関わるというように、進行解釈と完了解釈を統一的に説明することができる。また、進行か完了かという下位区分についても主動詞として生起する存在動詞の違いに還元することができる。さらに、「ちゃー」文、「てある」文では、存在動詞が選択する主語と後置詞句内の動詞の目的語が常に同一指示であるが、この関係性は英語の「Tough 構文」にみられるものでもあり、決して孤立した性質ではないことがわかる。

　次に、進行読みの「ちゃー」文についてである。進行の解釈が動詞「ある」というよりは動詞「いる」によってもたらされるとすれば、進行読みの「ちゃー」文にも「いる」が関与していると考えなければならない。また、進行の「ちゃー」文の主格目的語には移動が関与しないことも導かなければならない。本章では、進行の「ちゃー」文は (37b) に示した「ている」進行文の構造を土台にして派生していると考え、具体的には、進行読みの「ちゃー」文である (39a) は (39b) のような構造から (39c) にいたるものと主張する。

(39) a.　車がとめちゃー。

　　 b.　［太郎ⁱが［PP［NP PROⁱ車をとめて］∅P］いる +Voice ᵥ］

　　 c.　［［PP［NP PROarb 車がとめて］∅P］ある ᵥ］

(39b) では、「ている」進行文に何らかの機能範疇「Voice」が「いる」に付加している。あるいは「ている」進行文全体をこの機能範疇が選択しているとしてもいいかもしれない。どちらにしても、「ている」進行文に何らかの機能範疇が付け加わったのである。

この機能範疇は受動文の形態素「られ」のように、動詞の項構造に決まった変化をもたらすものと仮定する。一つには「いる」の主語の抑制である。(39c) で「太郎が」が消えているのはこのことを表している。このような働きをする機能範疇を想定することは、受動態や中間態を考えれば必ずしもおかしくない。進行文に作用し、その主語を隠すという機能を持つ何らかの機能範疇があり、ここではひとまずそれを「Voice」としておく。後置詞句内の主語は主節にあったコントローラーがなくなるので arbitrary の解釈になり、これが、背後に動作主がいるという母語話者の直観に結びつくと考えられる。また、「Voice」は主節の主語だけではなく、後置詞句内の目的語の格にも影響を及ぼし、主格の標示を義務付けるものと仮定する。(31b) では他動詞に可能を表す接辞の「られ」が付加することで目的語が主格で標示されるようになることが示されている。「Voice」という形態素にも同様の機能があると考えられる。

さらに、「ある」という形式は「いる +Voice」の音韻具現形と考える。進行読みの「ちゃー」文では、「ある」は純粋な語彙動詞というわけではない。「いる」に何らかの機能範疇が付加し、それに発音に必要な音韻情報を与えた際に「ある」という語形 (word form) が付与されたに過ぎない。形態統語構造を音韻具現形に写像する規則、つまり、Chomsky (2016) がいう外在化 (externalization) の規則により、「いる +Voice」が「ある」という音として具現しているのである。ただ、存在動詞の「ある」と単なる語形の「ある」は、主格に必ず無生物をとるという点では一致しているようである。「ある」存在文も、完了読みの「ちゃー」文も、進行読みの「ちゃー」文も主格は必ず無生物でなければならず、「戸がたたいちゃー」は可能でも「太郎がたたいちゃー」は不可能である。「ちゃー」文は進行読みと完了読みで曖昧であるが、両者は全く異なる構造で、完了読みの「ちゃー」文は存在の語彙動詞「ある」、進行読みの「ちゃー」文は「ている」進行文をもとにして派生すると考えられる。

7.　おわりに

最後に、東京方言と福岡方言の「てある」文の違いについてふれてお

く。東京方言の「てある」文には完了の解釈だけで、進行の解釈はない。Chomsky（2016）をはじめとする極小理論では、言語間の差異は先に述べた外在化規則の違い、つまり、形態論に還元され、C-I インターフェースにいたる構造構築、意味計算に言語間差異はないと考える。そうだとすると、福岡方言には「いる +Voice」という形態統語構造を「ある」に変換する規則はあるが、東京方言にはそれがない、ということになる。

　進行の「てある」文の「ある」は語彙範疇と機能範疇がミックスしたもので、いわば、純然たる語彙範疇というわけではない。機能的な「ある」としてよく知られているのが、コピュラの「ある」で、東京方言では「花子は美しく*（は）ある」のように、特別に「は」などの不変化詞が生起するときにのみ生じ、通常は「美しい」という語形の中に組み込まれているとされる。しかし、福岡方言では「は」の介在がなくても「ある」は自然にこの環境で生起する。東京方言はもともと機能範疇がらみの「ある」は自由形態素としての生起が限られており、よって、進行の「てある」文がないと考えられる。「いる +Voice」という構造の点では東京方言と福岡方言に違いはないが、それを具現する形態論に違いがあるということなのである。

謝辞

　本章は LAGB 2018、新潟大学人文学部言語学講演会で発表した原稿の改訂版である。参加者の方々、本章の査読者の方々および松岡幹就氏にお礼申し上げる。また、福岡市、北九州市、大牟田市、八代市の各シルバー人材センターの協力者の方々にも深謝申し上げる。本研究は KAKEN（16H03428）の助成を受けている。

参照文献

島田雅晴・長野明子・三上傑（編）（印刷中）『九州方言調査報告（第 2 号）』,筑波大学.

竹沢幸一（2000）「アルの統語的二面性—be/have との比較に基づく日本語のいくつかの構文の統語的解体の試み—」矢澤真（編）『東アジア言語文化の総合的研究』75–100,筑波大学.

竹沢幸一（2015）「「見える」認識構文の統語構造とテ形述語の統語と意味」由本陽子・小野尚之（編）『語彙意味論の新たな可能性を探って』243–273,開拓社.

仁田義雄（1982）「再帰動詞、再帰用法—Lexico-Syntax の姿勢から—」『日本語教育』47: 79–90.

原田信一（1977）「日本語に「変形」は必要だ」『言語』68: 88–95.

松岡幹就（2019）「「ている」進行文の統語構造と数量副詞の解釈について」本間伸輔他（編）『日本語統語論研究の広がり』25–44. 東京：くろしお出版.

三原健一（1997）「動詞のアスペクト構造」鷲尾龍一・三原健一『日英語比較選書 7 ヴォイスとアスペクト』107–186. 東京：研究社出版.

Chomsky, Noam（2016）*What kind of creatures are we?* New York: Columbia University Press.

Koizumi, Masatoshi（1998）Remarks on nominative objects. *Journal of Japanese Linguistics* 16: 39–66.

Kuroda, S.-Y.（1979）On Japanese passives. In: George Bedell, Eichi Kobayashi, and Masatake Muraki（eds.）*Explorations in linguistics: Papers in honor of Kazuko Inoue*, 305–347. Tokyo: Kenkyusha.

Martin, Samuel E.（1975）*A reference grammar of Japanese.* New Haven, CT: Yale University Press.

Miyagawa, Shigeru（1989）*Structure and case marking in Japanese.* San Diego: Academic Press.

Saito, Mamoru（2012）Case checking/valuation in Japanese: Move, agree or merge? *Nanzan Linguistics* 8: 109–127.

第4章

経験相を表すテイル文と属性叙述
―叙述類型論における記述と理論の融合に向けて―

鈴木彩香

1. はじめに

1.1 本章の背景

　文の基本的な類型として、(1) に見るようなふたつのタイプが通言語的に存在するとされる。(1a) は特定の時空間に存在する事象を叙述する「事象叙述文」であり、(1b) は特定の時空間によらない恒常的な属性を叙述する「属性叙述文」である (益岡 1987)。

(1) a.　子供が元気だ。　　(事象叙述文)
　　 b.　子供は正直者だ。　(属性叙述文)

(1) のような文類型の対立は、古くから日本語の記述的研究分野で注目を集めており (佐久間 1941、三上 1953、益岡 1987、2008、2012 ほか)、ふたつの文類型の相関を論じる研究は「叙述類型論」と呼ばれ、活発な議論が行われている。

　また、英語などをはじめとする他言語での理論的研究分野においても、叙述類型の対立は主要な研究トピックのひとつとなっている。特に、形式的な意味論においては、一時的な出来事・状態を表す述語 (stage-level predicate; 以下

SLP）と恒常的な性質を表す述語（individual-level predicate; 以下 ILP）といっ
た述語の意味的タイプが、文全体の叙述にどのように影響を与えるかが注目さ
れてきた（Milsark 1974、Carlson 1977、Diesing 1992、Kratzer 1995 ほか）。

　両研究分野における分析は、同じような関心に基づいたものであり、議論
の内容としても大いに重なる部分がありながら、これまで両者を有機的に結
びつけて論じようとする試みが十分に行われてきたとは言い難い状況にあ
る。しかし、日本語学の分野で豊富に積み重ねられてきた記述を理論的な観
点からとらえ直す試みは、どちらか一方の分野にだけでなく、双方にとって
有益な結果をもたらすことが期待される。

　とりわけ、本章で重視したいのが、事象叙述／属性叙述といった概念を述
語の意味、アスペクト、テンスといった各要素から構成的にとらえ直す考え
方である。これは、理論的な分野において盛んに論じられてきた考え方であ
るが、筆者はこのようなアプローチが日本語の分析においても非常に有益で
あると考える。それは、単に他言語の分析が日本語の現象にも当てはまる、
ということがいえるだけでなく、構成的なアプローチが日本語の属性叙述文
の体系的な分析にも貢献すると考えるためである。

　ここで、日本語の叙述類型の対立が構成的な観点からはどのようにとらえ
直せるものであるかを確認しておく。日本語の属性叙述文と事象叙述文の対
立と SLP/ILP という述語の意味的性質との対応関係を整理すると、以下の
（2, 3）のように示すことができる。これらの例文から、SLP は属性叙述文と
事象叙述文のいずれも派生できるが、ILP は事象叙述文を派生しないという
関係があることがわかる。また、属性叙述文を形成するためには、ハでマー
クされ、属性主を表す主題が必須であることがわかる。

(2)　a.　子供が元気だ。　　　[SLP]　（事象叙述文）
　　　b.　子供は元気だ。　　　[SLP]　（属性叙述文）
(3)　a.　子供が正直者だ。　　[ILP]　（# 事象叙述文[1]）
　　　b.　子供は正直者だ。　　[ILP]　（属性叙述文）

1　#記号は、この例が事象叙述文としては成立しないことを示す。益岡（1987）は、（3a)
のような叙述のあり方を「指定叙述」と呼んでいる。

1.2　本章の主張

　本章では、日本語の具体的な現象に焦点を当て、日本語の属性叙述文を論じる上で、理論的研究の分析の観点と日本語学の記述的研究の知見の双方を総合して分析する必要があることを論じる。具体的な現象としては、(4a) のような［経験相］を表すテイル文を取り上げる。

(4)　a.　太郎は二十歳になる前に、お酒を飲んでいる。　　［経験相］
　　　a′.　太郎は二十歳になる前に、お酒を飲んだ。
　　　b.　太郎は一時間前から、お酒を飲んでいる。　　　　［進行相］
　　　b′.＊太郎は一時間前から、お酒を飲んだ。

　(4a) のテイル文は、(4a′) のようなタ形を用いた文に言い換えることが可能である。この点、(4b) のようなテイル文が (4b′) のタ形を用いた文に言い換えられないこととは対照的であり、［経験相］のテイ (ル) は［進行相］のテイ (ル) とは異なる性質を持つとされる。

　また、(4a) は、「太郎」を主題として、彼が過去に行った行為に基づいて彼のある種の属性 (社会的ルールを守らない人間である、あるいは、お酒に非常に強いなど) について述べた文であると解釈できる点で、属性叙述文であるといえる。一方、(4b) はそのような解釈はできず、太郎の一時的な状態について述べる事象叙述文である。こうしたことから、［経験相］のテイ (ル) と［進行相］のテイ (ル) は述語の意味的タイプが異なり、前者が ILP であるのに対し、後者は SLP であるとする先行研究がある (Ogihara 1999、Sugita 2009)。

　このような分析に対し、本章では、日本語の記述的な研究の蓄積に基づき、［経験相］のテイ (ル) も［進行相］と同様に SLP であると考える必要があることを主張する。そして、属性叙述文を述語の意味とアスペクト・テンスの観点から構成的にとらえ直す分析が、日本語の属性叙述文研究にどのような意義をもたらすのかを論じる。

　本章の構成は以下の通りである。2 節では、大きくふたつの先行研究を概観する。2.1 で［経験相］のテイ (ル) に関する先行研究を見た後、2.2 で［経験相］のテイ (ル) が ILP であることを論じている先行研究の主張を紹介す

68 ｜ 鈴木彩香

る。3 節では、上述の先行研究に対し、［経験相］のテイ（ル）が SLP である
ことを経験的な事実から主張する。4 節では、［経験相］のテイ（ル）を SLP
であるととらえた上で属性叙述文の意味を構成的に考えることが、日本語の
属性叙述文を体系的に記述するためにも必要であることを述べる。5 節は、
本章のまとめである。

2. 先行研究
2.1 ［経験相］のテイ（ル）のアスペクト的意味

　まず、先行研究の記述にしたがって、［経験相］が、テイ（ル）形式が表す
他のアスペクト的意味とどのように区別されるものであるのかを確認する。
テイ（ル）の意味を研究する上で注目されてきたのは、(5a, b) に見るような
［進行相］と［結果相］[2] の対立である。

(5)　a.　太郎がお酒を飲ん<u>でいる</u>。　　［進行相］
　　　b.　お酒がこぼれ<u>ている</u>。　　　［結果相］

(5a) では、「飲む」という動詞の表す事態が今まさに進行中であるという意
味が表されているが、(5b) では、「こぼれる」という動詞の表す事態は既に
終わっており、「こぼれた」結果の状態が現在継続しているという意味が表
される。このようなテイ（ル）形の持つ意味の対立に関して、奥田 (1977)
は、「変化の有無」という観点から動詞の意味分類を整理することによって
説明を与えた。すなわち、テイ（ル）形はいずれにしても「継続」を表す意
味を持つが、変化のない動作を表す動詞につくか、変化のある動詞につくか
によって、動詞＋テイ（ル）全体で表される意味が異なるということである。
前者の動詞につけば「動作」の継続、後者の動詞につけば「結果」の継続が
表されることになる。

　このように、テイ（ル）形の意味体系を動詞の意味分類から整理する上で、
慎重に扱う必要があるのは (6) のような例である。

2　［進行相］のテイ（ル）については本書松岡論文、［進行相］と［結果相］のテア（ル）につ
いては本書島田・長野論文が詳しく扱っているため、そちらも参照されたい。

第 4 章　経験相を表すテイル文と属性叙述　│　69

(6)　　太郎は二十歳になる前に、お酒を飲んでいる。　　　　　　　((4a) 再掲)

(6) は、「二十歳になる前」という過去の時点で起きた「お酒を飲む」という事態が、現在にいたるまで何らかの影響を及ぼしているという意味を表す。(6) では (5a) と同様に「飲む」という変化のない動詞が用いられているにもかかわらず、事態が現在進行中であるとは解釈されない。むしろ、事態は既に終わっているという観点からすれば、(5b) の［結果相］に似た側面を持つようにも見える。このことから、金田一 (1950) においては、「飲む」のような動詞には二種類の意味が存在するという見方がとられていた。しかし、藤井 (1976) で指摘されているように、(6) と (5b) の［結果相］は区別されるべきものである。(6) に見るテイ（ル）形の意味は、［経験相］と呼ばれる。

　［経験相］が［進行相］や［結果相］と異なるのは、「二十歳になる前に」のような過去の時点を表す時間副詞と共起する点である。［進行相］［結果相］は、発話時点における何らかの継続を表しており、(5a, b) に時間副詞をつけるとすれば、いずれについても「今」のような現在を表す副詞となる。

(5′) a.　　今、太郎がお酒を飲んでいる。　　［進行相］
　　 b.　　今、お酒がこぼれている。　　　　［結果相］

一方、(6) の［経験相］は、過去時点を表す副詞と共起し、「太郎が二十歳になる前にお酒を飲んだ」という過去の出来事が、発話時点においても何らかの効力を持っている[3] こと（例えば、その事実をもって太郎が社会的ルールを守らない人間であると現在判断できる、といったことなど）を表す。

　工藤 (1995: 99) は、このような［経験相[4]］の意味を以下のような 3 点から規定している。

(7)　a.　　発話時点、出来事時点とは異なる「設定時点」が常にあること

3　この点、［経験相］のテイルは英語の現在完了形などとも共通した意味的特徴を持つが、英語の現在完了形は過去の時点を表す副詞と共起することはない。

4　工藤 (1995、2014) の用語では、「経験相」ではなく「パーフェクト」と呼ばれるが、本章では用語を「経験相」で統一する。

b. 出来事時点が設定時点に先行していること
c. 先行して起きた出来事が設定時点との関連性を持っているととらえられること

このことは、(8)のように、現在形だけでなく、未来形、過去形も含めて［経験相］のアスペクト的意味を考えた方がわかりやすい。

(8) a. 太郎は私が家に帰る時までにお酒を飲んでいる（だろう）。
　　　　　　　　　　　　　　　　　　　　　　　　　　　［経験相未来］
　　b. 太郎は今までにお酒を飲んでいる。　　　　　　　［経験相現在］
　　c. 太郎は私が家に帰った時までにお酒を飲んでいた。［経験相過去］

未来形の(8a)では、設定時点が「私が家に帰る時」であり、それ以前に「お酒を飲む」出来事時点が存在し、かつ設定時点において当該の出来事が関連性をもってとらえられることが表されている。過去形の(8c)も同様であるが、(8a)と(8c)は設定時点と出来事時点がともに発話時点よりも未来に置かれるか、過去に置かれるかが異なる。現在形の(8b)においては、設定時点と発話時点が重なることになるが、設定時点よりも以前に出来事時点が存在する点は(8a, c)と同じである。上述の時間関係は、(8′)のように表すことができる。

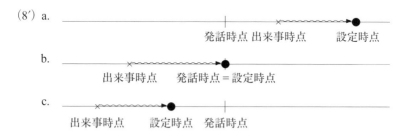

ここでもう一点確認しておきたいことは、上述の［経験相］の意味は、動詞の語彙的意味とは無関係に生じるということである。上述の通り、［結果相］の意味を持つためには、接続する動詞の意味に変化が含まれていなければならないが、［経験相］の意味の実現には、動詞の変化の有無は関与しな

第 4 章　経験相を表すテイル文と属性叙述 | 71

い。これまで見てきた「飲む」のような変化のない動詞だけでなく、以下の
(9) のような変化のある動詞であっても［経験相］を表すことができる。

(9)　　このカーペットに、これまでに何度もお茶がこぼれ<u>ている</u>。

［経験相］を［進行相］や［結果相］と区別することは、動詞の語彙的意味と
テイ（ル）形のアスペクト的意味の体系を考える上で、非常に重要である[5]。

　ただし、実際の使用の上で、特に変化動詞の例においては、［結果相］と
［経験相］で曖昧な解釈を持ち、どちらとも判断できない例が見られること
も少なくない。単に (10a) のように言った場合、(10b) のような［結果相］
の解釈なのか、(10c) のような［経験相］の解釈なのかは曖昧である。

(10) a.　駅前にビルが建っ<u>ている</u>。
　　　b.　今現在、駅前にビルが建っ<u>ている</u>。　　［結果相］
　　　c.　1970 年に駅前にビルが建っ<u>ている</u>。　　［経験相］

(10b, c) の対立は一見、「発話時点において駅前にビルが存在しているか否か」
によって判断がつくように思われるかもしれないが、その違いは本質的なも
のではなく、この観点のみでは不十分である。「ビルが存在していない」場合
には［結果相］の可能性は排除されるものの、「ビルが存在している」場合に
は依然として［結果相］と［経験相］のどちらの可能性も残されるためである。

　そのため、本章では、［経験相］のテイ（ル）形の例を挙げる際にはできる
だけ過去の時点を表す表現や、「今までに」「既に」といった時間副詞と共起
している例を挙げる。あるいは、「富士山に三回登っている」のような出来
事の回数と共起している例や、「お酒を二杯飲んでいる」などの数量詞が同
時量ではなく達成量として生起している場合も、［経験相］を表す例として
扱う[6]。

5　テイ（ル）形の意味としては、このほかに「太郎は毎日お酒を飲んでいる。」のような
［習慣相］が存在することが知られている。［習慣相］と［経験相］は、アスペクト的意味が
動詞の語彙的意味とは無関係に生じるものである点で共通した特徴を持つ。［習慣相］のテ
イ（ル）と属性叙述文との関連については、鈴木 (2016) を参照されたい。

6　副詞的成分とアスペクト的意味の関わりについては、彭 (2011) 参照。

2.2 ［経験相］のテイ（ル）と SLP/ILP

ここまで見てきたテイ（ル）形のアスペクト的意味を、SLP/ILP の対立の観点からとらえた先行研究として、Ogihara (1999)、Sugita (2009) が挙げられる。1 節で見たように、SLP/ILP の対立は本来述語の語彙的分類であるが、Ogihara、Sugita はこれをアスペクトのレベルまで拡張し、［進行相］や［結果相］のテイ（ル）が SLP であるのに対し、［経験相］のテイ（ル）は ILP であると主張している。

述語の意味的性質を判断する上では、当該の述語が属性叙述文を形成するか否かという点は判断材料にならない。以下の（11b, 12b）に見るように、SLP、ILP のいずれも、属性叙述文を形成することができるためである。

(11) a.　子供<u>が</u>元気だ。　　[SLP]　　（事象叙述文）
　　 b.　子供<u>は</u>元気だ。　　[SLP]　　（属性叙述文）
(12) a.　子供<u>が</u>正直者だ。　 [ILP]　　（# 事象叙述文）
　　 b.　子供<u>は</u>正直者だ。　 [ILP]　　（属性叙述文）　　　　（(2, 3) 再掲）

重要なのは、主語がガでマークされた時の解釈である。SLP の主語がガでマークされた（11a）では、主語は「元気な子供がいる」という存在的な解釈（existential reading）となり、単純に出来事の生起のみを述べる「中立叙述」（neutral description）の解釈となる。一方、ILP の主語がガでマークされた（12a）は、中立叙述として解釈することができない。ここでは、主語は「子供一般」を指す総称的な解釈（generic reading）となり、述語の表す意味内容に対して主語をとりたて、「一般に正直者なのは子供、そして子供のみ[7]である」という「総記」（exhaustive listing）の解釈となる。（11a）でも、ガに強勢を置くといった操作によって、総記として読むことは可能であるが、（12a）は中立叙述として読むことはできない（久野 1973）。

したがって、［経験相］のテイ（ル）の意味的性質を判断する上でも、中立

---

[7]　厳密には、柴谷 (1978) や西山 (2003)、青柳 (1999) が指摘するように、「総記」の意味において「排他」の含意は二次的なものである。ただし、本章では判断としてわかりやすい場合には、「x、そして x のみが」という含意が出るガは総記のガとして解釈されている、と述べることがある。

叙述のガと共起できるか否かが重要となる[8]。Ogihara（1999）、Sugita（2009）は、以下の（13）のように、［経験相］のテイ（ル）と共起するガは中立叙述として解釈することができないと観察している。これは、（14）のような［進行相］や［結果相］と共起するガが中立叙述として解釈されることと対照的である。

(13) a.　マリが今までにこの川で泳いでいる。　　　［総記］

　　 b.　マリが今までにイギリスに行っている。　　［総記］

(14) a.　マリが今泳いでいる。　　　　　　　　　　［中立叙述］

　　 b.　マリが今イギリスに行っている。　　　　　［中立叙述］

　　　　　　　　（Sugita 2009: 68–69、［　］内および下線は引用者による）

　しかし、テンスとの相関を考える上で［経験相］のテイ（ル）をILPと見なすことが適切なのか、また［経験相］のテイ（ル）のガ格主語名詞句が本当に「義務的」に総記として解釈されるか、といった点は議論の余地が残されている。以下、上記ふたつの観点から経験的なデータを示しつつ、［経験相］がSLPであると考えられることを論じる。

3.　SLPとしての［経験相］のテイ（ル）

3.1　［経験相］のテイ（ル）とテンスの対立

　2.1で既に確認したように、［経験相］のアスペクト的意味は現在形のみに結びついたものではなく、過去形や未来形においても実現されるものである。ここで、SLP、ILPそれぞれの述語とテンスとの相関を確認しておく。

　SLPは、特定の時間軸上に位置づけられるイベントを表す。そのため、以下の（15）に見るように、当該の状態がいつ実現するかがテンス形式に応じて表し分けられ、特定の時間を表す副詞と共起することが可能である。

8　Sugita（2009）は、このほかに時間副詞とテンスの不一致や、「ところだ」形式との共起関係を根拠に［経験相］のテイ（ル）がILPであるとしている。しかし、時間副詞とテンスの不一致がそのままILPであると判断できる材料にはならないこと、また「＃枝が折れているところだ。」［＃結果相］など、SLPであっても「ところだ」形式が共起しない例があることなどから、より強い主張の根拠としては、中立叙述のガとの共起の可否を挙げているものと考えられる。

74 | 鈴木彩香

(15) a. 太郎は<u>明日</u>、元気だ（ろう）。

    b. 太郎は<u>今</u>、元気だ。

    c. 太郎は<u>昨日</u>、元気だった。

一方、ILP の表すイベントは未来形や過去形によって特定の時間軸上に位置づけられるものではなく、以下の (16) に見るように時間副詞とは基本的に共起しない。

(16) a. *太郎は<u>20 年後</u>、東京出身だ（ろう）。

    b. *太郎は<u>今</u>、東京出身だ。

    c. *太郎は<u>かつて</u>、東京出身だった。

    c′. 太郎は東京出身だった。　（→太郎は死んでいる）

テンスの対立を持たない ILP は、現在形によって発話時現在というテンスを表すことができず、特定の時間軸上には位置づけられない、総称的なテンスと義務的に結びつくことになる。

　そして、ILP が過去形をとった場合には、寿命効果 (lifetime effect) と呼ばれる、特殊な含意が現れることが指摘されている (Kratzer 1995 ほか)。(16c′) に示すように、ILP が過去形をとると、その属性主は既に死んでいるという含意が生じる。過去のテンスは過去時への位置づけを要求するが、これは「東京出身だ」のような述語が持つ恒常的な性質とは相いれず、「太郎」という個体の持つ時間軸上で、特定の時間を占めるイベントとして位置づけることはできない。その結果、過去形の持つ意味が個体の存在自体を過去に位置づけるものとして働くことによって、寿命効果が生じるとされる (Kratzer 1995)。

　ここで、［経験相］のテイ（ル）に目を転じてみると、そのアスペクト的意味は過去時や未来時に位置づけることが可能であり、以下の (17) に見るように時間副詞との共起も可能である[9]。

9　ただし、(17b) に見るように、現在形が「今」のような時間副詞とは共起しないという事実に対しては、過去形、未来形が問題なく時間副詞と共起できることとは別の説明が与えられる必要がある。詳細な議論は別稿に譲りたいが、ひとつの可能性としては、［経験相］は現在形においてのみ、設定時点と発話時点が重なることが関与していることが考えられる

第 4 章　経験相を表すテイル文と属性叙述 ｜ 75

(17) a.　太郎は<u>明日</u>、私が家に帰る時までにお酒を飲んでいる（だろう）。

　　 b.　太郎は（[*]<u>今</u>、）今までにお酒を飲んでいる。

　　 c.　太郎は<u>昨日</u>、私が家に帰った時までにお酒を飲んでいた。

　　 c′.　太郎は私が家に帰った時までにお酒を飲んでいた。

（# → 太郎は死んでいる）

　そして、(17c′) に見るように、過去形にした際に寿命効果が生じることもない。あくまでも、経験相が過去形をとった際には、「太郎」の持つ時間軸上において、「設定時点に先行する出来事時点が、発話時点よりも過去に存在する」という時間関係が表されるのみである。テンスとの相関の観点からは、[経験相] は ILP というよりむしろ SLP としての性質を持つことが示される。

　もし仮に [経験相] のテイ（ル）が ILP であるとする Ogihara (1999)、Sugita (2009) らの主張を維持しようとすると、[経験相] というアスペクト的意味は、過去形や未来形といったテンスをとる場合には SLP であるが、現在形のテンスをとった場合には ILP であるというように、現在形のみを特殊に扱うことになる。しかし、それは先行研究において考えられてきた SLP、ILP という述語分類とテンスとの相関の構成的な体系を大きく逸脱するものとなってしまう。[経験相] のテイ（ル）において、「設定時点に出来事時点が先行している」というアスペクト的意味は、未来形・現在形・過去形のいずれにおいても共通している。このような体系の中でとらえる限り、[経験相] のテイ（ル）は、総称的なテンスをとっているのではなく、発話時現在というテンスをとっていると考える必要がある。

　また、そうだとすれば、[経験相] を表すテイル文が全体として属性叙述を形成するとしても、それは ILP の語彙的意味から直接派生される解釈とは異なり、二次的な解釈の結果生じたものであると考える必要がある。つまり、「太郎が今までにお酒を飲んでいる」という文において、[経験相] のテイ（ル）それ自体が意味しているのは、過去時の出来事の効力が設定時点＝発話時現在においても有効である、ということのみである。この過去時の出

((8′b) 参照)。つまり、「今までに」のような設定時点がある以上、「今」という発話時点を表す副詞が不要になることが、(17b) のような例の許容度を低くしている可能性がある。

来事から、太郎を特徴づけるような恒常的な性質が想起されたとしても、それはあくまでも二次的なものであって、アスペクト的意味から必然的に生じるものではない。(11, 12) でも見たように、ILP は特定の時間軸上に位置づける存在的なテンスと結びつくことはないが、SLP は存在的なテンスと総称的なテンスの双方と結びつくことが可能であり、[経験相] を SLP とする本章の立場は、このような原則とも整合的であるといえる。

3.2 ［経験相］のテイ（ル）と中立叙述のガ

　ここで、Ogihara (1999)、Sugita (2009) らが［経験相］のテイ（ル）を ILP だと主張する上で大きな根拠としている、主語がガでマークされた場合の義務的な総記の解釈についても再考する必要がある。たしかに、［進行相］や［結果相］のテイ（ル）に比べ、［経験相］のテイ（ル）が中立叙述のガと共起する例は私たちの目に触れにくく、［経験相］のテイ（ル）と判断できる実例を観察すると、明示的に現れている主語はハでマークされていることが多い。(18) は、『現代日本語書き言葉均衡コーパス（BCCWJ）』から収集した例である。

(18) a. 北朝鮮と米国は、九十四年に「枠組み合意」を締結している。
　　　　　　（中西　庸（著）／平野　幸治（著）／石丸　整（著）『サンデー毎日』）
　　 b. 鉄砲足軽は言った。「おれはまちがいなく二発撃ち込んでいる。馬から落ちたのは、おれの二発目の弾のせいだ。おれが山県昌景を仕留めた」
　　　　　　　　　　　　　　　　　　　　　　　（佐々木　譲（著）『週刊新潮』）

　しかし、［経験相］のテイ（ル）と中立叙述のガの共起が原理的に不可能なわけではない。［経験相］のテイ（ル）が一見中立叙述のガと共起しにくい原因は、ふたつ挙げることができる。ひとつは、実際の使用の上で、［経験相］が［進行相］、［結果相］といった他のアスペクト的意味と区別しにくいことが多いためである。2.1 で言及したように、［経験相］の確例としては、時間副詞と共起している例が判断しやすいのであるが、これらの例は、中立叙述として解釈しやすい環境になじみにくいという問題がある。中立叙述としての解釈が最も得やすいのは「眼前描写」の環境であるが、過去の時間軸に言

及する表現が明示的に出ていると、「今、ここ」の出来事を表す眼前描写として解釈することが難しくなる。

　ふたつめの原因は、［経験相］のテイ（ル）が要求する、「過去の出来事と発話時の結びつけ」がどのように実現されるかという問題に関わる。井上（2001）は、これを実現するための方略として、「過去の出来事を、発話時において有効なある統括主題（複数の類似の出来事の背後にある一つの状態）に従属する一事例としてとらえる（井上 2001: 154）」という談話の展開があることを指摘した。以下の（19）に見るように、ここで言う「統括主題」が「太郎は語学力に優れた人物だ」のような属性叙述であった場合、［経験相］のテイル文はその属性に寄与する一事例として過去の出来事を位置づけることになり、必然的にテイル文においても属性主がトピックとなることが自然である。

(19)　太郎は語学力に優れた人物だ。英語が流ちょうに話せるだけではない。フランスに 1 年間、中国に 2 年間留学に行っているのである。

　Sugita（2009）が挙げる（20）の例にしても、当該の文が表す過去の出来事を発話時点と結びつけるには、文脈が必要である。

(20) a.　マリが今までにこの川で泳いでいる。
　　 b.　マリが今までにイギリスに行っている。　　　　　　　((13) 再掲)

例えば (20b) は、「イギリスに行ったこと」が一事例となるような統括主題のもとで現れることが期待される。「うちの家族は皆海外旅行が好きである」というような統括主題のもと、「父親はアメリカとスペインに、母親は韓国に旅行したことがある」といった類似の出来事が示された後、それに加えて、「そして娘のマリが…」というような文脈で (20b) が発されたものと考えるのはごく自然である。そして、そのような複数の類似の出来事の対比の中では、「誰がそれをしたのか」という主語がフォーカスになる解釈がしやすいことが、(20b) のガの総記としての解釈を生んでいるのだと考えられる。

　しかし、ここまでで述べたような「談話の中での現れやすさ、そしてそのテイ（ル）が［経験相］と明確に判断できるかどうか」ということと、［経験

相］のテイ（ル）が原理的に中立叙述のガと共起しないかどうかは、別の問題である。［経験相］のテイ（ル）であることを保証する手立では時間副詞以外にも存在するし、井上（2001）が言うような「複数の類似の出来事」がなくとも、発話時と過去の出来事を結びつけることはできる。

　以下の（21）に見るように、発話の場に存在する状況が、過去の出来事と直接結びつくような状況であれば、［経験相］のテイ（ル）も問題なく中立叙述のガと共起できる。

(21) a.　（太郎が目の前にいない時に机を見て）
　　　　太郎が机にいたずらして（い）るな。
　　 b.　（空になった酒瓶を見て）あーあ、誰かが 3 本も飲んで（い）る。

これらの例は、過去の時間副詞とは共起していないものの、［経験相］の例であることが確実な例である。(21a) では、「いたずらをする」という変化のない動詞が用いられているために［結果相］とは解釈されず、なおかつ「太郎が目の前にいない」という文脈によって［進行相］としての解釈が排除されることによって、［経験相］の例であることが保証されている。同様に、(21b) でも、変化のない動詞が用いられることで［結果相］とは解釈されず、達成量を表す表現と共起していることで［進行相］としても解釈できなくなっている。また、(21b) の例が不特定の主語である「誰か」と共起していることは、主語にフォーカスを置くことができないことを意味し、［経験相］のテイ（ル）が総記ではなく中立叙述のガと共起していることを示している。

　本節の議論をまとめると、［経験相］のテイ（ル）が一見中立叙述のガと共起しにくいように見えるのは、ILP であるからという本質的な語彙的意味に起因するものではなく、［経験相］が持つ過去の出来事に言及する意味と、中立叙述であると判断しやすい文脈の相性が悪いということに起因するものであった。その点に配慮した例を観察することによって、中立叙述のガとの共起という観点からも、［経験相］のテイ（ル）が SLP としての性質を持っていることが経験的に支持される。

4. 叙述類型論における記述と理論の融合

ここまで、［経験相］のテイ（ル）がILPであるとする先行研究に対し、［経験相］のアスペクト的意味はあくまでもSLPであり、それを用いた文全体に生じる属性叙述としての意味は、二次的に生じるものであることを論じてきた。本節では、このように述語の表す意味とテンスという観点から属性叙述文を構成的にとらえ直すアプローチが、日本語の属性叙述文の体系記述を目指す上で有効であることを論じる。

本章で扱った［経験相］のテイル文は、日本語の叙述類型論では「履歴属性」（益岡2008）として位置づけられるものである。履歴属性とは、過去のイベントを履歴として所有することによって属性を表す、とされるものである。履歴属性というカテゴリーは、益岡（2008）では以下の（22）のような属性叙述の体系の中に位置づけられている。

(22)

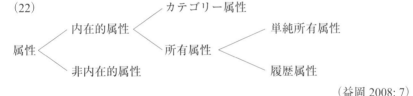

（益岡 2008: 7）

益岡（2008）の体系においては、履歴属性は「所有属性」の下位分類として位置づけられており、「あの人は優しい」のような例が該当する「単純所有属性」とも並行的な形でとらえられている。

しかし、構成的なアプローチからは、履歴属性文が属性叙述の体系の中で特殊な位置づけを占めることが示される。［経験相］のテイ（ル）がSLPと考えられることをここまでで述べてきたが、［経験相］のテイ（ル）は他のSLPとも異なる、特殊な性質を持つ。それは、総称的なテンスをとらないままで属性叙述文になれるという点である。

まずは、通常のSLPからその性質を確認していく。以下の（23b）に見るように、SLPであっても属性叙述文を形成することは可能である。そしてこれは、（24）のような文において［経験相］のテイ（ル）も属性叙述文を形成できることと並行的であるように見える。しかし、（23b）と（24）では、

それぞれの文がとっているテンスという観点では、全く異なるものである。

(23) a.　子供が元気だ。　[SLP]　（事象叙述文）
　　　b.　子供は元気だ。　[SLP]　（属性叙述文）　　　　　　　　　（（2）再掲）
(24) a.　恐竜は白亜紀に絶滅している。
　　　b.　電話は 1876 年に発明されている。

　この対立は、「ものだ」補文の環境において明確に現れる。「本来的性質の叙述（森山 1997）」を行うとされる「ものだ」補文は、主語に総称名詞を要求することが知られている（眞野 2008、森山 1997、野田 2011 ほか）。SLP の語彙的状態述語は、以下の (25) に見るように、総称的に解釈される名詞を主語として「ものだ」補文に生起することができるが、特定の個体を指示する名詞を主語とすることはできない。

(25) a.　子供は元気なものだ。
　　　b. *太郎は元気なものだ。

(25a) では、「元気」という性質が各個体における恒常的なものとして解釈されるだけでなく、「子供」の個体すべてにおいて成り立つ本来的性質として解釈されており、その結びつきがいつの時点であっても恒常的に成り立つと理解される。すなわち、通常の SLP を用いた文が属性叙述文として解釈される際は、総称的なテンスのもとに成り立つといえる。
　一方、[経験相] のテイ（ル）を用いた属性叙述文は、以下の (26) に見るように、たとえ主語が総称的なものであっても、「ものだ」補文に生起することができない。

(26) a. *恐竜は白亜紀に絶滅しているものだ。
　　　b. *電話は 1876 年に発明されているものだ。

つまり、[経験相] のテイ（ル）を用いた (24) は、総称的なテンスをとらないままで属性叙述文になることができるということである。この事実は、3.1 で見たように、[経験相] のテイ（ル）のアスペクト的意味が、未来形・現在形・過去形の対立の中でとらえられる存在的なものであることと関わ

る。(24) のような［経験相］のテイル文においては、述語と個体のイベントの結びつきは恒常的に成り立つものではなく、存在的なテンスのもとに、一回性の出来事が発話時点にまで影響を及ぼし、総称的な主語を特徴づけるものとなっている。

　このような違いは、述語の意味とテンスとの相関を見ていくことによって初めて明らかになるものである。(22) で見たように、これまでに提案されてきた属性叙述の体系では、履歴属性文が持つ特殊な性質は見えてきにくいが、構成的にアプローチすることによって、その特殊な位置づけを示すことが可能になる。構成的なアプローチは、「文全体として属性叙述として解釈されるか否か」というレベルでは等価であるとしても、「いかにしてその解釈が獲得されるか」というプロセスが異なるものの存在を明らかにすることができる。ここまでの分析からは、属性叙述文を形成する要素として、①述語の語彙的な性質が総称的なテンスとして結びついて属性叙述文を派生するILP、②義務的にではないが総称的なテンスと結びつくことによって属性叙述文を派生するSLP、そして③SLPの中でも存在的なテンスと結びついたままで属性叙述文を派生する［経験相］のテイ（ル）という、少なくとも三つの類型が存在することが明らかになった。①②の類型が持つ属性叙述の解釈は、述語の語彙的な性質や、テンスの総称性という観点から説明を与えることができ、意味論のレベルで議論することが可能なものである。一方、③の類型がどのように属性叙述として解釈されうるのかに関しては、本章で「二次的に派生される解釈」として言及したように、語用論のレベルも含めて議論する必要があり、その定式化には課題が残されている。構成的なアプローチはこのように、これまでにも記述的な蓄積のある日本語の属性叙述文の体系を新たな観点から整理するとともに、今後問題にしていくべき課題を明らかにする上でも重要であるといえる。

5.　おわりに

　本章では、［経験相］を表すテイ（ル）に焦点を当て、この形式が形成する属性叙述文の性質を明らかにした。先行研究の議論に反して、テンスとの相関、また中立叙述のガとの共起という観点からは、［経験相］のテイ（ル）は

ILP ではなく SLP であると考えられる。そして、テンスの観点から観察した際には、［経験相］のテイ（ル）を用いた属性叙述文は、他の SLP と比較しても特殊な位置づけを持つことが明らかになった。これらの成果は、日本語学の記述的な研究の知見と理論的な分析の観点の双方を有機的に結びつけることによって明らかになったものであり、今後も、日本語の叙述類型論を論じていく上では、記述と理論の融合を目指していくべきであると考える。

付記

　本章は、日本言語学会第 157 回大会ワークショップ「叙述類型論の諸問題」（於：京都大学）における口頭発表「属性叙述におけるテンス・アスペクト体系」の［経験相］に関する箇所を取り上げ、大幅に加筆修正を行ったものである。ワークショップ登壇者の皆さま、発表に際してご助言いただいた全ての方々にこの場を借りて感謝申し上げる。本章は JSPS 科研費による若手研究「属性叙述を含めた包括的なテンス・アスペクト体系の解明」（課題番号：19K13172）の研究成果の一部である。

調査資料

『現代日本語書き言葉均衡コーパス』、国立国語研究所、pj.ninjal.ac.jp/corpus_center/bccwj/

参照文献

青柳宏（1999）「いわゆる「総記」のガに関する覚え書き」『アカデミア文学・語学編』67: 769–788.

井上優（2001）「現代日本語の「タ」―主文末の「…タ」の意味について―」つくば言語文化フォーラム（編）『「た」の言語学』97–163. 東京：ひつじ書房.

奥田靖雄（1977）「アスペクトの研究をめぐって―金田一的段階―」『国語国文』8.［奥田靖雄（1985）『ことばの研究・序説』85–104. 東京：むぎ書房. に再録］

金田一春彦（1950）「国語動詞の一分類」『言語研究』15: 48–56.

工藤真由美（1995）『アスペクト・テンス体系とテクスト―現代日本語の時間の表現―』東京：ひつじ書房.

工藤真由美（2014）『現代日本語ムード・テンス・アスペクト論』東京：ひつじ書房.

久野暲（1973）『日本文法研究』東京：大修館書店.

佐久間鼎（1941）『日本語の特質』東京：育英書院.［1995 復刊 東京：くろしお出版.］

柴谷方良（1978）『日本語の分析』東京：大修館書店.

鈴木彩香（2016）「習慣文のアスペクト形式と意味解釈―単純ル形とテイル形の対立を中心に―」『日本語と日本文学』60: 1–14.

西山佑司（2003）『日本語名詞句の意味論と語用論―指示的名詞句と非指示的名詞句―』東京：ひつじ書房.

野田高弘（2011）「現代日本語の習慣相と一時性」『東京大学言語学論叢』31: 197–212.

藤井正（1976）「「動詞＋ている」の意味」金田一春彦（編）『日本語動詞のアスペクト』97–116. 東京：むぎ書房.

彭玉全（2011）「現代日本語の時間表現に関わる副詞の研究―事態存在のありかたを表す副詞と出来事生起のありかたを表す副詞を中心に―」博士論文, 筑波大学.

益岡隆志（1987）『命題の文法―日本語文法序説―』東京：くろしお出版.

益岡隆志（2008）「叙述類型論に向けて」益岡隆志（編）『叙述類型論』3–18. 東京：くろしお出版.

益岡隆志（2012）「属性叙述と主題標識―日本語からのアプローチ―」影山太郎（編）『属性叙述の世界』91–109. 東京：くろしお出版.

眞野美穂（2008）「状態述語文の時間性叙述の類型」益岡隆志（編）『叙述類型論』67–91. 東京：くろしお出版.

三上章（1953）『現代語法序説』東京：刀江書院.［1972 復刊 東京：くろしお出版.］

森山卓郎（1997）「日本語における事態選択形式―「義務」「必要」「許可」などのムード形式の意味構造―」『国語学』188: 12–25.

Carlson, Gregory N.（1977）Reference to kinds in English. Ph.D. dissertation, University of Massachusetts, Amherst.

Diesing, Molly（1992）*Indefinites*. Cambridge, MA: MIT Press.

Kratzer, Angelika（1995）Stage and individual level predicates. In: Gregory N. Carlson and Francis Jeffry Pelletier（eds.）*The generic book*, 125–175. Chicago: University of Chicago Press.

Milsark, Gary L.（1974）Existential sentences in English. Ph.D. dissertation, MIT.

Ogihara, Toshiyuki（1999）Tense and aspect. In: Natsuko Tsujimura（ed.）*The handbook of Japanese linguistics*, 326–348. Oxford: Blackwell Publishers.

Sugita, Mamori（2009）Japanese *-te iru* and *-te aru*: The aspectual implications of the stage-level and individual-level distinction. Ph.D. dissertation, The City University of New York.

第 III 部

テンスと統語・意味

第5章

素性継承システムのパラメータ化と
日本語における定形節のフェイズ性

三上　傑

1.　はじめに

　生成文法理論で現在採用されている Multiple Spell-out モデル（cf. Chomsky 2000、2001）において、統語構造はフェイズ単位で構築され、その都度、音声体系と意味体系へ転送されることになる。そして、その際に転送される領域については、以下の（1）に挙げられているフェイズ不可侵条件（Phase Impenetrability Condition: PIC）により、フェイズ補部と規定されている。

（1）　Phase Impenetrability Condition (PIC):
　　　The domain of H is not accessible to operations outside HP; only H and its edge (either Specs or elements adjoined to HP) are accessible to such operations.　　　　　　　　　　　　　　　　　　（Chomsky 2001: 13）

この条件に基づくと、（2）に図式化されているように、一度転送操作が適用された統語対象は、フェイズ主要部とエッジ部分を除き、その後の統語システムでの演算に関与できないということになる。

(2)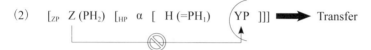

このように、現行理論においてフェイズは非常に重要な役割を担う概念の一つであるが、その定義については、Chomsky（2000、2001、2004）が命題性（Propositionality）の観点から定式化している。

(3) 　　At SEM, *v*P and CP (but not TP) are propositional constructions: *v*P has full argument structure, and CP is the minimal construction that includes Tense and event structure and (at the matrix, at least) force. At PHON, these categories are relatively isolable (in clefts, VP-movement, etc.).

（Chomsky 2004: 124）

それによると、(3) に明示化されているように、完全な項構造を有するとされる *v*P（厳密には、外項を選択している *v**P）に加え、時制や事象構造を含む CP、すなわち定形節がフェイズとして機能することになる。

　この定形節がフェイズを形成するという見方に基づき説明がなされる言語現象に、繰り上げ操作の適用可能性に関する定形節・非定形節間の非対称性がある。繰り上げ操作は一般的に A 移動の一種として分析されるが、以下の (4) と (5) における英語のデータによって示されているように、従属節内の主語要素は、非定形節境界を越えて主節に A 移動することは可能であるものの、定形節境界を越えて移動することはできないとされる。

(4) a.　He$_i$ seems [t_i to be smart].
　　b. *He$_i$ seems [**that** t_i is smart].　　(cf. It seems [**that** he is smart].)
(5) a.　I believe him$_i$ [t_i to be smart].
　　b. *I believe him$_i$ [**that** t_i is smart].　　(cf. I believe [**that** he is smart].)

この文法性の差について、フェイズ理論の観点から説明を与えると、(4b) と (5b) に示されているような、従属節が定形節である場合、従属節 CP はフェイズを形成することになる。そのため、PIC に従うと、フェイズ補部である従属節 TP は転送操作の適用を受けることとなり、その指定部位置を占

第 5 章　素性継承システムのパラメータ化と日本語における定形節のフェイズ性 ｜ 89

めている従属節主語は、定形節境界を越えて主節要素と一致関係を確立することもできなければ、主節へ A 移動を起こすこともできない。それに対して、(4a) と (5a) に示されているように、従属節が非定形節である場合には、従属節 CP はフェイズを形成せず、その補部である TP に転送操作が適用されることもない[1]。その結果、従属節主語は PIC に違反することなく、主節要素との間で一致関係を確立し、主節へ A 移動を起こすことが可能になる。

　このように英語における繰り上げ現象を見る限り、定形節がフェイズを形成するという見方は経験的にも妥当であるように思われる。しかしながら、日本語に目を向けてみると、定形節が必ずしもフェイズを形成しておらず、その補部への転送操作も適用されていないのではないかと示唆する事例が観察されることになる。例えば、以下の (6a) は Ura (1994) が言うところの hyperraising の例である。この例において、従属節は「と」という補文標識を有した定形節となっているが、その主語要素は従属節内から主節内要素を越えて文頭に移動を起こしているのがわかる。同様に、(6b) に挙げられている「主語 – 目的語繰り上げ構文」の例においても、対格で標示されている従属節主語が主節内要素を越えて移動しているのが確認できる (cf. Kuno 1976)。

(6)　a.　彼らが$_i$　今日の会議で　[t_i　明日　来る**と**]　報告された。

(Ura 1994: 66)

　　b.　ジョンが　ビルを$_i$　愚かにも　[t_i　天才だ**と**]　思っている。

(Tanaka 2002: 638)

そして、これらの繰り上げ操作が適用された要素は、(7) に示されているように、相互照応形「お互い」の先行詞として機能することができるとされる。

(7)　a.　彼ら$_i$が　今日の会議で　お互い$_i$の先生に　[明日　来る**と**]　報告された。

(Ura 1994: 74)

1　英語における非定形節補部の投射をめぐっては、Chomsky (1981) 等の先行研究において IP であると仮定されてきたが、Pesetsky (1995) や Ogawa (2001) は空の補文標識 (null complementizer) を主要部とする CP であると主張している。本章では後者の見方に従い、非定形節補部が定形節補部と同じく、CP まで投射するとして議論を進めることとする。なお、本章における英語の定形節・非定形節に対する位置づけについては、3 節で詳しく論じたい。

90 | 三上 傑

b. 彼ら$_i$を お互い$_i$の先生が ［馬鹿だ**と**］ 思っている。

（Tanaka 2002: 640）

(8)　　［　…　[$_{CP}$ C [$_{TP}$ Subj ［ T$_{[Tense]}$ …]]]]

　　　　↑A-movement

相互照応形は束縛条件（A）によって認可されるということを考慮すると、この束縛に関する事実は、繰り上げ操作の適用された従属節主語が主節において A 位置を占め、そこから相互照応形を含む主節内要素を C 統御しているということを意味する。すなわち、これらの文の派生には、(8) に図式化されているように、英語では認可されることのない、定形節境界を越えた A 移動が関与していると示唆されることになる^2。

　では、なぜ日本語では定形節が必ずしもフェイズとして機能せず、その節境界を越えて一致操作や移動操作が適用可能になるのであろうか。本章では、このような日本語における定形節のフェイズ性に関して、Miyagawa (2010、2017) が提唱する Strong Uniformity と素性継承システムのパラメータ化の枠組みから再検討することを試みる。具体的には、Narita (2011) が主張する収束性（Convergence）に基づくフェイズの定式化を採用し、それを

2　定形節内からの繰り上げ操作の分析可能性として、以下の (i) に図式化されているように、従属節主語が CP フェイズのエッジ部分を経由して主節へ移動するという分析が考えられるかもしれない。

　i.　　［　…　[$_{CP}$ Subj ［ C [$_{TP}$ 〈Subj〉 ［ T$_{[Tense]}$ …]]]] ⟹ Transfer

　　　　↑A-movement　↑　　　　　　　　A′-movement

この分析に基づくと、従属節主語は一度 CP フェイズのエッジ部分を占めることで、転送操作の適用を逃れられるため、PIC の違反を回避することが可能になる。したがって、日本語でも英語と同様に、定形節が常にフェイズを形成するという見方を保持しながら、(7) に示した束縛の事実を捉えられることになるかもしれない。しかしながら、この分析では、従属節主語が CP フェイズのエッジ部分へ A′ 移動した後、さらにそこから主節へ A 移動を起こさなければならず、文の派生に典型的な Improper Movement の配列が含まれることとなってしまうため、理論的に排除されることとなる。

　なお、PIC の問題を解決するためのその他の分析方法として、Tanaka (2002) は CP フェイズのエッジ部分が例外的に A 位置として分析される可能性を、Ogawa (2007) は繰り上げ操作が許容される従属節 CP において、その主要部が主節の動詞へ編入されるという可能性をそれぞれ提示している。

Miyagawa の理論的枠組みに組み込むことで、定形節のフェイズ性に関して言語間にパラメータ的相違がもたらされることになると主張する。そして、本分析が定形節内からの繰り上げ操作の適用可能性に関する日英語間の相違を適切に捉えられることを示す。また、本分析により理論的に予測されることになる日本語における A 移動タイプの長距離スクランブリングの存在についても論じ、本分析の妥当性を立証する。

2. Strong Uniformity と素性継承システムのパラメータ化

本節では、Miyagawa（2010、2017）が提唱する Strong Uniformity と素性継承システムのパラメータ化を導入し、本章で採用する理論的枠組みについて概観したい。

生成文法理論では、原理とパラメータ・アプローチが導入されて以来、自然言語の普遍性と相違性を捉えるために、これまで様々な原理とパラメータが提案されてきた。とりわけ日本語では、印欧諸語と比べて、性・数・人称に基づく形態的具現があまり観察されないという特徴がある。そのため、統語システムにおいて中心的な役割を担うとされる文法的一致に関しても、日本語統語論研究では、Ura（2000）や Hiraiwa（2005）に代表されるように、日本語も英語と同じく Phi 素性を有しており、それを介した文法的一致が行われるとする立場に加え、Fukui（1986）や Saito（2007）に代表されるように、日本語には Phi 素性が存在しないゆえに、それを介した一致現象も存在しないとする見方も提案されてきている。このように二つの異なる理論的立場から日本語の研究が進められている中で、Miyagawa（2010、2017）は言語の新たな見方を提示する。具体的には、自然言語の普遍性を捉えるにあたり、以下の（9）に挙げられている Strong Uniformity を提案する。

(9) Every language shares the same set of grammatical features, and every language overtly manifests these features. （Miyagawa 2010: 12）

それによると、すべての言語は Phi 素性や焦点素性といった文法素性を共通して有しており、それらは顕在的に具現されることになる。また、言語間の相違性については、現在生成文法理論において広く採用されている素性継承

システムに関して、フェイズ主要部であるCからTへ継承される素性のタイプが言語ごとにパラメータ化されることで生じるとし、自然言語は主語卓越言語と焦点卓越言語に二分されると主張する[3]。

(10) a. 主語卓越言語（英語タイプ）　　b. 焦点卓越言語（日本語タイプ）

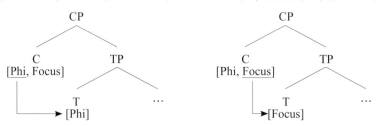

素性継承システムにおいて、すべての文法素性はフェイズ主要部に生成されることになるが、このパラメータ化に基づくと、英語をはじめとする主語卓越言語では、Chomsky（2008）や Richards（2007）によって従来想定されてきたように、CからTへPhi素性のみが継承されることになる。それに対して、日本語をはじめとする焦点卓越言語では、(10b) に示されているように、Phi素性の代わりに焦点素性が継承されることになるとしている。

　この継承される素性のタイプに関する言語間の相違はさらに、その他の様々な統語現象に関しても、両言語タイプにパラメータ的相違をもたらすことになる。例えば、Tの有するEPP素性は、その継承された素性と連動し、一致関係を確立した要素を指定部位置に繰り上げる[4]。そのため、Phi素性が

3　本章では便宜上、Miyagawa（2010）でなされた自然言語の二分類に基づき、英語と日本語をそれぞれ、主語卓越言語と焦点卓越言語として分類することとする。
　なお、Miyagawa（2017）では、継承される素性のタイプの組み合わせに基づき、以下の四タイプが提案されている。
　　i.　a.　Category I： C_ϕ, T_δ　　Japanese
　　　　b.　Category II： C_δ, T_ϕ　　English
　　　　c.　Category III： $C, T_{\phi/\delta}$　　Spanish
　　　　d.　Category IV： $C_{\phi/\delta}, T$　　Dinka　　　　　　　　　（Miyagawa 2017: 4）
この言語の四分類に基づく分析の可能性については、論を改めることとしたい。
4　Miyagawa（2010, 2017）は、一致関係を確立するための統語操作として Agree を想定し、目標子が元位置に留まった状態で一致関係が確立されるとしている。また、当該理論的枠組みにおける一致操作と移動操作の位置づけについては、それぞれ以下のように規定している。

第 5 章　素性継承システムのパラメータ化と日本語における定形節のフェイズ性　｜ 93

継承される主語卓越言語では、以下の (11) に図式化されているように、T
が Phi 素性を有した候補の中で、最も近くにある要素と一致関係を確立し、
その一致した要素が指定部位置に繰り上がることになる。

(11)　[$_{TP}$ Subj [T [$_{v*P}$ ⟨Subj⟩ [v^* [$_{VP}$ V Obj]]]]]
　　　　　　[EPP+Phi]　　[Phi]　　　　　　[Phi]
　　　　　　　　　　　　Agree　　　　A-movement

主語要素は一般に、目的語要素よりも相対的に高い位置に基底生成すると分
析されるが、この相対的位置関係を考慮すると、主語卓越言語では、必然的
に主語要素が TP 指定部へ A 移動を起こすことになる。
　一方、焦点素性が継承される焦点卓越言語では、T による一致関係の確立
に焦点素性が関与することになる。そのため、T は最も近くにある焦点要素
と一致関係を確立し、その一致した要素が指定部位置へ繰り上がる。

(12)　[$_{TP}$ Obj [T [$_{v*P}$ Subj [v^* [$_{VP}$ V ⟨Obj⟩]]]]]
　　　　　　[EPP+Focus]　　　　　　　　　[Focus]
　　　　　　　　　　　Agree　　　　　　A-movement

したがって、(12) に示されているように、主語要素ではなく目的語要素が
T から最も近い焦点要素である場合には、その目的語要素が一致関係を確立
し、主語要素を越えて TP 指定部へ A 移動を起こすことになる。
　このように、Strong Uniformity と素性継承システムのパラメータ化は、そ
の理論的帰結として、両言語タイプに A 移動に関するパラメータ的相違を
生じさせることになる。本章では、当該理論的枠組みが、この A 移動に関
するパラメータ化に加えて、フェイズ形成のメカニズムに関しても両言語タ
イプにパラメータ的相違をもたらすことになると主張する。

---

i.　a.　Agreement occurs to establish a functional relation.　　　　　(Miyagawa 2010: 9)
　　b.　Movement triggered by agreement takes place in order to keep a record of functional
　　　　relations for semantic and information-structure interpretation.　(Miyagawa 2010: 33)
この見方に基づくと、両者はそれぞれ独立して履行される統語操作であるものの、ある機
能範疇との間で一致関係を確立した要素については、必然的にその指定部位置へ移動を起
こすことになる。

3. 収束性に基づくフェイズの定式化とフェイズ形成のパラメータ化

　本節では、定形節のフェイズ性に関するパラメータ化を提案するにあたり、Narita（2011）が主張する収束性に基づくフェイズの定式化を導入する。Narita はこれまで広く採用されてきた命題性に基づくフェイズの定式化（cf. Chomsky 2000、2001、2004）に関して、その概念的・経験的な問題点を明らかにした上で、（13）に示されているように、フェイズは収束していなければならないとする再定式化を提示している。

(13)　Phases are convergent.　　　　　　　　　　　　　　　（Narita 2011: 51）

(14)　An SO is convergent if it satisfies FI at the interfaces.（cf. Chomsky 1995）

(15)　FI resists unvalued features remaining at SEM and PHON.

（Narita 2011: 52）

統語対象の収束性は、（14）に明示化されているように、その対象が完全解釈の原理（Full Interpretation：FI）を満たしているかどうかに基づき決定されるが、（15）に示されているように、FI は解釈不可能素性が統語システムでの演算で削除されることを通して満たされるということを考慮すると、フェイズとは、一致関係が適切に確立された結果、値未付与の素性が削除されている統語対象として規定し直されることになる。

　本章では、この Narita により提唱された収束性に基づくフェイズの定式化を、Miyagawa（2010、2017）における Strong Uniformity と素性継承システムのパラメータ化に基づく理論的枠組みに導入することを提案する[5]。そして、T が C から継承された素性を介して一致関係を適切に確立した場合に限り、CP がフェイズを形成し、その補部である TP が転送されることにな

5　Chomsky（2001）は一致操作の条件として、局所性条件とともに、活性条件（Activation Condition）を提案している。しかしながら、Miyagawa の理論的枠組みでは、注4で言及したように、一致操作自体は採用されているものの、その位置づけについては、通常仮定されているような、値未付与の素性に他の要素から値を付与するための手段としてではなく、探査子と目標子の間で機能的関係性を確立するための手段として想定されている。したがって、当該理論的枠組みにおいて、一致操作の適用に値未付与の素性は一切関与しておらず、この点で活性条件は意味をなさないと考えられる。このことから、本章では、一致操作の条件として局所性条件のみを想定し、議論を進めることとする。

第5章 素性継承システムのパラメータ化と日本語における定形節のフェイズ性

ると主張する。この分析に基づくと、CPのフェイズ性の決定に関与する素性のタイプが主語卓越言語と焦点卓越言語で異なることになるため、定形節のフェイズ性とそれに伴うフェイズ補部への転送操作の適用可能性についても、それぞれ以下の (16) と (17) において図式化されているように、両言語タイプ間でパラメータ化されることになる。

(16) 主語卓越言語（英語タイプ）

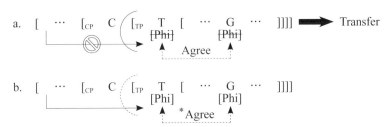

(17) 焦点卓越言語（日本語タイプ）

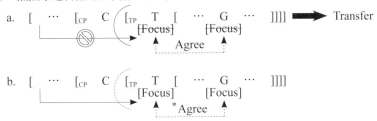

(18) 両言語タイプにおけるフェイズを形成する（従属）節のタイプ

	主語卓越言語	焦点卓越言語
継承される素性タイプ	Phi 素性	焦点素性
フェイズを形成する節タイプ	定形節	焦点節
フェイズを形成しない節タイプ	非定形節	非焦点節

具体的に、CからTへPhi素性が継承される主語卓越言語では、(16a) に図式化されているように、TがPhi素性を介して一致関係を適切に確立している節、すなわち定形節が必然的にフェイズを形成することになる。そして、フェイズ補部である従属節TPには転送操作が適用されるため、主節内要素

96 ｜ 三上　傑

は定形節境界を越えて従属節内要素にアクセスすることが不可能になる。一方、非定形節の場合には、英語においても性・数・人称に基づく一致現象が観察されないことから明らかなように、従属節内で Phi 素性を介した一致関係は確立されていない。したがって、CP はフェイズとして機能せず、その補部にも転送操作が適用されないため、結果として、(16b) に示されているように、主節内要素は PIC に違反することなく、従属節内要素へのアクセスが許容されることになる。

　次に日本語をはじめとする焦点卓越言語におけるフェイズ形成のメカニズムについて考えてみたい。このタイプの言語では C から T へ焦点素性が継承されるため、(17) に示されているように、焦点素性を介した一致関係が適切に確立されている節、すなわち焦点節がフェイズを形成することになる。したがって、(18) の表にまとめられているように、当該言語タイプでは CP のフェイズ性の決定プロセスにおいて定形節・非定形節という節タイプの相違は関係なく、たとえ定形節であっても、焦点素性を介した一致関係が確立されていない場合には、フェイズが形成されず、その補部に転送操作が適用されないことになる。言い換えれば、従属節が焦点化されていない限り、主節内要素は定形節境界を越えて従属節内要素にアクセスすることが原理的に可能になるのである。

　この焦点卓越言語タイプのフェイズ形成のメカニズムを踏まえた上で、先に見た日本語における定形節からの繰り上げ操作が可能な例について再度確認してみたい。

(19) a.　彼らが﹅　今日の会議で　[t_i　明日　来ると]　報告された。

　　b.　ジョンが　ビルを﹅　愚かにも　[t_i　天才だと]　思っている。

(= (6))

これらの例では、下線で示されているように、「と」という焦点化されていない補文標識が用いられている[6]。したがって、本章での分析に基づくと、以

---

6 「と」の位置づけをめぐっては、Fukui (1986) や Saito (2010) など、引用マーカーとみなす分析も提案されているが、本章では便宜上、「と」が補文標識であるとして議論を進めることとする (Tanaka 2002、Hiraiwa 2005、Ogawa 2007 等)。

第 5 章　素性継承システムのパラメータ化と日本語における定形節のフェイズ性 ｜ 97

下の (20) に図式化されているように、従属節 CP はフェイズを形成せず、その補部への転送操作も適用されないことになる。

(20)　[Subj … [$_{CP}$ C [$_{TP}$ ⟨Subj⟩ [T [… G …]]]]]
　　　　　　　　　　　　　　　　　　　　　[Focus] [Focus]
　　　　　　　　A-movement　　　　　　　　＊Agree

その結果、従属節において TP 指定部を占めている主語要素は、PIC に違反することなく、定形節境界を越えて主節へ A 移動することが可能になる。このように、本章で主張する CP のフェイズ形成に関するパラメータ化に基づくと、日本語における定形節からの繰り上げ操作が可能な例については、焦点卓越言語で許容される非焦点節内からの A 移動を介して派生しているとして、説明がなされることになる。

　一方で、本分析は、先の (17a) で確認したように、焦点卓越言語において焦点節が必ずフェイズを形成することになるため、日本語においても、定形節補部が焦点化されている場合には、繰り上げ操作の適用が許容されないと予測されることになる。この予測の妥当性を立証するために、ここでは繰り上げ構文における不定語束縛（Indeterminate Pronoun Binding）の認可可能性について考えてみたい。Kuroda (1965) によると、日本語の不定語は、「も」という不変化詞と結合することで、否定極性表現（Negative Polarity Item: NPI）を形成するとされる。

(21)　**誰も**　来なかった。（不定語＋「も」＝NPI）

そして、この NPI を形成する不定語は、以下の (22) と (23) に示されているように、「も」と分離することが可能である。

(22) a.　太郎は　[$_{DP}$ **誰の**　本] **も**　読まなかった。
　　 b.　太郎は　[$_{v*P}$ **誰に**　その論文を　読ませ] **も**　しなかった。
　　　　　　　　　　　　　　　　　　　　　　　　　　（Hiraiwa 2005: 161）
(23) a.　太郎は　[$_{CP}$ **誰が**　馬鹿だと] **も**　思わなかった。
　　 b.　太郎は　[$_{CP}$ **誰**（のこと）**を**　馬鹿だと] **も**　思わなかった。
　　　　　　　　　　　　　　　　　　　　　　　　（Hiraiwa 2005: 164–165）

98 ｜ 三上　傑

これらの例では、「も」が不定語から分離され、DP、v^*P、CP にそれぞれ付加されているものの、問題なく容認可能となっている[7]。

　この不定語と「も」の分離可能性を踏まえた上で、日本語の「主語 - 目的語繰り上げ構文」における不定語束縛の有無と繰り上げ操作の適用可能性について、Hiraiwa（2005）によって提示されている以下のデータを考察したい。

(24) a.　彼らは　全員　太郎（のこと）を　馬鹿だと　思わなかった。
　　 b.　彼らは　太郎（のこと）を$_i$　全員　[t_i　馬鹿だと]　思わなかった。
　　 c.　彼らは　全員　[**誰（のこと）を**　馬鹿だと]**も**　思わなかった。
　　 d. *彼らは　**誰（のこと）を**$_i$　全員　[t_i　馬鹿だと]**も**　思わなかった。
　　　　　　　　　　　　　　　　　　　　　　　　　　　　　（Hiraiwa 2005: 165）

(25) a.　太郎は　愚かにも　花子（のこと）を　馬鹿だと　思わなかった。
　　 b.　太郎は　花子（のこと）を$_i$　愚かにも　[t_i　馬鹿だと]　思わなかった。
　　 c.　太郎は　愚かにも　[**誰（のこと）を**　馬鹿だと]**も**　思わなかった。
　　 d. *太郎は　**誰（のこと）を**$_i$　愚かにも　[t_i　馬鹿だと]**も**　思わなかった。
　　　　　　　　　　　　　　　　　　　　　　　　　　　　　（Hiraiwa 2005: 165）

(24) では主節主語から遊離した数量詞「全員」が、(25) では主節の述語を修飾する副詞句「愚かにも」がそれぞれ生起している。そして、不定語束縛が関与していない (24a, b) と (25a, b) では、対格で標示された従属節主語が主節内要素の前後どちらにも生起可能であるのに対して、不定語束縛が関与する場合には、(24c, d) と (25c, d) に示されているように、従属節主語として用いられている不定語が主節内要素に後続することしかできないとされる。ここで、Kuroda（1965）や西岡（2007）に従い、不定語とともに NPI を形成する不変化詞「も」は焦点化機能を有すると仮定したい。この仮定に基づくと、「も」が定形節補部に付加されている (24c, d) と (25c, d) では、その節全体が焦点化されることで、必然的にフェイズが形成され、従属節 TP は転送操作の適用を受けることになる。その結果、従属節において TP 指定

7　不定語束縛の認可条件については、Kishimoto（2001）と Hiraiwa（2005）を参照されたい。

部を占めている主語要素は、その後の統語システムでの演算に関与することができず、(24d)と(25d)の非文法性によって示されているように、主節内要素を越えて繰り上げ操作を適用することが不可能になると説明される。

なお、この不定語束縛の有無と定形節補部内からの繰り上げ操作の適用可能性に関する議論は、hyperraising に応用した場合にも、同様の結果が得られることになる。以下の(26)に挙げられている例では「今日の会議で」という主節の述語を修飾する副詞句が生起しているが、不定語束縛が関与しない場合には、(26a, b)に示されているように、従属節主語が主節内要素の前後どちらにも生起することができる。それに対して、不定語束縛が関与すると、(26c, d)に示されているように、従属節主語として機能している不定語が主節内要素に後続することしかできない。

(26) a. 今日の会議で ［太郎が 明日 来ると］ 報告されなかった。
　　 b. 太郎が$_i$ 今日の会議で ［t_i 明日 来ると］ 報告されなかった。
　　 c. 今日の会議で ［**誰が** 明日 来ると］**も** 報告されなかった。
　　 d. *誰が$_i$ 今日の会議で ［t_i 明日 来ると］**も** 報告されなかった。

この(26b)と(26d)における文法性の差についても、日本語では定形節補部が焦点化されていない場合には、その内部からの繰り上げ操作が適用可能であるものの、不変化詞「も」の付加により定形節補部全体が焦点化されると、定形節がフェイズとして機能するため、その節境界を越えて繰り上げ操作を適用することができないと説明されることになる。

このように、焦点卓越言語である日本語では、英語と異なり、定形節が必ずしもフェイズとして機能しないため、その節境界を越えた繰り上げ操作の適用が原理的に可能になるということを確認した。また、本分析により、日本語でも定形節補部が焦点化されている場合には、フェイズを形成し、繰り上げ操作の適用が許容されないと理論的に予測されることになるが、その予測が経験的にも妥当であるということを明らかにした。

4. 日本語における A 移動タイプの長距離スクランブリングの存在

ここまで本章では、Miyagawa（2010、2017）が提唱する Strong Uniformity

と素性継承システムのパラメータ化の枠組みの下、当該理論の帰結として、フェイズ形成のメカニズムが主語卓越言語と焦点卓越言語の間でパラメータ化されると主張した。そして、その提案したパラメータが定形節内からの繰り上げ操作の適用可能性に関する日英語間の振舞いの相違を適切に捉えられることを示した。本節では、この分析から理論的に予測されることになる日本語における A 移動タイプの長距離スクランブリングの存在について論じ、本分析のさらなる妥当性を立証する。

　スクランブリングは、日本語が示す比較的自由な語順を可能にする統語操作として、日本語統語論研究において活発な議論が重ねられてきたが、その移動する距離に応じて、中距離スクランブリングと長距離スクランブリングに区分される。例えば、(27a)に示されている中距離スクランブリングでは、目的語要素が同一節内で主語要素を越えて移動しているのに対し、本節で論じる長距離スクランブリングでは、(27b)に示されているように、従属節目的語が節境界を越えて主節へ移動を起こしている。

(27) a.　その本を$_i$　太郎が　　t_i　買った。
　　　 b.　その本を$_i$　花子が　［太郎が　t_i　買った**と**］　思っている。

また、それぞれのタイプのスクランブリングは統語的にも異なる性質を有しており、A 移動特性と A′ 移動特性の両方を示す中距離スクランブリングに対して、長距離スクランブリングは A′ 移動特性のみを示すとされてきた（Saito 1989、1992、Miyagawa 2001 等）。

　その一つの根拠として挙げられるのが、長距離スクランブリングが示す Radical Reconstruction（RR）の義務的適用である。具体的に、当該スクランブリングでは、たとえ移動が適用されたとしても、新たな作用域や束縛関係は形成されず、意味に影響が及ぼされることはないとされる。例えば、以下の (28b) は (28a) に長距離スクランブリングが適用された例である。

(28) a.　ジョンが　［メアリーが　何を　買った**か**］　知りたがっている。
　　　 b.　何を$_i$　ジョンが　［メアリーが　t_i　買った**か**］　知りたがっている。

これらの例では、従属節として疑問の補文標識である「か」を主要部とした

第 5 章　素性継承システムのパラメータ化と日本語における定形節のフェイズ性　｜　101

定形節が生起している。日本語において Wh 句は疑問節内に生起しなければならないとされるが、(28b) では、Wh 句が長距離スクランブリングを介して疑問節外に移動しているにもかかわらず、非文法的な文として排除されることはなく、間接疑問文として適切に解釈されている。この事実は、主節へ移動した Wh 句に RR が適用された結果、(28a) におけるスクランブリングが適用されていない Wh 句と同様に、従属節内の元位置で解釈がなされているということを示唆している。

　このような長距離スクランブリングにおける RR の義務的適用はさらに、束縛現象でも観察されることになる。以下の例では、従属節目的語が長距離スクランブリングを介して文頭に移動しているが、その目的語は主節主語内に生起する代名詞を束縛することができないとされる。

(29) *誰を$_i$　そいつ$_i$ の母親が　［ジョンが　t_i　叱ったか］　知りたがっているの？
　　　　　　　　　　　　　　　　　　　　　　　　　　　　（Richards 2001: 182）

代名詞が束縛変項の解釈を受けるためには、先行詞に C 統御されなければならないが、(29) では長距離スクランブリングの適用により、従属節目的語が主節主語内の代名詞を C 統御する構造的位置にまで移動しているにもかかわらず、先行詞として機能することができていない。したがって、この束縛不可能性に関する事実もまた、当該スクランブリングを介して主節へ移動した要素が、RR の義務的適用を受けることで、従属節内の元位置で解釈されているということを示唆することになる。

　このように、長距離スクランブリングでは RR が義務的に適用され、A′ 移動特性のみを示すとされてきたが、定形節が必ずフェイズを形成するという従来の見方に従った場合、当該スクランブリングの A′ 移動特性はその派生から自然に説明されることになる。以下の (30) は従属節目的語に長距離スクランブリングが適用された文の派生を図式化したものである。

(30)
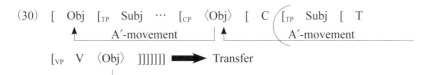

定形節がフェイズを形成するとした場合、その補部 TP には転送操作が適用されるため、従属節目的語が PIC に違反することなく主節へ移動するためには、一度 CP フェイズのエッジ部分に A′ 移動を起こさなければならない。その後、従属節目的語はそのエッジ部分から主節へ移動することになるが、その際の移動が A 移動タイプであるとすると、派生の中に Improper Movement の配列が含まれることとなり、理論的に排除されてしまう。したがって、派生を適切に収束させるためには、(30) に示されているように、必然的に A′ 移動を介して定形節境界を越えなければならないということになる。

しかしながら、本章で主張するフェイズ形成のメカニズムに関するパラメータ化に基づくと、焦点卓越言語では焦点素性を介した一致関係が確立された場合にのみフェイズが形成されるため、定形節が必ずしもフェイズとして機能しないことになる。したがって、日本語では定形節補部が焦点化されていない場合に限り、その内部から A 移動タイプの長距離スクランブリングが適用可能であると理論的に予測されることになる。そして、長距離スクランブリングの派生として、具体的に以下の三つのパターンが想定される。

(31) 従属節が焦点節である場合：

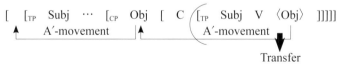

(32) 従属節が非焦点節である場合：

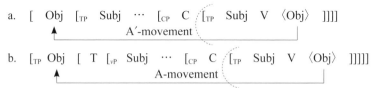

従属節が焦点化されている場合、CP はフェイズを形成し、その補部 TP も転送操作の適用を受けることになるため、従属節内要素が主節へ移動するには、(31) に図式化されているように、一度 CP フェイズのエッジ部分に A′ 移動を起こし、PIC の違反を回避しなければならない。したがって、エッジ部分から主節への移動についても、A′ 移動タイプでない限り、Improper

第5章 素性継承システムのパラメータ化と日本語における定形節のフェイズ性 | 103

Movement の観点から排除されることとなるため、結果として、焦点節内からの長距離スクランブリングは必然的に A′ 移動タイプでなければならないということになる。一方、非焦点節内からの長距離スクランブリングについては、(32) に図式化されている二つの派生パターンが想定されることになる。具体的に、従属節が焦点化されていない場合、CP はフェイズを形成せず、従属節 TP にも転送操作が適用されない。そのため、従属節内要素は CP フェイズのエッジ部分に A′ 移動を起こすことなく、定形節境界を越えて主節へ移動することが可能になる。このことから、(32a) に示されているような A′ 移動タイプの長距離スクランブリングに加えて、(32b) に示されているような A 移動タイプの長距離スクランブリングについても、PIC に違反することなく、許容されると分析されることになる。

　そして、この非焦点節内からの A 移動タイプの長距離スクランブリングの適用可能性は、経験的にも支持されることになる。ここでは、束縛現象における長距離スクランブリングの振舞いについて再度考察したい[8]。(33) として再掲されているように、長距離スクランブリングでは RR が義務的に適用されるため、移動した要素が主節主語内に生起する代名詞を束縛する読みが得られないとされていた。しかしながら、実際には、以下の (34) と (35) に例示されているように、長距離スクランブリングの適用された従属節内要素が主節主語内に生起する代名詞の先行詞として機能できる場合がある。

(33) *誰を$_i$　そいつ$_j$ の母親が　［ジョンが　t_i　叱った**か**］　知りたがっているの？　　　　　　　　　　　　　　　　　　　　　　　（= (29)）

(34) ?誰を$_i$　そいつ$_j$ の母親が　［ジョンが　t_i　叱った**と**］　言ったの？
　　　　　　　　　　　　　　　　　　　　　　　　　　（Richards 2001: 182）

(35) ?どの人も$_i$　そいつ$_j$ の母親は　［花子が　t_i　愛している**と**］　思っていない。　　　　　　　　　　　　　　　　　　　　　（Saito 1992: 109）

ここで、これらの例文で用いられている従属節のタイプに着目してみると、束縛解釈が許容されない (33) の例では疑問の補文標識である「か」が生起

8　A 移動タイプの長距離スクランブリングの妥当性を立証する、その他の経験的な議論については、Mikami (2013) を参照されたい。

しているのに対し、束縛解釈が許容される（34）と（35）の例では、「と」という焦点化されていない補文標識が生起しているのがわかる。したがって、本章での分析に基づくと、（34）と（35）において長距離スクランブリングの適用された要素が代名詞束縛の先行詞として機能できるのは、定形節補部が焦点化されていないために、従属節 CP でフェイズが形成されず、A 移動タイプの長距離スクランブリングが適用可能であることに起因すると説明されることになる。それに対して、焦点化された定形節補部が生起している（33）では、従属節がフェイズを形成することになるため、従属節内要素が主節へ移動するには、一度 CP フェイズのエッジ部分へ A′ 移動を起こさなければならない。その結果、エッジ部分から主節への移動についても、A′ 移動タイプしか許容されないことになるため、A′ 移動特性により新たな束縛関係は形成されないと説明されることになる。

5. まとめ

　本章では、Miyagawa（2010、2017）が提唱する Strong Uniformity と素性継承システムのパラメータ化の枠組みの下、Narita（2011）が主張する収束性に基づくフェイズの定式化を採用することで、定形節のフェイズ性が主語卓越言語と焦点卓越言語の間でパラメータ化されると主張した。そして、日本語における定形節内からの繰り上げ操作の適用可能性に対して、本章の分析を支持する経験的なデータを提示しながら適切な説明を与えた。また、本分析から理論的に予測される日本語における A 移動タイプの長距離スクランブリングの存在についても論じ、本分析の妥当性を立証した。

付記

　本章は 2017 年 3 月 27 日に筑波大学東京キャンパスにおいて開催された言語学ワークショップ『日本語統語論研究の広がり―理論と記述の相互関係―』で口頭発表した原稿に加筆・修正を加えたものである。執筆にあたり、多くの方々から貴重なご助言や有益なコメントをいただいた。この場を借りて感謝を申し上げたい。また、本章は科研費若手研究（課題番号 18K12409）の成果の一部である。なお、本章における不備はすべて筆者の責任によるものである。

参照文献

西岡宣明 (2007)『英語否定文の統語論研究』東京：くろしお出版.

Chomsky, Noam (1981) *Lectures on government and binding: The Pisa lectures*. Dordrecht: Foris.

Chomsky, Noam (1995) *The minimalist program*. Cambridge, MA: MIT Press.

Chomsky, Noam (2000) Minimalist inquiries: The framework. In: Roger Martin, David Michael, and Juan Uriagereka (eds.) *Step by step: Essays on minimalist syntax in honor of Howard Lasnik*, 89–155. Cambridge, MA: MIT Press.

Chomsky, Noam (2001) Derivation by phase. In: Michael Kenstowicz (ed.) *Ken Hale: A life in language*, 1–52. Cambridge, MA: MIT Press.

Chomsky, Noam (2004) Beyond explanatory adequacy. In: Adriana Belletti (ed.) *Structures and beyond: The cartography of syntactic structures, volume 3*, 104–131. New York: Oxford University Press.

Chomsky, Noam (2008) On phases. In: Robert Freidin, Carlos P. Otero, and Maria Luisa Zubizarreta (eds.) *Foundational issues in linguistic theory: Essays in honor of Jean-Roger Vergnaud*, 133–166. Cambridge, MA: MIT Press.

Fukui, Naoki (1986) A theory of category projection and its applications. Ph.D. dissertation, MIT.

Hiraiwa, Ken (2005) Dimensions of symmetry in syntax: Agreement and clausal architecture. Ph.D. dissertation, MIT.

Kishimoto, Hideki (2001) Binding of indeterminate pronouns and clause structure in Japanese. *Linguistic Inquiry* 32: 597–633.

Kuno, Susumu (1976) Subject raising. In: Masayoshi Shibatani (ed.) *Syntax and semantics 5: Japanese generative grammar*, 17–49. New York: Academic Press.

Kuroda, Sige-Yuki (1965) Generative grammatical studies in the Japanese language. Ph.D. dissertation, MIT.

Mikami, Suguru (2013) Two types of long scrambling in Japanese: A/A´-properties and the EPP on T in focus-prominent languages. *MIT Working Papers in Linguistics* 67: 219–230.

Miyagawa, Shigeru (2001) EPP, scrambling, and *wh*-in-situ. In: Michael Kenstowicz (ed.) *Ken Hale: A life in language*, 89–155. Cambridge, MA: MIT Press.

Miyagawa, Shigeru (2010) *Why agree? Why move?: Unifying agreement-based and discourse-configurational languages*. Cambridge, MA: MIT Press.

Miyagawa, Shigeru (2017) *Agreement beyond phi*. Cambridge, MA: MIT Press.

Narita, Hiroki (2011) Phasing in full interpretation. Ph.D. dissertation, Harvard University.

Ogawa, Yoshiki (2001) *A unified theory of verbal and nominal projections*. New York: Oxford University Press.

Ogawa, Yoshiki (2007) C-to-V incorporation and subject raising across CP-boundary. *English Linguistics* 24: 33–66.

106 | 三上 傑

Pesetsky, David (1995) *Zero syntax: Experiencers and cascades.* Cambridge, MA: MIT Press.

Richards, Marc D. (2007) On feature inheritance: An argument from the phase impenetrability condition. *Linguistic Inquiry* 38: 563–572.

Richards, Norvin (2001) *Movement in language: Interactions and architectures.* New York: Oxford University Press.

Saito, Mamoru (1989) Scrambling as semantically vacuous A′-movement. In: Mark Baltin and Anthony Kroch (eds.) *Alternative conceptions of phrase structure,* 182–200. Chicago: University of Chicago Press.

Saito, Mamoru (1992) Long distance scrambling in Japanese. *Journal of East Asian Linguistics* 1: 69–118.

Saito, Mamoru (2007) Notes on east Asian argument ellipsis. *Language Research* 43: 203–227.

Saito, Mamoru (2010) On the nature of the complementizer *to. Journal of Japanese Linguistics* 26: 85–100.

Tanaka, Hidekazu (2002) Raising to object out of CP. *Linguistic Inquiry* 33: 637–652.

Ura, Hiroyuki (1994) *Varieties of raising and the feature-based bare phrase structure theory. MIT Occasional Papers in Linguistics* 7.

Ura, Hiroyuki (2000) *Checking theory and grammatical functions in universal grammar.* New York: Oxford University Press.

第**6**章

叙想的テンスの意味と統語

三好伸芳

1. はじめに

現代日本語には、一般に過去を表す形態である「タ」が過去を表さない場合があることが指摘されており、その場合の「タ」は叙想的テンス、あるいはムードの「タ」などと呼ばれている。

(1) a. あ、あった

    b. 君ビール飲むんだったね？

    c. ターンの失敗がなかったら 21 秒台は出た

    d. 帰った、帰った

    e. 早く帰って寝たほうがいい　　　　　　（以上、寺村 1984: 105–112[1]）

(1) の例は、いずれも命題が現在実現している事態ないし未実現事態を表しているにもかかわらず「タ」が現れている点で特殊である[2]。

これらの「タ」は、叙想的テンスやムードの「タ」といった呼称が示唆す

1　引用に際し、一部省略や表記の修正を行った。以下、同様の注記は省略する。

2　なお、このような「タ」について最初に言及したのは三上 (1953: 224–227) である。

るように、テンス形式でありながらムード的意味合いも持ち合わせていると
されている。しかし、この「タ」が結局のところ文法的にどのように位置づ
けられるのかについて、明確な結論は得られていないように思われる。

　一方、叙想的テンスは、原則として主節における例のみが分析の対象とさ
れてきた[3]。これには、従属節における基準時などの環境の違いを考慮してい
るという側面もあるが、「ムード（叙法）は主に主節において展開される文法
範疇であり、したがって叙想的テンスも基本的には主節現象である」という
暗黙の前提もあったように思われる。しかし、実際には、叙想的テンスの一
部が、以下のように従属節にも現れることがある。

(2) a.　太郎が今も独身だったことを喜んだ。
　　b.　太郎が今も独身だったことにがっかりしている。
　　c.　太郎が今も独身だったことを思い出した。
　　d.　太郎が今も独身だったことを忘れていた。

　(2) の従属節事態「太郎が独身である」ということは、基準時（ここでは
発話時）において成立していると考えられるが、過去形で現れている。

　本章では、これまで指摘されてこなかった従属節に現れる叙想的テンスの
振る舞いを記述的に観察したうえで、このような「タ」の理論的位置づけの
解明を試みる。より具体的には、以下のような問いを課題として設定する。

(3) a.　従属節に現れる叙想的テンスの意味的特徴はどのようなものか。
　　b.　叙想的テンスは、統語的にどのように位置づけられるのか。

　上記の問いに対し、本章は概略次のような主張を行う。

(4) a.　従属節に現れる叙想的テンスには、発見・想起・仮想の「タ」に対
　　　　応するものが存在し、主節述語に一定の意味的制約がある。

3　寺村 (1984: 112) は「今さらじたばたしたところで、情勢がよくなるわけではない」な
どの例も挙げており、事実上従属節にも叙想的テンスが現れることを認めている ((1e) の
例も、「ほう（がいい）」を形式化した名詞とみなせば、同様の例と考えられる）。しかし、
以下に取り上げるような、基準時に実現している事態に対して用いられる叙想的テンスが
従属節に現れる例は、管見の限り報告がない。

第 6 章　叙想的テンスの意味と統語 ｜ 109

　　b.　叙想的テンスは、ほぼ完全にムード化しているものがある一方で、
　　　　一部のものはテンスを表す「タ」と統語的に同質である。

　以下、先行研究を踏まえたうえで、上述の問題について議論していく。な
お、本章では (1) のような非過去の事態とともに現れるムード的な「タ」の
用法を、一貫して叙想的テンスという用語で表現する。これは、本章が主た
る分析の対象とする (2) のような従属節の事例が、あくまでもテンスを表す
「タ」と統語的には同質であると考えられるからである[4]。

2.　前提

2.1　叙想的テンス

　分析に入る前に、本章におけるテンスの定義を確認しておく。本章では、
寺村 (1984)、工藤 (1995)、金水 (2000) などと同様、テンスを「基準時と
命題成立時の時間的前後関係を示す文法範疇」と規定する。このようなテン
スの定義はごく一般的なものであると考えるが、どのような「タ」の用法を
叙想的テンスと見なすか決定する際に重要なので、改めて確認しておく[5]。す
なわち、次のような例はテンスを表す「タ」であると見なされる。

(5)　a.　3 年前、太郎は海外へ留学した。
　　　b.　さっき、花子が部屋にいた。

　(5) においては、「太郎が海外へ留学する（こと）／花子が部屋にいる（こ
と）」といった命題の成立時が基準時（ここでは発話時）よりも時間的に前で

4　ただし、(4b) にも示したように、本章の立場から見てもほぼ完全にムード化していると
言わざるをえないタイプの「タ」が存在するため、このような用語の使い方にも問題は残
る。適切な代替の用語が思い当たらないこともあり、ここでは上述のような用語法をとる
こととしたい。

5　例えば、福田 (2002、2015) のように、テンスというものを常に基準時と観察可能時と
の関係を表すものと捉えた場合には、ここで叙想的テンスとしているような例が意味的に
もテンスの射程に収まることになる。しかしながら、テンスは通言語的な概念であり、テ
ンスという概念そのものを拡張する必要があるかという点については、他言語の研究も踏
まえて慎重に検討する必要があるだろう（なお、英語における叙想的テンスの類例について
は、千葉 (2018) にまとまった言及がある）。

あるため、過去を表す「タ」が現れている。(5) のように、「3 年前／さっき」といった過去を表す時間副詞が現れた場合には、タ形 (過去形) が義務的になるところからも、「タ」が過去のテンスを表す文法形式として機能していることがわかる。

　一方、既に見てきたように、上記のような意味でのテンスを表しているとはいえない「タ」が存在する。ここでは、比較的広い範囲にわたって現象を整理している寺村 (1984) の分類を取り上げる。

(6) a.　あ、あった　　　　　　　　　　　　〈期待 (＝過去の心象) の実現〉
　　 b.　君ビール飲むんだったね？　　　　　　〈忘れていたことの想起〉
　　 c.　ターンの失敗がなかったら 21 秒台は出た

　　　　　　　　　　　　　　　　〈過去の実現の仮想を表す過去形〉
　　 d.　帰った、帰った　　　　　　　　　　　　〈さし迫った要求〉
　　 e.　早く帰って寝たほうがいい　　　　　　〈判断の内容の仮想〉

　　　　　　　　　　　　　　　((1) の再掲、分類名称は寺村 (1984) による)

　例えば (6a) は、「ある」という事態が既に目の前で実現している文脈での発話であるが、「タ」が用いられることで、発話の直前まで探していたものや期待していた結果が得られたというような意味合いがでる。また、(6b) は「ビールを飲む」という現在の習慣の有無について尋ねているが、ここでは「タ」が使用されることにより、既に当該の知識を得ている可能性について言及するというような意味 (「以前聞いたかもしれないが」というような含意) が生じる。(6c–e) においても、「21 秒台が出る (こと) ／帰る (こと) ／寝る (こと)」という実現していない事態に対して「タ」が用いられることで、反事実性や切迫性などのニュアンスが得られる。すなわち、これらの「タ」は、基準時と命題成立時との時間的前後関係 (過去のテンス) を示しておらず、むしろムード (命題に対する態度的意味) に近いという点で、少なくとも意味的にはテンスであると見なすことができないのである。このような事実から、(6) における「タ」は叙想的テンスと呼ばれている。

　なお、上記のうち (6e) は、義務的に「～ほうがいい／～ものではない／～ところで」のような助動詞相当の形式を伴って実現するため、「タ」の文

第6章　叙想的テンスの意味と統語 ｜ 111

法的意味の分析という本章の目的に照らし、必ずしも適切であるとはいえない。そこで本章では、(6a–d) のタイプのみを分析の対象とし、他の例は扱わないこととする。また、以下では便宜のため、(6a–d) をそれぞれ〈発見の「タ」〉、〈想起の「タ」〉、〈仮想の「タ」〉、〈要求の「タ」〉と呼ぶ。

　寺村 (1971、1984)、金水 (1998、2000)、井上 (2001)、定延 (2004) などの先行研究で指摘されているように、叙想的テンスが成立するためには一定の制約がある。まず、発見の「タ」と想起の「タ」の場合、述語が状態性のものでなければならないとされる。

〈発見の「タ」〉
(7) a.　やっぱり彼は今も授業をサボっていた。
　　 b. *やっぱり彼は今も授業をサボった。
　　　　(cf. やっぱり彼は今も授業をサボっている。)

〈想起の「タ」〉
(8) a.　そういえば彼は今も授業をサボっていた。
　　 b. *そういえば彼は今も授業をサボった。
　　　　(cf. そういえば彼は今も授業をサボっている。)

　(7a) と (8a) は状態化形式の述語「サボっている」に「タ」が付加されているため、発見の「タ」および想起の「タ」として解釈可能であるが、非状態化形式である (7b) と (8b) の場合には叙想的テンスとして解釈できない。「今も」という現在時を表す時間副詞と共起できないところからも、これらの「タ」は通常のテンスとして解釈されていると考えられる[6]。

　仮想の「タ」には上記のような制約はなく、述語には動作性のものも現れることができるが、一定の構文的な制約がある。

〈仮想の「タ」〉
(9) a.　知っていればもっと早く　教えた／教えていた。

6　時間副詞「今」と「タ」との共起については、「今お湯が沸きました／あ、今出発しました」のように、動作の達成や起動が意識化されている場合に容認されることがあるが、「今も／今は」の場合にはこのような意味を排除することができる。

b. #もっと早く　教えた／教えていた[7]。

　(9a) の「教える」が現実には起こらなかった事態であるのに対し、(9b) の場合は事実の報告という解釈になる。これらの対立が示すように、仮想の「タ」は「条件・仮定を表わす節が先行していることが必要条件」(寺村 1984: 109) であるといえる。

　また、要求の「タ」は動作性の述語に限られ、反復の形をとるもの以外の場合、あまり生産性がない。

〈要求の「タ」〉

(10)a.　走った、走った。／ちょっと待った。

　　b.　飲んだ、飲んだ。／休んだ、休んだ。

　　c.　待った！

(10′)a.　#走っていた、走っていた。／#ちょっと待っていた。

　　b.　#飲んだ。／#休んだ。

　　c.　#走った！

　(10) はいずれも要求の「タ」の例であるが、それを操作した (10′) はそのように解釈できない。(10′a) のように、述語が状態化形式となっている場合、要求の「タ」として解釈できないようである。また、(10b) のように、反復形の場合は比較的どのような語彙でも要求の「タ」として容認されるが、(10c) と (10′b, c) の対比が示すように、単独の形ではかなり強い語彙的な制約が働く (cf. 定延 2004: n64)。

2.2　問題提起

　以上の観察は、おおむね先行研究によってなされてきたものである。既に指摘したように、先行研究において、叙想的テンスは主として主節におけるものが取り上げられてきた。尾上 (1982: 24) は、叙想的テンスについて「連体法はなく、この時の「タ」はいわゆる不変化助動詞として終助詞に近いものと言うこともあるいはできよう」とも述べている。しかし、実際には従属

7　「#」は、意図した解釈ではないことを表す。以下同様。

第6章　叙想的テンスの意味と統語 | 113

節にも叙想的テンスが現れる場合がある。

(11) a.　太郎が今も独身だったことを喜んだ。
　　 b.　太郎が今も独身だったことにがっかりしている。
　　 c.　太郎が今も独身だったことを思い出した。
　　 d.　太郎が今も独身だったことを忘れていた。　　　（以上、(2) の再掲）

　(11) において、従属節命題「太郎が独身である（こと）」は、基準時において成立していると考えられる一方で、これらはいずれも「タ」を伴っている。例えば (11a) は、「太郎が独身であるかどうか気にしていたが、確認してみると独身であることがわかり、それを喜んだ」という解釈となる。すなわち、従属節において叙想的テンスが成立していると考えられるのである。

　従属節に現れる叙想的テンスは、主節述語に一定の制約が見られるなど、主節における叙想的テンスとは異なった振る舞いを見せる点でも興味深い。

(12) a. ??太郎が今も独身だったことを信じている。
　　　 （cf. 太郎が今も独身であることを信じている。）
　　 b. ??太郎が今も独身だったことを疑っている。
　　　 （cf. 太郎が今も独身であることを疑っている。）
　　 c. ??太郎が今も独身だったことを確信した。
　　　 （cf. 太郎が今も独身であることを確信した。）

　(11) の主節述語を「信じる／疑う／確信する」に置き換えた (12) は、いずれも叙想的テンスとしての解釈は困難である。このことから、従属節に現れる叙想的テンスには、主節述語の意味と関連する何らかの制約が存在すると考えられる。

　以上のような点は、これまで全く議論されてこなかったと言ってよく、叙想的テンスの意味的性質を解明するにあたって重要である。また、統語的な階層構造が観察しやすい従属節における叙想的テンスの振る舞いを観察することにより、これまで十分に検討されてこなかった、叙想的テンスの統語的性質を明らかにすることも期待される。そこで本章では、以下のような問いを設定して分析を進める。

(13) a. 従属節に現れる叙想的テンスの意味的特徴はどのようなものか。

b. 叙想的テンスは、統語的にどのように位置づけられるのか。

(以上、(3) の再掲)

3. 分析

3.1 従属節における叙想的テンスの意味的制約

主要な分析に入る前に、全ての叙想的テンスが従属節に現れるわけではないという点を確認しておく。具体的には、要求の「タ」がこれに該当する。

〈要求の「タ」〉

(14) a. どいた、どいた。

b. ちょっと待った。

(14′) a. *どいた、どいたことを喜んだ。

b. *ちょっと待ったことを命じた。

(14′) に示したように、他の事例では成立する「喜ぶ」という述語や、意味的に合致すると思われる「命じる」といった述語が主節に現れても、要求の「タ」が従属節に現れることはない。このことは、要求の「タ」が構文上強い制約を受けていると同時に、モダリティの面でも他の叙想的テンスとは一線を画することを示す点で重要であるが、詳細は次節で議論する。したがって、本節においては要求の「タ」を議論の対象から外しておく。

では、要求の「タ」以外の叙想的テンスは、いずれも従属節内に生起することが可能だといえるのだろうか。仮想の「タ」の場合、条件節が必須であるという構文的な制約があるため、比較的はっきりとその点を確認できる。

(15) a. 頑張れば負けずに済んだことがわかった。

b. 頑張れば負けずに済んでいたことを知った。

(15) は、いずれもコト節内にさらに条件節が入り込んでおり、仮想の「タ」が従属節に現れた例であると考えられる。実際、例えば (15a) は、「実際には負けてしまったが、もし頑張っていれば負けるという事態は生じていなかったという事実を後から認識した」というように解釈され、意味的にも

第6章　叙想的テンスの意味と統語 ｜ 115

仮想の「タ」であると言って問題ないように思われる。

　一方、発見の「タ」と想起の「タ」には、述語が状態性のものに限られるという以外に構文的な制約がないため、どのように従属節に分布しうるのかは必ずしも自明ではない。そこで、ここからは発見の「タ」と想起の「タ」の従属節における振る舞いを詳細に観察したい。

　発見の「タ」と想起の「タ」に関わる議論の前提として、本章では、次のような主節における2つの叙想的テンスの対照的振る舞いに注目する。

〈発見の「タ」〉
(16) a.　やっぱり彼女は今もサボテンを育てていた。
　　　b.　やっぱり彼女の名前は今は山田だった。
(16′) a. ??やっぱり私は今もサボテンを育てていた。
　　　b. ??やっぱり自分の名前は今は山田だった。
〈想起の「タ」〉
(17) a.　そういえば彼女は今もサボテンを育てていた。
　　　b.　そういえば彼女の名前は今は山田だった。
(17′) a.　そういえば私は今もサボテンを育てていた。
　　　b.　そういえば自分の名前は今は山田だった。

　(16)と(17)に示したように、「彼女／彼女の名前」を主語とした場合には発見の「タ」および想起の「タ」として、いずれも容認可能だが、同様の環境において、主語を「私／自分の名前」に置き換えた(16′)と(17′)の場合には、発見の「タ」として容認することが困難である。この事実は、次のように言い換えることができる。「彼女がサボテンを育てている（こと）／彼女の名前が山田である（こと）」という知識が、いわば調べてみなければわからない非自明の知識であるのに対し、「私がサボテンを育てている（こと）／自分の名前が山田である（こと）」というのは、発話者自身にとって知っていて当然の事柄である。すなわち、発話者（命題の視点を担う主体）にとって自明な知識は、想起の「タ」と共起することはできるが、発見の「タ」と共起することはできないといえるのである。

　従来、このような現象は指摘されてこなかったが、先行研究の分析から

116 ｜ 三好伸芳

も自然な説明が可能である。結論を先取りすれば、上述の差異は、発見の
「タ」が発話される状況と想起の「タ」が発話される状況とで、発話者の知
識状態が異なっていることにより生じていると考えられる。発見の「タ」と
想起の「タ」の特徴は、概略以下のようにまとめることができる。

(18) a.　〈発見の「タ」〉
　　　　　真偽不明な状態を保持していた命題の真偽が明らかになったことを
　　　　　表す。過去形は、「真偽不明な状態を保持していた時点」という過
　　　　　去の時点に対して現れている[8]。
　　 b.　〈想起の「タ」〉
　　　　　過去に取得し一時的にアクセスできなくなっていた知識が、再びアク
　　　　　セス可能になったことを表す。過去形は、「当該の知識にアクセ
　　　　　ス可能だった時点」という過去の時点に対して現れている[9]。

　定延（2004: 14）が「探索意識」という概念を用いて詳しく論じているよ
うに、発見の「タ」の成立には、どれほど漠然としたものであっても、当該
の命題の真偽値が不明である状態を直前まで保持している必要がある。例え
ば（16a）において、発話者は直前まで「彼女が何かしているのではないか」
といった関心を抱いていなければ、叙想的テンスは現れない。これは裏を返
せば、発話者にとって自明の事柄（例えば、「自分の名前が山田であること」）
は、現実的に「真偽不明な状態を保持する」ということが考えられないため
に、発見の「タ」とは馴染まないということを意味する。
　一方、想起の「タ」が成立するためには、直前まで当該の命題で表された
知識にアクセスできない状態でなければならない。例えば（17a）において、
発話者は過去に取得した「彼女がサボテンを育てている」という知識を直前

8　定延（2004: 18）は、発見の「タ」について、探索時点が過去に存在することによっ
て「タ」が現れていると分析しているが、本章もほぼ同じような前提に立っている。定延
（2004）の指摘との差異は、真偽不明な状態が過去にあっただけでなく、それを保持してい
なければならないという点を強調するところにある。

9　この種の指摘は金水（1998: 179）などに見られる。ただし、金水（1998）は発見の「タ」
も含んだ規定である点で、本章とはやや趣旨が異なる。

第6章　叙想的テンスの意味と統語　| 117

まで失念していたために、叙想的テンスが現れている。そして、このような「うっかり忘れてしまう（＝知識にアクセスできなくなる）」という状況は、「私がサボテンを育てていること」や「自分の名前が山田であること」のような、本来自明であるはずの知識についても、現実的に十分起こりうる（例えば、「水やりを忘れてしまった」状況や「結婚して変わった姓に慣れていない」状況など）。このような性質から、想起の「タ」は発話者にとって自明な知識とも容易に共起するのだと考えられる。

　以上の分析を踏まえ、従属節における叙想的テンスの議論に移りたい。ここで重要なのは、主節における叙想的テンスとほぼ並行的な振る舞いが、従属節における叙想的テンスにも観察されるという事実である。

(19) a.　私は彼女が今もサボテンを育てていたことを喜んだ。

　　　b.　私は彼女の名前が今は山田だったことにがっかりしている。

(19′) a. ??私は自分が今もサボテンを育てていたことを喜んだ。

　　　　　(cf. 私は自分が今もサボテンを育てていることを喜んだ。)

　　　b. ??私は自分の名前が今は山田だったことにがっかりしている。

　　　　　(cf. 私は自分の名前が今は山田であることにがっかりしている。)

(20) a.　私は彼女が今もサボテンを育てていたことを思い出した。

　　　b.　私は彼女の名前が今は山田だったことを忘れていた。

(20′) a.　私は自分が今もサボテンを育てていたことを思い出した。

　　　　　(cf. 私は自分が今もサボテンを育てていることを思い出した。)

　　　b.　私は自分の名前が今は山田だったことを忘れていた。

　　　　　(cf. 私は自分の名前が今は山田であることを忘れていた。)

　(19) の「喜ぶ／がっかりする」といった述語の項に現れた叙想的テンスは、命題の視点を担う主体（ここでは主語名詞句「私」）にとって自明な知識と共起できないが、(20) の「思い出す／忘れる」といった述語の項に現れた場合には、そのような命題とも共起可能である。つまり、これらの例において、従属節における叙想的テンスは、主節述語によってその意味的性質が決定されているのである。以上のような特徴を示す述語として、次のものが挙げられる（なお、このリストは必ずしも網羅的なものではない）。

118 ｜ 三好伸芳

(21)　従属節に叙想的テンスの解釈をもたらしうる述語

    a.　〈確認タイプ〉

      わかる／判明する／知る／理解する／つきとめる／気が付く／受け
止める／確認する／認識する／悟る

    b.　〈評価タイプ〉

      喜ぶ／悲しむ／同情する／尊敬する／批判する／あきれる／驚く／
がっかりする／嬉しい／悲しい／妬ましい／残念だ

    c.　〈再認タイプ〉

      思い出す／思い返す／思い起こす／忘れる[10]／失念する／再確認す
る／再認識する／再発見する

　従属節内に発見の「タ」の解釈をもたらしうる述語としては、(21a, b) の
ものが挙げられる。ここには、「わかる／知る」といった知識取得に直接関
係する述語や、「喜ぶ／あきれる」といった知識の取得を間接的な機縁とし
て特定の評価や感情を呼び起こす述語が含まれることから、それぞれ仮に
〈確認タイプ〉と〈評価タイプ〉と呼んでおく。同様に、想起の「タ」をもた
らす述語として、(21c) のようなものがある。ここには、「思い出す／再確
認する」といった記憶や知識の再取得を語彙的に表す述語が該当することか
ら、仮に〈再認タイプ〉と呼ぶことにする。

　では、なぜ従属節に現れる発見の「タ」と想起の「タ」には、上述のよう
な主節述語との対応関係が存在するのだろうか。それは、(21) に挙げた述
語が、埋め込まれた命題によって視点を担う主体の知識状態の更新がもたら
されたことを含意する（含意しやすい）からであると考えられる。この点に
ついて、従属節に発見の「タ」および想起の「タ」の解釈をもたらすことが
できない以下の述語を取り上げることで考察していきたい。

(22)　従属節にムードの「タ」をもたらさない述語[11]

10　「忘れる」は、「忘れていた」のように、「現在は思い出している」という含意がある場
合についてのみ、このタイプに分類される。「失念する」も同様。

11　このほか、「希望する／望む／祈る」などの未実現事態を項としてとる述語も該当する
が、これらの述語はそもそも項となった従属節に過去形が現れることはないため、ここで

第 6 章　叙想的テンスの意味と統語 | 119

〈信念タイプ〉

信じる／確信する／疑う／後悔する／反省する／実感する／痛感する

「信じる／疑う」といった信念に言及する述語が典型的であることから、ここでは〈信念タイプ〉と仮称する。これらの述語が主節に置かれた場合、従属節に発見の「タ」と想起の「タ」は生起することができない。

(23) a. ??私は自分が今もサボテンを育てていたことを後悔した。

　　　（cf. 私は自分が今もサボテンを育てていることを後悔した。）

　　b. ??私は自分の名前が今は山田だったことを実感した。

　　　（cf. 私は自分の名前が今は山田であることを実感した。）

　(22) に挙げた述語は、いずれも自己の信念や体験に言及する述語であり、既に持っている知識に対する確信やその場の態度を表している。これは言い換えれば、命題の視点を担う主体に対して、どのような知識状態の更新も含意しないということである[12]。一方、(21) に挙げた述語は、先にも述べたように項となった従属節の命題によって知識状態の更新がもたらされたことが含意される（含意されやすい）述語であり、更新前の知識状態を参照しやすいという特徴を持っている。以上のような違いのために、(21) と (22) の述語が主節に置かれた際、前者の場合においてのみ従属節に叙想的テンスが現れることが可能になるのだと考えられる。

　以上の分析は、確認タイプの述語に見られる次のような振る舞いからも裏付けられる。

(24) a.　私は彼女が今も独身だったことを理解した。

　　b.　私は彼女の名前が今は山田だったことを知った。

は特に取り上げない。

12　査読者より、「後悔する／反省する」は他の信念タイプと意味的に異なるものではないかとの指摘があった。確かに、他の信念タイプの述語が知識や体験の所有を直接表すものであるのに対し、これらの述語は「自らが行った事態についての態度」という語彙的な意味によって、間接的に命題の視点を担う主体の知識状態に言及しているように思われる。しかし、現状ではこれらの述語を異なるタイプに分類する積極的な証拠が見出されないことから、当面は同じ信念タイプの述語であると考えたい。

(24′)a.　*私は彼女が今も独身だったことを理解している。

　　　　（cf. 私は彼女が今も独身だったことを喜んでいる。）

　　b.　*私は彼女の名前が今は山田だったことを知っている。

　　　　（cf. 私は彼女の名前が今は山田だったことにがっかりしている。）

　（24）に示したように、主節にある確認タイプの述語がタ形（完成相）の場合には従属節内に叙想的テンスが現れても容認されるが、（24′）のように、テイル形（継続相）の場合には容認されない（ただし、いわゆるパーフェクトの解釈を除く）。このような文脈において、完成相はある知識を持っていなかった状態から持っている状態への変化を表すが、継続相は既に知識を持っているという結果に言及するのみである。すなわち、継続相の場合には知識状態の更新が含意されないために、叙想的テンスが容認されなくなっているのだと考えられるのである。

　ここまでの観察から、従属節に発見の「タ」および想起の「タ」が生起するための制約について、本章では次のように主張する。

(25)　従属節に発見の「タ」および想起の「タ」が現れるためには、従属節で表された命題により、命題の視点を担う主体に対して知識状態の更新がもたらされたことが含意されていなければならない。

　なお、（25）の一般化は主節における発見の「タ」と想起の「タ」に関する記述と相違ないようにも思えるが、「命題の視点を担う主体」が発話者に限られないという点で異なっている。

(26)　そういえば太郎は今も独身だった。　　　　　　　　〈発話者視点〉

(27)a.　（私は）太郎が今も独身だったことを知った。　　〈発話者視点〉

　　b.　花子は太郎が今も独身だったことを喜んだ。　　　〈主語視点〉

　主節における叙想的テンスにおいて、知識状態の更新が含意されるのは発話者のみである（＝（26））。一方、従属節の場合には発話者視点と主語視点の両方が容認される（＝（27））。

　本節の最後に、改めて従属節における仮想の「タ」について触れておく。

第 6 章　叙想的テンスの意味と統語　│　121

以下に示すように、仮想の「タ」には、発見の「タ」および想起の「タ」の場合に見られた主節述語の意味的制約がほとんどない。

(28) a.　私はもっと急げば次の電車に間に合っていたことに気が付いた。
　　 b.　私はもっと急げば次の電車に間に合っていたことを悲しんだ。
　　 c.　私はもっと急げば次の電車に間に合っていたことを思い出した。
　　 d.　私はもっと急げば次の電車に間に合っていたことを後悔した。

　(28a–c) のように、確認タイプ、評価タイプ、再認タイプの述語だけでなく、(28d) のような信念タイプの述語においても成立する点で、仮想の「タ」は他の叙想的テンスと相違している[13]。なぜ仮想の「タ」はこのような振る舞いを見せるのだろうか。

　定延 (2004: 49–58) は仮想の「タ」について詳細な分析を試みており、概略次のような特徴づけを行っている。

(29)　〈仮想の「タ」〉
　　　現実世界では偽であることが確定している命題について、過去に別の選択をしていればそれが実現していたことを表す。過去形は、「別の選択が可能だった時点」という過去の時点に対して現れている。

　すなわち、仮想の「タ」の成立には、もともと知識状態の更新といった含意が必要なく、「現実世界において偽であること」が確定していれば成立しうるのである。したがって、知識状態の更新を含意する述語とそのような含意のない述語の両方と共起できるのだと考えられる。

　以上、従属節における叙想的テンスの特徴を観察してきた。本節の内容をまとめると、次のようになる。

(30)　従属節に現れる叙想的テンスは、主節述語が確認タイプおよび評価タイプの場合は発見の「タ」に、再認タイプの場合には想起の「タ」に

13　従属節が条件・仮定節を伴い、かつ状態性述語である場合、どのタイプの叙想的テンスに分類されるのかがやや不鮮明になるが、ここでは (28) をいずれも仮想の「タ」と見なした。それぞれの叙想的テンスを判別するテストについては、今後の課題としたい。

対応する。ただし、従属節が条件・仮定節を伴う場合は原則として仮想の「タ」として解釈され、主節述語には確認タイプ、評価タイプ、想起タイプ、信念タイプのいずれも生起することができる。

3.2 叙想的テンスの統語的性質

本節では、従属節における叙想的テンスの観察を通じ、その統語的な位置づけを示していく。ここまで分析の対象としてきたのはいずれもコト節であったが、ここではいわゆる南の四段階（南 1974）に基づく従属節の分類を用いる。以下がその具体例である。

(31) a. 彼がテレビを見ながら横になっている。　　　　　　　　〈A 類〉

b. 彼が言ったなら信用できる。　　　　　　　　　　　　　〈B 類〉

c. 彼が駅で待っているだろうが、私は会わない。　　　　　〈C 類〉

d. 彼は不器用なのではないかと思った。　　　　　　　　　〈D 類〉

日本語の節は A ～ D 類の 4 つの段階に分けられ、それぞれ節内に入り込める要素に制限がある。本章で特に問題になるのは B 類と C 類の対立である。

(32) a. 彼が盆栽を育てたなら、私は彼を尊敬する。　　　　　　〈B 類〉

b. 彼が盆栽を育てたが、花子はそれを知らない。　　　　　〈C 類〉

(32′) a. *彼が盆栽を育てただろうなら、私は彼を尊敬する。

b. 彼が盆栽を育てただろうが、花子はそれを知らない。

（32a）に示したように、B 類とされるナラ節には主語や時制辞が生起することができるが、（32′a）のように、モーダルな要素は生起することができない。一方、C 類とされるガ節には、（32b）のように主語と時制辞が生起できるだけでなく、（32′b）のようなモーダルな要素も生起できる[14]。

このような枠組みは、本章の主題である叙想的テンスの分析にも有効である。叙想的テンスは、「タ」が持つ過去性との関連の中で論じられてきたが、主として主節における現象が取り上げられてきたために、それが統語的にテ

14　日本語従属節の階層性については、田窪（1987）、有田（2007）なども参照されたい。

第 6 章　叙想的テンスの意味と統語　│　123

ンスに近いものなのかムードに近いものなのかという点については、方法論
上の制約から十分に検討することができなかった。叙想的テンスの従属節で
の生起を認め、B 類節と C 類節における分布を観察することで、その統語
的位置づけについてより踏み込んだ分析が可能となるのである。

　以下、それぞれの叙想的テンスの従属節における分布を観察していく。議
論の都合上、まずは要求の「タ」から取り上げる。

〈要求の「タ」〉
(33) a. #ちょっと待ったなら、私は彼を尊敬する。　　〈B 類〉
　　 b. #ちょっと待ったが、花子はそれを知らない。　〈C 類〉
　　 c. 　ちょっと待ったと、彼は叫んだ。　　　　　　〈D 類〉

　(33) に基づけば、要求の「タ」は B・C 類の内部に生起することができ
ず、明らかに D 類である。これは活用語の命令形と同等の階層にあるとい
うことであり、ほぼ完全にムード化していると言ってよいと考えられる。

　叙想的テンスをムードの「タ」と呼ぶ場合があることを踏まえれば、この
ような振る舞いは別段驚くべきことではないように思える。では、他の叙想
的テンスの場合はどうであろうか。続いて、ノデ節とカラ節[15]のデータも加
えて発見の「タ」と仮想の「タ」の分布を見ていく。

〈発見の「タ」〉
(34) a. 　彼が今も盆栽を育てていたなら、私は彼を尊敬する。
　　 b. 　彼が今も盆栽を育てていたので、私はあきれてしまった。
　　 c. 　彼が今も盆栽を育てていたから、私はそれを喜びたい。
　　 d. 　彼が今も盆栽を育てていたが、花子はそれを知らない。
(34′) a. 　*彼が今も盆栽を育てているだろうなら、私は彼を尊敬する。
　　 b. 　*彼が今も盆栽を育てているだろうので、私はあきれてしまった。
　　 c. 　彼が今も盆栽を育てているだろうから、私はそれを喜びたい。
　　 d. 　彼が今も盆栽を育てているだろうが、花子はそれを知らない。

15　ノデ節とカラ節にはC類としての用法があることが指摘されており（田窪 1987:
44–46）、中間的な振る舞いを観察することができる。

〈仮想の「タ」〉

(35) a. 彼が頑張っていれば勝てたなら、私は彼を尊敬する。

　　 b. 彼が頑張っていれば勝てたので、私はあきれてしまった。

　　 c. 彼が頑張っていれば勝てたから、私はそれを喜びたい。

　　 d. 彼が頑張っていれば勝てたが、花子はそれを知らない。

(35′) a. *彼が頑張っていれば勝つだろうなら、私は彼を尊敬する。

　　 b. *彼が頑張っていれば勝つだろうので、私はあきれてしまった。

　　 c. 彼が頑張っていれば勝つだろうから、私はそれを喜びたい。

　　 d. 彼が頑張っていれば勝つだろうが、花子はそれを知らない。

　(34) と (35) の例によれば、発見の「タ」と仮想の「タ」は、C 類のみならず B 類の従属節内に生起することも可能であるように思われる。これは、典型的なムード（モダリティ）である「ダロウ」を伴う (34′a, b) と (35′a, b) が、同様の環境において容認されないのと対照的である。以上の事実から、発見の「タ」と仮想の「タ」は B 類の階層に属し、(32) に示したような通常のテンスを表す「タ」と統語的に同質のものであると考えられる。

　最後に、想起の「タ」の振る舞いを見ていく。ナラ節やノデ節といった従属節においては、従属節内部の命題が想起の対象になりにくいため、そもそも再認タイプの述語との相性が悪い（叙想的テンスに限らず、「彼が医者なので、それを思い出した」などの文は不自然である）。以下では、B 類のノニ節と C 類のガ節の例を取り上げる。

(36) a. 明日が出発予定日だったのに、私はうっかり忘れていた。

　　 b. 明日が出発予定日だったが、彼はようやく思い出したようだ。

(36′) a. *明日が出発予定日だろうのに、私はうっかり忘れていた。

　　 b. 明日が出発予定日だろうが、彼はようやく思い出したようだ。

　(36a) のように、叙想的テンスは B 類節内に生起することが可能である一方、(36′a) のように、「だろう」は生起できない。ここでも、叙想的テンスである想起の「タ」が B 類の従属節内に現れうることが確認できる。

　以上のように、従来一括して叙想的テンスとされてきた対象は、統語的に

第6章　叙想的テンスの意味と統語 ｜ 125

は異なる分布を有している。本節の分析をまとめると、以下のようになる。

(37)　要求の「タ」はD類節（主節相当）にのみ生起し、ほぼ完全にムード
　　　化している。一方で、発見・想起・仮想の「タ」はB類節にも生起
　　　し、通常のテンスを表す「タ」との統語的な差異は認められない。

4.　おわりに

　ここで改めて、本章の問いとそれに対する答えを確認しておく。

(38) a.　従属節に現れる叙想的テンスの意味的特徴はどのようなものか。
　　　b.　叙想的テンスは、統語的にどのように位置づけられるのか。

（以上、(13) の再掲）

(39) a.　従属節に現れる叙想的テンスは、主節述語が確認タイプおよび評
　　　　価タイプの場合は発見の「タ」に、再認タイプの場合には想起の
　　　　「タ」に対応する。ただし、従属節が条件・仮定節を伴う場合は原
　　　　則として仮想の「タ」として解釈され、主節述語には確認タイプ、
　　　　評価タイプ、想起タイプ、信念タイプのいずれも生起することがで
　　　　きる。　　　　　　　　　　　　　　　　　　　　　　（(30) の再掲）

　　　b.　要求の「タ」はD類節（主節相当）にのみ生起し、ほぼ完全にムー
　　　　ド化している。一方で、発見・想起・仮想の「タ」はB類節にも
　　　　生起し、通常のテンスを表す「タ」との統語的な差異は認められな
　　　　い。　　　　　　　　　　　　　　　　　　　　　　　（(37) の再掲）

　確かに、叙想的テンスは、単純な命題の成立時を問題にしていないという
点で、意味的には通常のテンスと異なっていると言わざるをえない。しか
し、要求の「タ」を除く叙想的テンスの振る舞いを観察すると、統語的には
通常のテンスとほぼ同じ分布を示すと言ってよい。

　本章では従属節の中でもコト節と連用修飾節のみを対象としたが、内の関
係の連体修飾節でも同様の例を見出すことができる（「私は今も独身だった
太郎にあきれた」など）。本章が扱った現象は、叙想的テンスと複文のテン
スという、伝統的なテンス論の研究課題が複雑に交錯する領域であり、記述

的な事実の掘り起こしと理論的な体系化の両面から、今後も継続的に取り組んでいく必要があると考える。

付記

　本章は、「日本語文法学会第19回大会」（於：立命館大学）で行われた口頭発表が元となっている。発表に際してご助言いただいた全ての方々にこの場を借りて感謝申し上げる。なお、本章はJSPS科研費による若手研究「現代日本語における述語と補部の相互作用に関する研究」（課題番号：19K13155）の成果の一部である。

参照文献

有田節子（2007）『日本語条件文と時制節性』東京：くろしお出版.

井上優（2001）「現代日本語の「タ」―主文末の「…タ」の意味について―」つくば言語文化フォーラム（編）『「た」の言語学』97–163. 東京：ひつじ書房.

尾上圭介（1982）「現代語のテンスとアスペクト」『日本語学』1（2）：17–29.

金水敏（1998）「いわゆる'ムードの「タ」'について」東京大学国語研究室創設百周年記念 国語研究論集 編集委員会（編）『東京大学国語研究室創設百周年記念 国語研究論集』170–185. 東京：汲古書院.

金水敏（2000）「1 時の表現」仁田義雄・益岡隆志（編）『日本語の文法2　時・否定と取り立て』1–92. 東京：岩波書店.

工藤真由美（1995）『アスペクト・テンス体系とテクスト―現代日本語の時間の表現―』東京：ひつじ書房.

定延利之（2004）「ムードの「た」の過去性」『国際文化学研究 神戸大学国際文化学部紀要』21：1–68.

田窪行則（1987）「統語構造と文脈情報」『日本語学』6（5）：37–48.

千葉修司（2018）『英語の時制の一致』東京：開拓社.

寺村秀夫（1971）「'タ'の意味と機能―アスペクト・テンス・ムードの構文的位置づけ―」岩倉具実教授退職記念論文集出版後援会（編）『言語学と日本語問題』244–289. 東京：くろしお出版.

寺村秀夫（1984）『日本語のシンタクスと意味II』東京：くろしお出版.

福田嘉一郎（2002）「現代日本語の静的述語のテンポラリティについて」『神戸外大論叢』53（7）：23–42.

福田嘉一郎（2015）「叙想的テンスの出現条件」『国語国文』84（5）：197–211.

三上章（1953）『現代語法序説』東京：刀江書院.［1972 復刊 東京：くろしお出版.］

南不二男（1974）『現代日本語の構造』東京：大修館書店.

第 IV 部
コントロール構文と統語・意味

第7章

いわゆる定形コントロール構文の
節構造とその成立要因

阿久澤弘陽

1. はじめに

　以下の (1a) は英語の不定詞補文を選択する動詞の例、(1b) は日本語の連用形補文を選択する統語的複合動詞（影山 1993）の例である。いずれにおいても、補文内の非顕在的な主語（空主語：φ）の解釈が必然的に主文の先行詞と同定される。

(1) a.　[John$_i$ tried [φ $_{(i/*j)}$ to solve the problem]][1]

　　b.　[太郎$_i$ が [φ $_{(i/*j)}$ 論文を書き] 直した]

このように、空主語の解釈が主文の先行詞と義務的に一致する現象は、生成文法では一般的にコントロールと呼ばれる。コントロールは、主に補文述語が時制・数・人称などで屈折しない（日本語においては時制辞が存在しない）非定形節において成立するとされてきたが、バルカン諸語（Landau 2004、

1　コントロールの分析はいくつかあり、空主語の統語的実態はそれぞれの理論によって異なる。本章では、対象とする現象の記述に特に必要でない限り、特定の理論的枠組みには依拠せず、空主語をφで、その解釈を指標（i や j）で示すこととする。対応する指標が文内にない場合は、文外の要素を指示することを意味する。

2006)、韓国語 (Lee 2009)、中国語 (王 2011) などをはじめ、定形節だと考えられる環境にも見られることが複数の言語で確認されている。日本語も定形節と考えられる環境でコントロールが見られる言語の一つであり、実際に(2)に見られるように、補文述語が時制形態（非過去形（以下ル）や過去形（以下タ））とともに現れるにもかかわらずコントロールが観察されることがある。

(2) a. ［太郎 i は［φ (i/*j) 出かける］ことを決意した］
　　 b. ［太郎 i は［φ (i/*j) 出かけた］ことを後悔した］

こうした一見定形節に見える環境下でのコントロールは一般的に「定形コントロール (finite control)」と呼ばれ、コントロールの成立条件に関して議論を呼んでいる。本章では補文述語がルやタとともに現れかつコントロールが観察される構文を「定形コントロール構文」と呼ぶことにする。

　日本語の定形コントロールに関する分析の多くは、補文時制に基づいた統語的分析が主流であり、とりわけ補文述語の時制形態が定形コントロールの成立に関与していると論じられてきた。こうした先行研究での記述や分析は定形コントロール構文の成立要因をかなりの程度明らかにしてきたものの、立脚する理論やそれぞれの理論的仮定によって想定される補文構造や時制形態の果たす統語的役割が異なることが多く、時制とコントロールの関係性が不明瞭であるという問題があった。

　そこで本章では、定形コントロール構文の補文構造をより明確な形で明らかにするため、一つのケーススタディとして、形式名詞「つもり」と「気」が関与する名詞述語文と所有文という二つのコントロール構文をとりあげる (= (3))。

(3) a. ［太郎 i は［φ (i/*j) 出かける］{つもり／気} だった］
　　 b. ［太郎 i は［φ (i/*j) 出かける］{つもり／気} があった］[2]

そして、それぞれの構文における補文構造の相違点を時制の観点から論じ、定形コントロール構文は補文が時制節であるものと非時制節であるものの二

2　所有文は、通常「主語 - ニ 目的語 - ガ」という格配列をとるが、本章では視覚的な見やすさを優先し、所有文の主語のニ格を省略し、ハで標示する。

種類に分類できることを明らかにする。そして、特に時制節におけるコントロールに対しては、従来の時制に基づいた統語的な分析ではなく、主文述語の意味に基づいた意味的な分析が有効であることを示し、定形コントロール構文の成立要因の一端を明らかにする[3]。

　本章の構成は次の通りである。2節では定形コントロール構文に関する先行研究の主張を概観し、定形コントロールの分析に残された課題について言及する。3節では「つもり／気だ」と「つもり／気がある」という二つの構文をとりあげ、「つもり／気だ」の補文が時制節である一方、「つもり／気がある」の補文が非時制節であることを明らかにする。そして4節では、「つもり／気がある」における補文述語のルが時制辞ではなく不定形と捉えられることを論じる。続く5節では、4節までの議論を踏まえながら定形コントロール構文の補文構造を明らかにし、6節で、定形コントロール構文の成立には統語的な要因と意味的な要因の両方が関わっていることを示す。最後の7節では本章全体のまとめを行う。

　なお、次節以降での議論を進めるにあたり、本章ではコントロールを以下のように定義しておく[4]。

(4)　　コントロールとは、補文内の空主語の解釈が主節の先行詞と義務的に
　　　　一致する現象のことである。

これは主節の先行詞と補文の空主語の解釈が一致するという点に重きをおいており、コントロールを広く解釈している。英語中心の議論では空主語は顕在化しないのが共通理解であるが、こうした広義の定義にしたがうと空主語の顕在化が排除されないことに注意されたい[5]。すなわち、統率・束縛（GB）

3　本章では、記述的な観点から定形コントロール構文を明らかにすることを目的としており、その目的にとって重要でない限り、理論に関する詳細な議論をなるべく避けながら分析を進めることをあらかじめ断っておく。また、本章では議論の対象を補文コントロール（complement control）に限ることを付記しておく。

4　なお、コントロールを引き起こす（主文）述語を「コントロール述語」、引き起こさない（主文）述語を「非コントロール述語」と呼ぶ。

5　ここでの定義は、様々な言語の補文コントロールを観察・分析した Stiebels（2007: 13）の定義を参考にしている。

理論でのいわゆる PRO が出現する環境だけでなく、pro が出現する環境で
あっても、補文の空主語が主文の先行詞と義務的な解釈の一致を求めるので
あれば、それはコントロールであると捉えるということである。(4) の定義
は、pro 脱落 (pro-drop) 言語としての日本語におけるコントロールの記述的
な実態とその本質の解明に有用な定義であるので、本章では (4) の定義を採
用し、定形コントロール構文の分析を進めていくこととする。

2. 先行研究における定形コントロール構文の分析

　本章での分析を進めるにあたり、まず定形コントロール構文に関する先行
研究の分析の要点を確認するとともに、その問題点や未解決の課題について
具体的に述べる。

　定形コントロール構文にはいくつかの種類が認められるが、従来の研究
が主な対象としてきたのはコト節におけるコントロールである。以下の (5)
は、「決意する」「後悔する」というコントロール述語の例である。

(5) a.　[太郎$_i$ は [φ $_{i/*j}$ 転職する] ことを決意した]
　　b.　[太郎$_i$ は [φ $_{i/*j}$ 結婚した] ことを後悔した]

いずれも補文にルやタという時制形態が現れている点で英語のコントロール
とは異なる。こうした定形節におけるコントロールの成立条件をめぐって常
に着目されてきたのは補文述語の時制形態である。例えば、コト節コント
ロールの代表的な研究の一つである Fujii (2006) は、コト節を補文にとるコ
ントロール述語と非コントロール述語を比較し、概略以下のような一般化を
提示している[6]。

(6)　　ある文にコントロールが観察されるのであれば、その文の補文述語は
　　　ルとタで交替しない。

これは、補文述語の形態的特徴とコントロールとの関連性を指摘したもので
ある。この一般化は以下に代表されるデータに基づいている。

6　藤井 (2016) にもより記述的な面を重視したコントロールと補文時制の一般化について
の言及がある (藤井 2016: 30)。

第 7 章　いわゆる定形コントロール構文の節構造とその成立要因　｜ 133

(7) a.　［太郎$_i$は［φ$_{i/*j}$ 大学を ｛辞める／*辞めた｝］ことを決意した］

　　b.　［太郎$_i$は［φ$_{i/*j}$ 大学を ｛*辞める／辞めた｝］ことを後悔した］

　　c.　［太郎$_i$は［φ$_{i/j}$ 大学を ｛辞める／辞めた｝］ことを発表した］

上記の (7) の三文は、主文述語以外表面上は全く同形であるが、コントロール述語である「決意する」や「後悔する」では補文時制がルとタで交替できないのに対し、非コントロール述語の「発表する」では補文時制の交替が可能であることを示している。Fujii は補文の時制辞がルとタで交替しない場合を「疑似定形（pseudo finite）節」と呼び、実質的には英語の非定形節と並行的であると論じている。

　しかし、こうした補文時制の形態的特徴に基づいた分析にはいくつかの問題点が挙げられる。まず、コントロールにおけるルやタといった時制形態の統語的役割が不明瞭であるという点である。例えば Fujii では、補文述語がルやタで固定された節が疑似定形節、すなわち非定形節であるという仮定を立てているが、コト節補文には「彼が」や「自分が」といった顕在的主格主語が出現することができ、これは英語の非定形節とは全く異なる特徴である（Hasegawa 1984/85、Uchibori 2000 など）。

(8) a.　［太郎$_i$は［｛彼$_i$が／自分$_i$が｝問題を解決する］ことを決意した］[7]

　　b.　*[John$_i$ decided [he (himself)$_i$ to solve the problem]]

顕在的主格主語の出現が定形節の時制辞と密接に関与していることはよく知られており（Takezawa 1987）、(8) が認められる以上コト節補文を非定形節と捉えるのは難しい。

　くわえて、記述的な問題点も存在する。補文時制がタで固定されているとされる「後悔する」でも、より慎重に観察を行うと、ルとタの交替が許され

7　ただし、空主語が音声化する場合には、音声的な強勢が置かれたり、「自分だけが」のようにとりたて詞が付加されたりすることにより強調される必要がある。このように、空主語の音声化に関して語用論的に適切な文脈が必要であることについてはすでに言及があり（Hasegawa 1984/85、竹沢 2016）、例えば竹沢 (2016) では以下の原則が提示されている。

　i.　顕在的代名詞類要素回避の原則
　　　特別な語用論的要請がない限り顕在的代名詞類要素を回避せよ　　　（竹沢 2016: 70）

る場合がある（Uchibori 2000、阿久澤 2018）。

(9)　　［太郎ᵢは［φ₍ᵢ/*ⱼ₎ 英語を ｛話せない／話せなかった｝］ことを後悔して
　　　　いる］

上記の (9) は、空主語の解釈が義務的に主節の先行詞と一致しなければなら
ないという点で「後悔する」がコントロール述語であることに変わりはない
が、補文時制のル・タ交替が可能である。以上のように、単純に補文時制の
表面的な形態的特徴に基づくコントロールの分析には、理論的にも記述的に
も再考の余地がある。

　補文時制とコントロールの関連性は古くから指摘があり（Nakau 1973 な
ど）、補文述語の時制形態に基づいた統語的分析は、Fujii に限らず数多くの
先行研究で行われている（Hasegawa 1984/85、Uchibori 2000 など）。しかし、
ほとんどの場合補文述語の時制形態に特殊な統語的役割が与えられることが
多く、いわゆる定形コントロールの成立要因が明確になったとは言い難い。
定形コントロールの実態を捉えるためには、表面上の形態的特徴だけでな
く、補文述語の時制形態の統語的位置づけをより明確に示す必要がある。

　そこで次節以降では、主な分析対象として、形式名詞「つもり」と「気」
が関与する名詞述語文と所有文をとりあげる。そして、ほぼ同義と考えられ
るそれぞれの構文の補文構造の相違点を時制の観点から明らかにし、定形コ
ントロール構文の節構造をより記述的に明確な形で提示する。

3.　「つもり／気だ」と「つもり／気がある」の節構造と時制

　まずは、形式名詞「つもり」と「気」が関与する構文の補文構造の対立か
ら見たい。これらの名詞は、コピュラの「だ」や存在動詞の「ある」をとも
なうことで名詞述語文や所有文となる。そしてそのどちらも、概略、主語が
補文事態の実現を目指すという意志的表現である[8]。

8　ただし、以下の i. に見られるように、「つもり」の場合には主語の「意志」というより
は「思い込み」と呼ぶべき用法がある。「思い込み」の「つもり」は、竹沢 (2016) にも指
摘があるように、主文主語と異なる補文主語が出現可能であり、非コントロールである。
　　i.　　［太郎は（これで）［全てが解決する］つもりだった］

第 7 章　いわゆる定形コントロール構文の節構造とその成立要因　|　135

(10) a.　［太郎$_i$は［φ$_{(i/*j)}$ 早く起きる］つもりだった］
　　 b.　［太郎$_i$は［φ$_{(i/*j)}$ 早く起きる］つもりがあった］
(11) a.　［太郎$_i$は［φ$_{(i/*j)}$ 海外で就職する］気だった］
　　 b.　［太郎$_i$は［φ$_{(i/*j)}$ 海外で就職する］気があった］

「つもり」と「気」が関与するこうした構文は、補文の空主語の解釈が主文
の先行詞と必ず一致するという点および補文にルが出現するという点で定形
コントロール構文の一種である。上記の (10) と (11) に見られる対立は、一
見すると名詞述語文か所有文かという表面的な対立に思えるが、この二つの
構文には興味深い構造的な対立が存在する。まず、補文内の顕在的主格主語
の出現に関する対立である。以下の (12) ならびに (13) を見られたい。

(12) a.　［太郎は［{彼が／自分が} 手紙を開ける］つもりだった］
　　 b. ??［太郎は［{彼が／自分が} 手紙を開ける］つもりがあった］
(13) a.　［太郎は［{彼が／自分が} 会議に参加する］気だった］
　　 b. ??［太郎は［{彼が／自分が} 会議に参加する］気があった］

上記の (12, 13) からは、「つもり／気だ」の場合は補文内に主格で標示され
た代名詞類の要素である「彼」や「自分」などが出現可能であるのに対し、
「つもり／気がある」ではそれが難しいことがわかる。この事実は、補文述
語にルが現れているという点で表面的には共通していても、名詞述語文と
所有文という二つの構文の補文構造が異なることを示唆している[9]。すでに前
節でも言及したように、Takezawa (1987) によれば、主格は時制辞ル・タに
よって与えられる格である。ここで，主格を認可することができるルを含
む節を時制節、主格を認可できないルを含む節を非時制節であるとすると、
「つもり／気だ」と「つもり／気がある」には、以下のような違いがあると
仮定できる。

本章ではコントロールが観察される「意志」の「つもり」のみを議論の対象とする。

9　コントロール現象に着目した研究ではないが、「つもり」や「気」などの連体修飾節内
には主語が出現しないという観察が大島 (2010: 221–223) にもある。大島は所有形式に関す
る詳細な言及はしていないが、基本的に本章での記述と同一線上にある。

(14) 「つもり／気だ」の補文は時制節であるのに対し、「つもり／気があ
る」の補文は非時制節である。

上記(14)の仮定はアドホックなものではなく、少なくとも以下の二つの独
立した言語事実でも確かめることができる。一つ目は、補文事態の時間副詞
との共起の可能性である。下記の(15, 16)からは、「つもり／気だ」の場合
は、「来年」「明日」といった時間副詞が補文事態を修飾することができる
が、「つもり／気がある」ではそれが難しいことがわかる。

(15) a.　[太郎は[来年手紙を開ける]つもりだった]
　　 b. ??[太郎は[来年手紙を開ける]つもりがあった]
(16) a.　[太郎は[明日会議に参加する]気だった]
　　 b. ??[太郎は[明日会議に参加する]気があった]

これは、「つもり／気だ」の補文が独立した時間領域を持っているのに対し、
「つもり／気がある」の補文はそれを持っていないことを示唆している。あ
る補文に主文とは異なる時間を指定する副詞が共起できることは、厳密には
その補文が統語上も時制節であることを意味しないが、ここで重要なのは、
ほぼ同義と考えられる「つもり／気だ」と「つもり／気がある」という二つ
の形式が時間副詞の修飾の可否で差を見せるという事実である。すなわち、
(15)や(16)で言うならば、太郎が過去に、「手紙を開ける」「会議に参加す
る」という事態を未来のある時点で実現する意図を持っていたということは
意味的には何ら問題がないにもかかわらず、「つもり／気がある」という所
有文形式ではその事態を時間副詞で修飾することができないのである。これ
を補文述語の時制形態と結びつけると、「つもり／気だ」においては補文述
語のルが「未来」という時制解釈を担っているのに対し、「つもり／気があ
る」では補文述語のルが独自の時制解釈を担っていないということになる。
言い換えると、「つもり／気だ」では補文述語のルに時制の区別が存在する
のに対し、「つもり／気がある」ではその区別がないということである。

　二つ目の対立は、補文内の否定辞に関するものである。下記の(17, 18)か
らわかるのは、「つもり／気だ」の場合は補文内に否定辞が問題なく出現す

第 7 章　いわゆる定形コントロール構文の節構造とその成立要件　｜ 137

る一方、「つもり／気がある」では否定辞が出現できないということである。

(17) a.　［太郎は［手紙を開け<u>ない</u>］つもりだった］
　　 b.　*［太郎は［手紙を開け<u>ない</u>］つもりがあった］
(18) a.　［太郎は［会議に参加し<u>ない</u>］気だった］
　　 b.　*［太郎は［会議に参加し<u>ない</u>］気があった］

この対立も時間副詞の共起が見せた対立と同じく、意味的な差異で説明する
のは難しいが、両者の補文構造が時制節と非時制節で対立していると考える
と自然な説明が与えられる。すなわち、「つもり／気がある」の補文は、否
定辞すら出現しない非時制節であるということである。これは、時制辞が否
定辞より階層的に上位に位置するということを考えると自然な帰結である。
したがって、「つもり／気だ」の補文時制のルは時制辞としての機能を果た
しているが、「つもり／気がある」の補文のルは通常の時制辞と並行的であ
ると考えることはできないということになる[10]。

　以上、「つもり」と「気」において、ほぼ同義の「つもり／気だ」という
名詞述語文形式と「つもり／気がある」という所有文形式の補文構造が、顕
在的主格主語の出現、時間副詞との共起、否定辞の出現という点で対立して
いることを確認した。そして、「つもり／気だ」と「つもり／気がある」が、
それぞれの補文が時制節と非時制節という時制の観点で対立していると考え
ると、これらの対立の全てが自然に説明できることを見た。上記の事実に基
づくと、「つもり／気だ」と「つもり／気がある」のそれぞれの統語構造は
概略 (19) のようになっていると考えられる。

(19) a.　名詞述語文形式「つもり／気だ」:
　　　　 $[_{CP}$ 太郎$_i$ が $[_{CP}$ φ$_i$ 手紙を開ける」つもりだった」

10　竹沢 (2016) でも、「つもり／気だ」の補文には語彙的な主語が出現することから、そ
れが時制節であると論じられている。竹沢は、「つもり／気だ」のコントロールは、英語の
不定詞補文におけるコントロールとは全く異なった統語的扱いを受ける必要があるとして
いるが、なぜ時制節でもコントロールが観察されるのかに関しては不問に付されている。
本章での時制節におけるコントロールの分析は、6 節を参照。

b. 所有文形式「つもり／気がある」：

　　[CP 太郎 i は [α φ i 手紙を開ける] つもりがあった] (α = TP 未満の句)

繰り返しになるが、ほぼ同義である両文が上記の対立を見せるということ
は、両文の（表面上同形の）補文構造が（19）で示されるように統語的には
異なっているからに他ならない。

4. 「つもり／気がある」における補文の「ル」の位置づけ

　前節では、「つもり／気だ」および「つもり／気がある」をとりあげ、述
語形式を除き同形でほぼ同義の両者が、補文時制の観点から見ると対立して
いることを見てきた。これを補文述語の時制形態に還元して言い換えると、
「つもり／気だ」における補文述語のルは時制辞として捉えられるのに対し、
「つもり／気がある」の補文述語のルは通常の時制辞とは異なるということ
になる。それでは、「つもり／気がある」の補文のルは形態的にはどう位置
づけられるだろうか。本章では、このルを不定形であると考えたい。

　2節でもすでに言及したように、対応する英語でのコントロール構文は不
定詞節補文に限られ、その主語位置には顕在的な語彙的主語は出現しない。
これと同様に、「つもり／気がある」の補文にも語彙的主語は出現しない（=
(20)）。こうした事実を、「つもり／気がある」の補文述語が不定形であり、
補文が英語の非定形節と並行的であると考えれば、それらの補文に顕在的な
語彙的主語が出現することが難しいことが無理なく説明できる。

(20) a. ??[太郎は [{彼が／自分が} 手紙を開ける] つもりがあった]

　　 b. ??[太郎は [{彼が／自分が} 会議に参加する] 気があった]

　　 cf. *[John decided [he (himself) to solve the problem]]

ただし、統語上は非定形節であるとしても、ルが出現するという形態的な点
では定形節と共通しているということになる。これに関しては、ル形には非
過去形と不定形の二種類の可能性があると考えることで説明がつく。例えば
三原 (2015) は、従属節に現れるルやタの特徴を分析し、一部のル・タが不
定形として認められると述べている。三原は、そうした不定形の特徴の一つ

第 7 章　いわゆる定形コントロール構文の節構造とその成立要因　|　139

として、述語がルまたはタで現れるが、ルがタと、タがルと交替しないという点を挙げている。実際に、「つもり／気がある」の補文述語はルで出現し、タと交替することはない。

(21) a.　［太郎は［手紙を {開ける／*開けた}］つもりがあった］
　　 b.　［太郎は［会議に {参加する／*参加した}］気があった］

　以上、「つもり／気がある」の補文が非時制節であり補文述語が不定形であることを見たが、ここで、このことが存在動詞「ある」とともに所有文となる名詞の全てについてあてはまるわけではないことを指摘しておきたい。例えば、「直感」「確信」などの名詞がガ格名詞句に立つ場合、以下の (22) から明らかなように、補文には顕在的主格主語が出現可能でありかつ主語が主文の先行詞と一致する必要はない。したがって、「直感がある」「確信がある」の補文は時制節であり、非コントロール構文である。

(22) a.　［太郎は［株価が下がる］直感があった］
　　 b.　［太郎は［その事業が成功をおさめる］確信があった］

そして、「直感」「確信」では補文述語のルとタの交替が可能である。

(23) a.　［太郎$_i$ は［φ$_{(i/j)}$ 志望校に {受かる／受かった}］直感があった］
　　 b.　［太郎$_i$ は［φ$_{(i/j)}$ ライバルに {勝つ／勝った}］確信があった］

よって、「直感がある」「確信がある」の補文のル・タは不定形ではなく通常の時制辞であると考えるのが妥当である。

　以上本節では、「つもり／気がある」の補文時制のルは不定形として位置づけられると考えた。

5.　定形コントロール構文の補文構造

　前節までで、「つもり／気がある」の補文が非時制節であり、補文述語のルが不定形であると論じてきた。本節では、従来の先行研究で主な分析対象とされてきたコト節補文が時制節であることを、本章での基準に照らしながら確認し、定形コントロール構文の補文構造の差異についてまとめたい。

コト節には、すでに2節でも言及したように、顕在的主格主語が出現し得る（＝(24)）。また、補文事態が時間副詞で修飾可能で（＝(25)）、補文内に否定辞が現れる（＝(26)）。したがって、コト節は時制節であるとするのが妥当である。付言しておくと、「決意する」「後悔する」に代表されるコントロール述語でも、「発表する」のような非コントロール述語でも、コト節が時制節であることに変わりはない。

(24) a. ［太郎は［{彼が／自分が} 会議でプレゼンをする］ことを決意した］
     b. ［太郎は［{彼が／自分が} 恋人に別れを切り出した］ことを後悔した］
     c. ［太郎は［{彼が／自分が} 市長選に立候補する］ことを発表した］
(25) a. ［太郎は［来年家を買う］ことを決意した］
     b. ［太郎は［去年別の会社に転職した］ことを後悔した］
     c. ［太郎は［来年フルマラソンに挑戦する］ことを発表した］
(26) a. ［太郎は［もう二度とタバコを吸わない］ことを決意した］
     b. ［太郎は［大学時代に留学しなかった］ことを後悔した］
     c. ［太郎は［新しい教科書を採用しない］ことを発表した］

確かに、Fujii (2006) の観察に代表されるように、コントロール述語の補文時制はルがほとんどであり、補文時制（特にル）とコントロールには関連がある。しかし、そうした関連性から補文述語のル（またはタ）が、英語の不定詞補文と同様に不定形でありコト節が非時制節であるとするのは難しい。

以上、コト節補文が時制節であることを確認してきたが、ここで、本章で扱ってきた述語を時制節とコントロールの二つの基準で分類すると、以下の【表1】のようになる。

【表1】 コントロール述語の分類

	非時制節	時制節
コントロール	つもりがある、気がある	つもりだ、気だ 決意する、後悔する
非コントロール	なし	直感がある、確信がある、 発表する

第 7 章　いわゆる定形コントロール構文の節構造とその成立要因 ｜ 141

表 1 の対立を、GB 流の理論的な道具立てを用いて表すのであれば、非時制
節の空主語位置は PRO が、時制節の空主語位置は pro が出現する位置とい
うことになる。上記の事実に基づき、それぞれの統語的特徴をまとめると以
下の通りになる。

(27) A.　非時制節かつコントロール（つもり／気がある）：

　　　　[$_{CP}$ 太郎は [$_α$ PRO 手紙を開ける] {つもり／気} があった]（α = TP
　　　　未満の句、補文のルは不定形）

　　 B.　非時制節かつ非コントロール（該当なし）

　　 C.　時制節かつコントロール（つもり／気だ、決意／後悔する）：

　　　 a.　[$_{CP}$ 太郎 $_i$ は [$_{CP}$ pro $_{i/*j}$ 手紙を開ける] {つもり／気} だった]

　　　 b.　[$_{CP}$ 太郎 $_i$ は [$_{CP}$ pro $_{i/*j}$ 大学を辞め {る／た} こと] を {決意／後
　　　　　悔} した]

　　 D.　時制節かつ非コントロール（直感／確信がある、発表する）：

　　　 a.　[$_{CP}$ 太郎 $_i$ は [$_{CP}$ pro $_{i/j}$ 志望校に受かった] {直感／確信} があった]

　　　 b.　[$_{CP}$ 太郎 $_i$ は [$_{CP}$ pro $_{i/j}$ 大学を辞めること] を発表した]

上記の議論が正しければ、いわゆる定形コントロール構文の中でも、「つも
り／気がある」の補文は非定形補文であり、疑似定形節と言える[11]。重要なの
は、本章が定形コントロール構文と呼ぶものは、補文にル（またはタ）とい
う形式が現れるという点では共通しているが、その形態統語的な内実は異な
り、全てを一律に扱うことはできないということである。そしてその事実は、
コト節におけるコントロールだけではなく、「つもり／気がある」という所有
文形式のコントロールを、「つもり／気だ」のようなほぼ同義の名詞述語文形
式と比較しながら見ることで初めて明確な形で示すことができるのである。

6.　定形コントロール構文の成立要因

　前節まで、「つもり／気だ」「つもり／気がある」の対立を中心に、定形コ

11　Fujii (2006) は、コト節補文において、補文時制がル・タ交替しない節を疑似定形節と
呼んでいるが、コト節補文は定形節であって、むしろ「つもり／気がある」にこそ疑似定
形節という分析が当てはまると考えるのが妥当である。

ントロール構文の補文構造の統語的特徴を明らかにしてきた。本節では、定形コントロール構文の成立要因について考察を加え、その構造的・意味的要因について述べる。

　まず、「つもり／気がある」においては、すでに論じたように、当該述語の補文にはルが現れるが、その補文が非時制節であり、ルは不定形である。本章での議論が正しければ、「つもり／気がある」におけるコントロールは、補文の空主語位置に PRO が出現する環境であり、英語の不定詞補文におけるコントロールと並行的に捉えることができる[12]。前節の表1で見たように、非時制節かつ非コントロールという述語がないという事実は、その補文述語が不定形であり、補文が非定形節であるということで説明がつく。すなわち、非時制節でのコントロールは統語的（構造的）に決定づけられているのである。

　それでは、空主語が pro と考えられる時制節におけるコントロールはどのように説明がつくだろうか。本章では、これが述語の語彙意味的特徴によって引き起こされていると論じたい。コントロールを統語的な操作ではなく述語の意味から説明することを試みた研究は、英語のコントロール分析を中心に多くある（Chierchia 1989、Dowty 1985、Farkas 1988、Foley and Van Valin 1984、Jackendoff and Culicover 2003、Sag and Pollard 1991 など）。こうした意味的分析の基本的な考え方は、主文述語の語彙意味的特徴が、必然的に主文の先行詞と補文の空主語の解釈の一致を引き起こすというものである。また、通言語的な観点からコントロールについて論じた Stiebels（2007）は、コントロールの成立には、補文の構造的な要因と主文述語の意味的な要因の二つが関与しているとして、特に、定形節におけるコントロールは主文述語の語彙意味によって引き起こされると論じている[13]。こうした意味的分析

12　非定形節における主節の先行詞と空主語の解釈の一致を PRO という統語的要素をたてずに分析する方法もある（Chierchia 1989、Dowty 1985 など）。しかし、本章ではあくまでもコントロールの記述的な面に着目するため、便宜上、空主語の位置に PRO をたてておく。

13　Stiebels（2007）は、構造的（統語的）にコントロールが決まるものを構造的コントロール（structural control）、意味的にコントロールが決まるものを内在的コントロール（inherent control）と呼んでおり、この区別が通言語的に有用であると論じている。Gamerschlag（2007）は、その二種類に基づいて韓国語のコントロールを記述・分析しており、その区分

第7章 いわゆる定形コントロール構文の節構造とその成立要因 | 143

が日本語の分析にも有用であるとして、Akuzawa and Kubota (to appear)（以下 A&K）はコト節補文を対象にコントロールを引き起こす述語（コントロール述語）の意味分析を行っている。そこで以下では、A&K の主張を概観し、「つもり／気だ」がコントロール述語となり、「直感／確信がある」が非コントロール述語となることが、A&K の意味分析に沿うものであることを示し、時制節のコントロールを主文述語の意味から説明する。

A&K は、英語の伝統的なコントロールの意味的概念である de se 態度（de se attitude（Chierchia 1989））と責任関係（RESP relation（Farkas 1988））という二つの意味的概念に発想を得て、コントロール述語は最低限以下の (28) の意味を全て含んでおり、この意味がコントロールを引き起こすとしている。

(28) a. 意志的行為を表すイベント V

b. 補文節が表す de se 命題 P

c. V と P の間に成立する何らかの因果関係

これは別の言葉で言い換えると、「信念主体が自らが行い得る行為 V とそれがもたらし得る帰結 P に関する認識を持っている」ということであり、これがコントロールを引き起こす核心的意味として規定できると論じているのである。それでは、(28) の意味的特徴はどのようにテストできるだろうか。以下では、議論の便宜上、伝統的な概念を用いて、コントロール述語は de se 態度と責任関係という二つの意味的概念で規定されるとして議論を進める[14]。

まず、de se 態度について述べたい。これは、信念主体（ここでは主文の先行詞）が補文事態 P を「自分のこととして捉えている」ということであるので、コントロール構文は、信念主体が補文事態を自分のこととは知らない状況下では容認されないということを意味する。例えば、以下のような状況を想定されたい。

が韓国語に有用であることを示している。

14 de se 態度と責任関係という二つの意味的概念に基づいているのは、それぞれ一つのみではコントロール述語の意味的特徴を捉えるのに十分でないためである。詳細は Akuzawa and Kubota (to appear) を参照されたい。

(29) 太郎は次回の都議選に出馬する候補者を選ぶ作業をしている。その候補者には太郎自身も含まれる。太郎は候補者それぞれの演説の録音を聞き、ある人物が候補者としてふさわしいと考え、それが太郎自身の演説の録音とは気づかずに、その人物を候補者に選出した。

そして、この状況下では、コントロール述語「決意する」と非コントロール述語「決定する」で容認可能性に対立が見られる。

(30) a. ＊[太郎$_i$は [φ$_i$ 都議選に出馬する] ことを決意した]
　　 b. 　[太郎$_i$は [φ$_i$ 都議選に出馬する] ことを決定した]

上記の対立が見られるのは、コントロール構文では、信念主体（この場合は「太郎」）が補文事態を自分のこととして捉えていなければならない一方で、非コントロール構文ではその必要がないからに他ならない。当然、本章で非コントロール述語として挙げてきた「発表する」も、信念主体が補文事態を自分自身のことであると認識していなくても容認可能である。実際に (29) の状況下で (31) は十分容認可能である。

(31) 　[太郎$_i$は [φ$_i$ 都議選に出馬する] ことを発表した]

「決意する」と「決定する」における対立は、コントロール述語の「後悔する」と非コントロール述語の「残念に思う」にも同様に見られる。

(32) 太郎は、太郎自身がその候補者であると知らずに都議選出馬の候補者を選んだが、その候補者は結局期限までに名乗りでず、別の候補者を立てることになった。

(33) a. ＊[太郎$_i$は [φ$_i$ 都議選に出馬しなかった] ことを後悔した]
　　 b. 　[太郎$_i$は [φ$_i$ 都議選に出馬しなかった] ことを残念に思った]

よって、コントロール述語が de se 態度的であるのに対し、非コントロール述語が de se 態度的でないことがわかる。
　ここで、コト節以外の構文に目を転じてみよう。本章では、「つもり／気だ」を述語とする名詞述語文がコントロール構文となること、「直感／確信

第 7 章　いわゆる定形コントロール構文の節構造とその成立要因 ｜ 145

がある」を述語とする所有文が非コントロール構文になることを見てきた
が、上記の「つもり／気だ」には必然的に de se 態度の特徴が見られるのに
対し、「直感／確信がある」にはそれが見られない。これは、(34) のような
状況下において、(35) の容認可能性に差が見られることから判断できる。

(34)　太郎は、太郎自身がその候補者であると知らずに都議選出馬の候補者
　　　を選んだ。太郎の決定は絶対的なので、太郎は選ばれた候補者が必ず
　　　都議選に出馬してくれると思っている。

(35) a.　*[太郎$_i$は [φ$_i$ 都議選に出馬する] {つもり／気} だった]
　　 b.　 [太郎$_i$は [φ$_i$ 都議選に出馬する] {直感／確信} があった]

　次に、コントロール述語が持つもう一つの意味的特徴である責任関係に移
りたい。責任関係とは、「信念主体の意志的行為 V が補文事態 P の成否を左
右することができる」ということを規定した概念で、これは、成否が意図的
に制御できない補文事態との整合性でテストすることができる。以下の (36)
は、補文事態が「宝くじに当たる」という信念主体が通常は意図的に成否
を左右できない事態で、コントロール述語の「決意／後悔する」と非コント
ロール述語の「発表する」には容認可能性において明確な差が見られる。

(36) a.　*[太郎は [宝くじに当たる] ことを決意した]
　　 b.　*[太郎は [宝くじに当たった] ことを後悔している]
　　 c.　 [太郎は [宝くじに当たった] ことを発表した]

(36a, b) において、「太郎」が「宝くじに当たる／当たった」ことを「決意
し」たり「後悔し」たりできないのは、その事態か自身の意図的行為で成否
に関われる事態ではないためである。一方で (36c) は、「太郎」が意図的行
為をもって成否に関われない「宝くじに当たった」ことを「発表する」こと
ができることを示している。よって、コントロール述語は責任関係で規定で
きる語彙意味を備えているが、非コントロール述語はそうでないということ
になる。

　上記の (36) と同様の対立は、コト節以外の「つもり／気だ」および「直
感／確信がある」においても、見てとることができる (＝(37))。

(37) a. *[太郎は [宝くじに当たる] つもり／気だった]

b. [太郎は [宝くじに当たる] 直感／確信があった]

　上記の議論をまとめると、「つもり／気だ」は (28) で規定されるコント
ロール述語の意味的条件を満たすのに対し、「直感／確信がある」はそれを
満たさないということになる。空主語が pro である時制節での主文の先行詞
と空主語の解釈の一致、すなわちコントロールは、主文述語の de se 態度と
責任関係という二つの語彙意味的特徴によって決まるのである。述語の語彙
意味に基づいた分析は、時制節のコントロールを統語的に分析することを排
除しないが、統語操作を介さずにコントロールを説明できるという点で、現
象をよりシンプルに捉えることができる。また、補文時制の形態に頼らずと
も述語の語彙意味からコントロールの有無を予測することができ、予測可能
性という観点からも望ましい。

　以上本節では、定形コントロール構文の成立における構造と意味の要因に
ついて検討し、非時制節のコントロールには構造的な要因が、時制節のコン
トロールには意味的な要因が関与していることを見た。

7.　まとめ

　本章では、補文にルやタが現れるコントロール構文を一括して定形コント
ロール構文と呼び、その補文構造とコントロールの成立要因について考察を
加えた。まず、「つもり／気だ」と「つもり／気がある」の節構造の差異を
記述し、定形コントロール構文の補文は、時制節と非時制節に分けられるこ
とを明らかにした。また、補文が非時制節と考えられる「つもり／気があ
る」の補文のルは、時制辞ではなく不定形であると論じた。さらに、従来の
コト節におけるコントロールを含めて補文構造を検討することで、定形コン
トロール構文の成立には構造的な要因と意味的な要因の両方を視野に入れる
必要があり、特に補文が時制節のコントロールは、主文述語の語彙意味に基
づいた意味的分析が有効であることを示した。

　従来の定形コントロール構文に関する分析は、主にコト節が考察の中心で
あり、英語の非定形節との並行性を意識した統語的分析が多かった。それは

興味深い一般化や提案を生んできた一方、依拠する理論的枠組みに基づいた理論的な仮定の上に立つことが少なくなく、定形コントロールの記述的な側面が正確に捉えきれていなかった。そうした事情に鑑みて、本章ではできる限り理論的仮定に基づくことなく定形コントロールを記述することを試みた。とりわけ、「つもり／気だ」「つもり／気がある」という意味的に同義の二つを比較することで、一つの構文だけでは見えてこなかった記述的差異が明らかになり、定形コントロールという現象に対する新たな視点を提供できたように思う。本章では定形コントロールの理論的説明にほとんどコミットしなかったが、こうした記述の整備が従来の理論的説明の再考につながることは間違いなく、より言語事実に忠実な理論の構築に役立つものと思われる。

付記

本章は JSPS 科研費 JP19K13165 の研究成果の一部である。

参照文献

阿久澤弘陽 (2018)「コントロール現象の統語的・意味的分析―主文動詞と補文形式の対応関係―」博士論文、筑波大学.

王丹丹 (2011)「pro 脱落言語におけるゼロ要素の統語的分析―日本語と中国語を中心に―」博士論文、筑波大学.

大島資生 (2010)『日本語連体修飾節構造の研究』東京：ひつじ書房.

影山太郎 (1993)『文法と語形成』東京：ひつじ書房.

竹沢幸一 (2016)「日本語モーダル述語構文の統語構造と時制辞の統語的役割」藤田耕司・西村義樹 (編)『日英対照　文法と語彙への統合的アプローチ―生成文法・認知言語学と日本語学―』55–76. 東京：開拓社.

藤井友比呂 (2016)「複文の構造と埋め込み補文の分類」村杉恵子・斎藤衛・宮本陽一・瀧田健介 (編)『日本語文法ハンドブック―言語理論と言語獲得の観点から―』2–37. 東京：開拓社.

三原健一 (2015)『日本語の活用現象』東京：ひつじ書房.

Akuzawa, Koyo and Yusuke Kubota (to appear) A semantic analysis of finite control in Japanese. *Proceedings of Japanese and Korean Linguistics* 26.

Chierchia, Gennaro (1989) Anaphora and attitudes "de se". In: Renate Bartsch, Johan van Benthem, and Peter van Emde Boas (eds.) *Semantics and contextual expression*, 1–31. Dordrecht: Foris.

Dowty, David R. (1985) On recent analyses of the semantics of control. *Linguistics and Philosophy* 8: 291–331.

Farkas, Donka F. (1988) On obligatory control. *Linguistics and Philosophy* 11: 27–58.

Foley, William A. and Robert D. Van Valin (1984) *Functional syntax and universal grammar*. Cambridge: Cambridge University Press.

Fujii, Tomohiro (2006) Some theoretical issues in Japanese control. Ph.D. dissertation, University of Maryland.

Gamerschlag, Thomas (2007) Semantic and structural aspects of complement control in Korean. *ZAS Papers in Linguistics* 47: 81–123.

Hasegawa, Nobuko (1984/85) On the so-called "zero pronouns" in Japanese. *The Linguistic Review* 4: 289–341.

Jackendoff, Ray and Peter W. Culicover (2003) The semantic basis of control in English. *Language* 79: 517–556.

Landau, Idan (2004) The scale of finiteness and the calculus of control. *Natural Language and Linguistic Theory* 22: 811–877.

Landau, Idan (2006) Severing the distribution of PRO from case. *Syntax* 9: 43–60.

Lee, Kum Young (2009) Finite control in Korean. Ph.D. dissertation, University of Iowa.

Nakau, Minoru (1973) *Sentential complementation in Japanese*. Tokyo: Kaitakusha.

Sag, Ivan and Carl Pollard (1991) An integrated theory of complement control. *Language* 67: 63–113.

Stiebels, Barbara (2007) Towards a typology of complement control. *ZAS Papers in Linguistics* 47: 1–80.

Takezawa, Koichi (1987) A configurational approach to Case-marking in Japanese. Ph.D. dissertation, University of Washington.

Uchibori, Asako (2000) The syntax of subjunctive complements: Evidence from Japanese. Ph.D. dissertation, University of Connecticut.

第8章

日本語における後方コントロール現象

王　丹丹

1.　はじめに

　コントロールとは、補文の空主語が主文にある顕在的要素と同一指示関係にあることを指す概念である。(1a) と (1b) は、補文の空主語 *e* がそれぞれ主文の主語 John および主文の目的語 Bill と同一指示を持っており、それぞれ主語コントロール、目的語コントロールと呼ばれている。また、主文にある顕在的要素はコントロールするものであり、コントローラー (controller) と呼ばれる。補文にある空主語はコントロールされるもので、コントローリー (controllee) と呼ばれる。(1) のように、コントロール構文においては、顕在的コントローラーがゼロ形式のコントローリーより構造的に高い位置を占めるのが一般的である。

(1)　a.　John$_1$ intended [*e*$_1$ to go to Paris].

　　b.　John$_1$ commanded Bill$_2$ [*e*$_2$ to go to Paris].

一方、生成文法がミニマリスト・プログラム時代に入ってから、コントロールには、(1) のように顕在的コントローラーがゼロ形式のコントローリーより高い位置を占める配列だけでなく、ゼロ形式のコントローリーが顕在的コ

ントローラーより構造的に高い位置を占める配列もあることが明らかにされてきた。仮に英語の構造で示すと、（2）のようになる。

(2) a.　e_1 intended [John$_1$ to go to Paris].

　　b.　John$_1$ commanded e_2 [Bill$_2$ to go to Paris].

（2）のようなコントロール構造の存在が確認されてから、（1）と（2）は区別されるようになり、（1）は前方コントロール（forward control）、（2）は後方コントロール（backward control）と呼ばれるようになった。

　本章では、日本語における後方コントロール現象について記述し、理論的に考察する。（3）のように、「許す」「認める」「命じる」などの目的語コントロール述語を含む文では、意味的に主文述語の対象と補文述語の動作主をつとめる名詞句はニ格でマークされるほか、ガ格とも交替可能である。

(3) a.　私が負けたら、アディはここから立ち去る。でも私が勝ったら、彼ら｛ニ／ガ｝この水場にとどまることを許してもらいたい。

　　b.　ようやく、両親は直澄｛ニ／ガ｝故郷を離れて就職することを認めた。

　　c.　永禄十二年に、信長は利家｛ニ／ガ｝前田家の当主となることを命じた。

　　d.　祖母は母｛ニ／ガ｝教会にいくことを禁じた。

　　e.　中国人を除くヨーロッパ系の外国人｛ニ／ガ｝、長崎・平戸以外で貿易することを禁止した。

　本章では以下のことを論じる。ニ／ガ交替を許す名詞句がニ格を取る場合、（4a）のように、その名詞句は主文にあり、補文の空主語をコントロールする。すなわち、前方コントロール構文である。一方、当該の名詞句がガ格を取る場合には、（4b）のように、補文に存在し、主文にあるゼロ要素と同一指示を持つ。つまり、後方コントロール構文である。

(4) a.　永禄十二年に、信長は利家$_1$ニ［e_1 前田家の当主となること］を命じた。

b. 永禄十二年に、信長は e_1［利家₁ガ前田家の当主となること］を命じた。

本章の構成は以下のようである。2節では、コントロールに関する研究の流れを概観し、日本語における後方コントロールに関する先行研究を整理する。3節では、日本語の目的語コントロール述語には、前方コントロールと後方コントロールの両方を取るものがあることを示す。4節では、後方コントロールにおけるコントローラーとコントローリーの同一指示関係の結び方について先行研究を整理し、本章の立場を示す。5節ではまとめを行い、今後の課題を述べる。

2. 先行研究の概観

本節では、まず、コントローラーとコントローリーの現れ方を中心に、コントロールに関する研究の流れを概観する。次に、日本語における後方コントロールに関する先行研究について見る。

2.1 コントロール研究の流れ

コントロールに関する研究は、Rosenbaum（1967）をはじめとして、英語を中心に分析が行われてきた。そこでは、(1) のようなコントロールされる空主語が現れる構文環境や空主語の性質、認可および認定方法などについての研究が中心であった（Williams 1980、Chomsky 1981、1982、Bouchard 1984、Chomsky and Lasnik 1993、Chomsky 1995、Martin 1996、2001、Hornstein 1999、2003、Boeckx and Hornstein 2004、2006、Landau 2004、2006 など）。

コントローラーとコントローリーの現れ方については、生成文法の各段階において、構文分析に使われる道具立ての違いにより、異なる分析が行われている。標準理論（Standard Theory（Chomsky 1965 など））では、コントロールは同一名詞句削除（equi NP deletion）として扱われており、補文の主語が主文にある要素と同一指示を持つ場合、義務的に削除されなければならないとされている（Rosenbaum 1967）。補文の空主語が主文にある要素によって

統御されているため、同一指示を持つ 2 つの要素のうち、削除されるのは
統御するほうではなく、統御されるほうであるとされている。

(5) a.　I_1 love [$Bill_2$ to play the piano].

　　b.　I_1 love [e_1 to play the piano].

　　c.　*I_1 love [me_1 to play the piano].　　　　　（Rosenbaum 1967: 16）

(5a) では、補文の主語と主文の主語はそれぞれ Bill と I であり、同一指示
を持たず、補文の主語が顕在的に現れている。それに対して、(5b) と (5c)
の文法性の違いからわかるように、補文の主語が主文の主語と同一指示を持
つ場合には、削除されなければならない。

　統率・束縛理論（Government and Binding Theory（Chomsky 1981 など））で
は、コントロールは特殊なゼロ要素 PRO[1] と関連付けられている[2]。すなわち、
(6) のように、コントロールされる補文の空主語は PRO であり、それを局
所的に c 統御する先行詞によって束縛されるとされている。

(6) a.　I'd much prefer [PRO going to a movie].

　　b.　John persuaded Bill [PRO to feed himself].　　　（Chomsky 1981: 64, 75）

このように、道具立てが異なってはいるが、標準理論の枠組みにおいても統
率・束縛理論の枠組みにおいても、顕在的なコントローラーは構造的にゼロ形
式のコントローリーより高い位置を占めなければならないと決められている。

1　Chomsky（1981、1982）では、ゼロ要素の指示解釈は束縛理論（binding theory）によって
決められるとされる。PRO は [+anaphoric, +pronominal] 素性を持ち、束縛原理 A と束縛原
理 B を同時に満たさなければならないという矛盾を解消するため、PRO は統率されてては
ならないという特別な規則が作られている。

2　コントロールされる補文の空主語が PRO であるという結論は、英語のデータに基づい
て得られたものである。英語におけるコントロールされる空主語は不定形節にしか生起し
ないためである。しかし、すでに多くの先行研究によって明らかにされているように、日
本語においては、不定形節だけでなく、定形節の空主語も主文の要素によってコントロー
ルされる現象が存在している。不定形コントロール補文における空主語は英語同様に PRO
として分析されてもよいが、定形コントロール補文の空主語の性質（PRO か、pro か、痕
跡か）については異なった見解が存在している（Hasegawa 1984/85、Uchibori 2000、Fujii
2006、王 2011 など）。

第 8 章　日本語における後方コントロール現象　｜ 153

　ところが、ミニマリスト・プログラム時代に入って以降、ゼロ形式のコントローリーが顕在的なコントローラーより構造的に高い位置を占める可能性も理論的に保証されるようになった。現段階では、後方コントロール現象は少数ではあるが、日本語をはじめ、ブラジル・ポルトガル語やツェズ語、韓国語、マダガスカル語などに存在することが確認されている（Harada 1973、Kuroda 1978、Farrell 1995、Polinsky and Potsdam 2002、2006、Monahan 2003、Fujii 2006、Potsdam 2006 など）。現在では、より高い位置にあるゼロ形式のコントローリーはどのような性質を有する空範疇なのか、補文の主語との同一指示関係は何によって結ばれているのかといった問題が出てきており、コントロールに関する研究はさらなる広がりを見せている。

2.2　日本語の後方コントロールに関する先行研究
2.2.1　Harada（1973）

　2.1 で述べたように、標準理論時代には、コントロールは同一名詞句削除として扱われ、同一指示を持つ 2 つの要素のうち、削除されるのは統御する要素ではなく、統御されるほうの要素であるとされている（Rosenbaum 1967）。しかし、Harada（1973）は、日本語の「ところ」節に対する考察を通して、同一名詞句削除は、順行同一名詞句削除（straight equi NP deletion）と逆行同一名詞句削除（counter equi NP deletion）の二種類を含むと指摘している。前者は、(7a) に示すように、Rosenbaum（1967）でいわれる構造的に統御される要素が削除される場合であり、後者は、(7b) のように、統御する要素が削除される場合である。Harada（1973）は、順行同一名詞句削除が二重ヲ格制限（double o constraint）[3] に違反する場合のみ、逆行同一名詞句削除の操作が選ばれるとしている。これは後にいわれる後方コントロールに対応する現象であると思われる。

(7)　a.　順行同一名詞句削除：$[_S \cdots NP_1 [_S NP_+ \cdots]]$
　　　b.　逆行同一名詞句削除：$[_S \cdots NP_+ [_S NP_1 \cdots]]$

3　二重ヲ格制限とは、同一の動詞句に含まれる 2 つの名詞句が両方ともヲ格で標示されることは許されないという規則である（Harada 1973）。

154 ｜ 王　丹丹

(8) a.　警官は［泥棒が逃げていくところ］を捕まえた。

　　b.　警官は泥棒を［泥棒が逃げていくところ］を捕まえた。

(8a)における「泥棒」は、意味的には、主文述語の対象でもあり、「ところ」節の述語「逃げていく」の動作主でもある。Harada は、(8a) は (8b) のような派生過程を有すると主張している。すなわち、主文述語「捕まえる」の目的語と「ところ」節の述語「逃げていく」の主語は同一指示を有するため、同一名詞句削除規則により、そのうちの 1 つが削除されなければならない。通常は、順行同一名詞句削除により、構造的に統御される位置にある「ところ」節の主語が削除されるべきである。しかし、こうした操作を行うと、「泥棒を逃げていくところを捕まえた」のようにヲ格が 2 つ現れ、二重ヲ格制限の違反となり、文が成立しなくなる。そのため、順行同一名詞句削除の代わりに逆行同一名詞句削除が適用され、構造的に統御する要素である主文述語の目的語「泥棒を」が削除されることになる。これにより、二重ヲ格制限に違反せず、文が成立するようになる。

　このように、Harada (1973) では、日本語の「ところ」節において後方コントロール現象が見られること、それが二重ヲ格制限と関連していることが指摘されている[4]。

2.2.2　Fujii (2006)

　Fujii (2006) は、日本語における assist 構文は後方目的語コントロールを許すと指摘している。

(9) a.　太郎は［ジョンが試験に通るの］を手伝った。

　　b.??太郎はジョン$_i$を［△$_i$ 試験に通るの］を手伝った[5]。

(10)a.　太郎は［ジョンが試験に通るの］を邪魔した。

　　b.??太郎はジョン$_i$を［△$_i$ 試験に通るの］を邪魔した。

4　Harada (1973) の議論に対して、Fujii (2006) は、日本語における「ところ」節は義務的コントロールではないため、真の後方コントロール現象ではないと主張している。詳細な分析は Fujii (2006) を参考されたい。

5　△は引用元の論文での表示方法であり、空範疇を意味する。

（Fujii 2006: 147–150）

（9a）と（9b）の違いは、「ジョン」の構造的位置と格マーカーである。（9a）では、「ジョン」は補文にあり、主格で現れる。それに対して、（9b）では、「ジョン」は主文にあり、対格で現れる。ただし、（9a）においては、補文の主語「ジョン」は意味的に補文の述語「通る」の動作主であるだけでなく、主文の述語「手伝う」の対象でもある。この点から見れば、（9a）の表面的配列よりも（9b）の配列のほうがより文意に合っていると思われるが、（9b）のほうは許容度が低い。（10）に示すように、同様のことが、主文述語が「邪魔する」である場合にも観察される。

　Fujii は、Harada（1973）に従い、（9b）（10b）の文法性が低いのは、二重ヲ格制限に違反しているためであるとしている。（11）のように、これらの文に分裂文操作をかけ、二重ヲ格制限に違反さえしなければ、文は成立する。

（11）a.　［太郎がジョン₁を△₂手伝ったの］は［△₁試験に通るの］₂をだ。
　　　b.　［太郎がジョン₁を△₂邪魔したの］は［△₁試験に通るの］₂をだ。

（Fujii 2006: 149–150）

　このような考察に基づき、Fujii は、日本語における後方コントロールの分布について、以下のような一般化を提案している。

（12）　あるコントロール文は、その前方コントロールの配列が文の表面構造において二重ヲ格制限の違反となる場合にのみ、後方コントロールを許す。　　　　　　　　　　　　　　　　（Fujii 2006: 156、筆者訳）

　このように、Fujii（2006）は assist 構文に対する考察から、日本語におけるコントロール文は、Harada（1973）の『ところ』節に対する分析結果と同様に、理論的には前方コントロールと後方コントロールの両方が許されるが、二重ヲ格制限という日本語に特有な規則に違反しないよう前方コントロールが避けられ、後方コントロールの配列が選択されるようになると指摘している。これはつまり、実際には、前方コントロールと後方コントロールの交替は許されないということである。

ところが、次の3節で示すように、Fujii（2006）の一般化に反して、日本語においては、後方コントロール現象は、二重ヲ格制限に違反する場合にのみ見られるものではなく、前方コントロールと後方コントロールが交替する場合にも観察される。

3.　日本語における後方目的語コントロール現象

（13–16）に示すように、日本語において、主文述語が「許す」「命じる」「禁じる」「禁止する」「認める」[6]といった目的語コントロール動詞である構文では、意味的に主文述語の対象と補文述語の動作主をつとめる名詞句のニ格とヲ格が交替する現象がある。

(13) a. 彼女の父親がエルランゲン大学の数学の教授だったこともあり、同大学は 彼女ニ だけ特別に数学の授業を聞くことを許しました。

（BCCWJ-NT）[7]

　　a′. 彼女の父親がエルランゲン大学の数学の教授だったこともあり、同大学は 彼女ガ 数学の授業を聞くことを許しました。

　　b. スペイン国王は、遠征軍ガ 三日間殺戮や掠奪をほしいままにすることを許した。　　　　　　　　　　　　　　（BCCWJ-NT）

　　b′. スペイン国王は、遠征軍ニ 三日間殺戮や掠奪をほしいままにすることを許した。

(14) a. （先生は）授業中に騒いだりする 生徒ニは、教壇横の前で立つことを命じた。　　　　　　　　　　　　　　　　（BCCWJ-NT）

　　a′. ?（先生は）授業中に騒いだりする 生徒ガ、教壇横の前で立つことを命じた。

6　「認める」には 1）見てそのものの存在を確認する、2）承諾／許可する、3）確かにそうだとして受け入れる、4）間違いないと判断する、5）価値があると判断するといったいくつかの意味用法がある。これらのうち、2）承諾／許可するという意味で使われる場合、目的語コントロール動詞として認められる。本章で取り上げる例は、すべてこの意味で使われるものである。

7　（13–16）における a 文と b 文は、国立国語研究所の『現代日本語書き言葉均衡コーパス（通常版）』（BCCWJ-NT）から抽出したものであり、a′文と b′文は、それぞれ a 文と b 文のニ格をガ格に、ガ格をニ格に変えたものである。

b. 永禄十二年に、信長は 利家ガ 前田家の当主となることを命じた。

(BCCWJ-NT)

b′. 永禄十二年に、信長は 利家ニ 前田家の当主となることを命じた。

(15) a. …幕府は浪費を理由に、農民ニ 買うことを禁じた。 （BCCWJ-NT）

a′. …幕府は浪費を理由に、農民ガ 買うことを禁じた。

b. 天皇は、…坊さんたちガ かってな、わがままな生活をおくること

を禁止したりして、仏教のとりしまりに力をそそぎました。

(BCCWJ-NT)

b′. 天皇は、…坊さんたちニ かってな、わがままな生活をおくること

を禁止したりして、仏教のとりしまりに力をそそぎました。

(16) a. ようやく、（両親は）直澄ガ 故郷を離れて就職することを認めた。

(BCCWJ-NT)

a′. ようやく、（両親は）直澄ニ 故郷を離れて就職することを認めた。

b. 政府は 難民ガ 入国することを認めた。 （佐藤 2002: 120）

b′. 政府は 難民ニ 入国することを認めた。

以下、ニ／ガ交替できる名詞句の構造的位置、ガ格名詞句が使われる場合にコントロール構文の特徴が見られること、他言語において平行的現象が存在することという 3 つの面から、(13–16) に示す文には、前方コントロールと後方コントロールの交替現象があることを論じる。

3.1 ニ／ガ交替ができる名詞句の構造的位置

(13–16) のニ／ガ交替ができる名詞句は、意味的には、主文述語の対象と補文述語の動作主という 2 つの意味役割を持っている。結論からいうと、ニ格でマークされる場合、当該名詞句は主文にあり、補文の主語はゼロ形式であるが、ガ格でマークされる場合、当該名詞句は補文にあり、主文の目的語はゼロ形式であると考えられる。すなわち、それぞれ (17) のような構造を有するということである。

(17) a. [主文 名詞句₁ は名詞句₂ に [補文 e_2…すること] を許す]

b. [主文 名詞句₁ は e_2 [補文 名詞句₂ が…すること] を許す]

ニ／ガ交替ができる名詞句が、ニ格でマークされる場合とガ格でマークされる場合とで、異なった構造的位置を占めることは、否定極性項目（NPI）の「しか…ない」とスクランブリングという2つのテストによって証明できる。

まず、NPIの「しか…ない」テストについて見る。係助詞「しか」が付加される名詞句は、否定辞「ない」が後続する述語と同一節内に生起しなければならないことが知られている（Muraki 1978、Kato 1985）。

(18) a.　農民ニしか買うことを禁じなかった。

　　a′.　*農民ニしか買わないことを禁じた。

　　b.　農民しか買わないことを禁じた。

　　b′.　*農民しか買うことを禁じなかった[8]。

(19) a.　[主文農民にしか [補文買うこと] を禁じなかった]

　　b.　[主文 [補文農民しか買わないこと] を禁じた]

(18a) では、否定辞「ない」が主文述語「禁じる」に後続していることから、「農民にしか」は主文に存在することになる（(19a)）。そのため、(18a′)のように、否定辞「ない」が補文述語に後続すると、文が成立しない。また、(18b) では、否定辞「ない」が補文述語「買う」に後続していることから、(19b) のように、「農民しか」は補文に存在することになる。すなわち、(15a′) においては、ガ格でマークされる「農民」は補文にあるということである。したがって、(18b′) のように、否定辞「ない」が主文述語に後続すると非文になる。

次に、スクランブリングのテストについて見てみる。

(20) a.　同大学は特別に数学の授業を聞くことを彼女ニだけ許しました。

　　b.　*同大学は特別に数学の授業を聞くことを彼女ガ許しました。

(20a) では、「彼女」がニ格でマークされる場合、補文「特別に数学の授業を聞くことを」にスクランブリング操作をかけても文は成立する。それに

8　「しか」がガ格句に付加される場合、格助詞ガは表面的に削除されなければならない。

対して、(20b) では、「彼女」がガ格でマークされる場合、補文にスクランブリング操作をかけることはできない。(21) に示すように、仮に「彼女ガ」は「彼女ニ」同様に主文にあると分析すると、両者の文法的差異を説明できない。ところが、(22) のように、「彼女ニ」が主文にあるのに対して、「彼女ガ」は補文にあると分析すれば、(20a) と (20b) の文法的差異をうまく説明することができる。

(21) a.　同大学は［特別に数学の授業を聞くことを］₁ 彼女ニだけ t_1 許した。
　　 b.　*同大学は［特別に数学の授業を聞くことを］₁ 彼女ガ t_1 許した。
(22) a.　同大学は［特別に数学の授業を聞くことを］₁ 彼女ニだけ t_1 許した。
　　 b.　*同大学は［特別に数学の授業を聞くことを］₁［彼女ガ t_1］許した。

　このように、(13–16) におけるニ／ガ交替ができる名詞句の構造的位置は、それがニ格を取る場合、主文にあるが、ガ格を取る場合には、補文にあることがわかる。これらの文は、補文の空主語が主文のニ格目的語と同一指示解釈を持つ場合、前方コントロールであるが、主文の空目的語が補文の主語と同一指示解釈を持つ場合、後方コントロールとして分析可能である[9]。

3.2　ガ格名詞句が使われる場合の構文特徴

　よく知られているように、コントロール構文は、補文の主語と主文にある要素が同一指示解釈を持つ、また、コントローラーになる要素は意志性を有する有生物に限られ、補文述語の時制辞がル・タ交替できないといった特徴を持っている。次の (23–25) のようにガ格名詞句が使われる場合も、ニ格名詞句が使われる場合と同様に、コントロール構文の特徴を持っている。

(23) a.　*同大学は彼女₁の父親₂に［彼女₁が特別に数学の授業を聞くこと］

9　査読者からもご指摘があったように、本節では、ガ／ヲ交替ができる名詞句の構造的位置について論じてはいるが、問題の名詞句がガ格で現れる場合、主文に空所が存在する根拠を示していない。この点に関しては、今後の課題としたい。ただし、次の 3.3 で見る日本語と平行的な現象を有する韓国語においては、主文に空所が存在することは、数量詞一致現象や再帰代名詞の指示から証明されている。詳細は 3.3 で述べる。

160 ｜ 王　丹丹

　　　　　を許し／認めた [10]。

　　b.　*永禄十二年に、信長は利家₁に［利家の息子₂が前田家の当主とな
　　　　　ること］を禁じ／命じた。

(24) a.　市は民衆に［生活廃水を川に流すこと］を禁じている。

　　b.　市は［民衆が生活廃水を川に流すこと］を禁じている。

　　c.　*市は生活廃水に［川に流れること］を禁じている。

　　d.　*市は［生活廃水が川に流れること］を禁じている。

(25) a.　政府は難民に［入国する／*したこと］を命じ／禁じ／許し／認め
　　　　　た。

　　b.　政府は［難民が入国する／*したこと］を命じ／禁じ／許し／認め
　　　　　た。

(23) のように、補文の主語と主文の目的語が同時に顕在的に現れる場合、
両者が異なった解釈を持つことは許されない。(24) では、ニ／ガ交替でき
る名詞句が「民衆」である場合、ニ格でもガ格でも文が成立するのに対し
て、当該名詞句が無生物の「生活廃水」である場合、ニ格でもガ格でも非文
となる。このことは、ガ格名詞句がニ格名詞句と同様に、一定の選択制限が
かかっていることを意味する。また、(25) に示すように、「命じる」「禁じ
る」および未実現事態を補文として取る「許す」「認める」は、その補文の
時制辞がル形に限られ、タ形と交替することができない [11]。

　こうした事実から、(13–16) のような文においては、ニ格名詞句が使われ
る場合と同様に、ガ格名詞句が使われる場合にも、コントロール構文の特徴
が見られることがわかる。ニ格名詞句を用いる文が前方コントロール構文で
あるなら、ガ格名詞句を用いる文は後方コントロール構文として分析しても
よいと考えられる。

───────────────

10　日本語における定形節のコントロール補文においては、空主語だけでなく、顕在的主
語も出現可能である（Hasegawa 1984/85、Takezawa 1987、Uchibori 2000 など）。

11　(25) においては、主文述語が「許す」と「認める」の場合、補文述語にタ形を用いる
こともできるが、この場合、コントロール述語としての未実現事態への許可という意味で
はないことに注意されたい。

3.3　他言語に存在する平行現象

　（13–16）におけるニ／ガ交替が前方コントロールと後方コントロールの交替に対応することは、すでに先行研究において明らかにされた韓国語の前方コントロールと後方コントロールの現象と概ね平行している。Monahan（2003）や Polinsky and Potsdam（2006）は、（26a）と（26b）はそれぞれ韓国語における前方コントロールと後方コントロールであると分析している。

(26) a.　Chelswu-nun Yenghi$_i$-lul [$\triangle_i$ kakey-ey ka-tolok] seltukha-ess-ta.
　　　　 Chelswu-TOP　Yenghi-ACC　　　 store-LOC　go-COMP　persuade-PAST-DECL[12]

　　　 'Chelswu persuaded Yenghi to go to the store.'

　　b.　Chelswu-nun $\triangle_i$ [Yenghi$_i$-ka　kakey-ey　ka-tolok] seltukha-ess-ta.
　　　　 Chelswu-TOP　　　　 Yenghi-NOM　store-LOC　go-COMP　persuade-PAST-DECL

　　　 'Chelswu persuaded Yenghi to go to the store.'

（Monahan 2003: 357）

（26a）では、主文にある名詞句 Yenghi は日本語のヲ格に当たる lul でマークされ、補文の空主語と同一指示を有する。それに対して、（26b）では、補文にある名詞句 Yenghi は日本語のガ格に当たる ka でマークされ、ゼロ形式の主文目的語と同一指示を持つ。

　また、Monahan（2003）は、（26b）において、Yenghi が主格 ka で現れる場合、主文に空範疇△が存在することは、数量詞一致（quantifier agreement）などから証明できるとしている。

(27)　Chelswu-nun [ai-tul-i　　　 kakey-ey ka-tolok] $\triangle_i$ motwu-lul
　　　 Chelswu-TOP　child-PL-NOM　store-LOC　go-COMP　　　 all-ACC

　　　 seltukha-ess-ta.
　　　 persuade-PAST-DECL

　　　 'Chelswu persuaded all the children to go to the store.'

（Monahan 2003: 365）

12　本章で用いる略語は以下の通りである。ACC: Accusative、COMP: Complement、DECL: Declarative、NOM: Nominative、LOC: Locative、PAST: Past、PL: Plural、TOP: Topic。

162 ｜ 王　丹丹

（27）では、後置数量詞（postnominal quantifier）motwu が対格を持っている
が、それが意味的に修飾している主要名詞は埋め込み節において主格で現れ
ている。韓国語では、後置数量詞は主要名詞と格一致を持たなければならな
いため、（27）が成立するのは、主文に埋め込み節の主語と同一指示を持つ
ゼロ形の目的語があり、それが後置数量詞に対格を付与するためであると考
えられる。

　（26）のような韓国語の目的語コントロール構文に見られる lul/ka 交替現
象は、目的語の格標示（ヲ格かニ格か）を除き、日本語の目的語コントロー
ル構文のニ／ガ交替現象と一致している。韓国語の目的語コントロール構文
における lul/ka 交替が前方コントロールと後方コントロールの交替に対応し
ているなら、日本語の目的語コントロール構文におけるニ／ガ交替も前方コ
ントロールと後方コントロールの交替に対応しているといえる。

4.　後方コントロール構文における同一指示関係の結び方

　3 節では、日本語に後方目的語コントロール現象があり、これがニ／ガ交
替と前方コントロールおよび後方コントロールの交替に対応していることを
見た。前方コントロールと後方コントロールの交替を論じる際には、後方コ
ントロール構文におけるコントローラーとコントローリーとの同一指示関係
がどのように結ばれているのかという問題を考えなければならない。

　前述したように、統率・束縛理論時代に入ってからは、コントロールを
PRO という空範疇と仮定して分析するのが最も一般的な方法である。すな
わち、補文にあるコントローリーは PRO であり、主文にある顕在的要素に
よってコントロールされるということである。一方、生成文法の異なる理論
的枠組みにおいて、PRO の性質に関しては、格を持たない分析からゼロ格
（null Case）を持つ分析（Chomsky and Lasnik 1993、Chomsky 1995、Martin
1996、2001）まで、さまざまな分析が行われているが、PRO は不定形節の
主語位置にあり、定形節の主語位置や目的語位置などから排除されるという
本質的な部分では相違がない。そのため、本章で見たような後方コントロー
ル構文における主文のゼロ要素は PRO として分析することができない。

　後方コントロール構文のコントローラーとコントローリーの同一指示関係の

第8章　日本語における後方コントロール現象 ｜ 163

結び方について、先行研究では主に二種類の分析がなされている。1つはコントロールの移動分析に基づく分析であり、もう1つは、意味公準 (meaning postulate) に基づく分析である。本章は、この二種類の分析を整理し、どちらの分析が本章の考察現象に適用できるかということについて考える。

4.1　コントロールの移動分析に基づく分析

　コントロールの移動分析では、コントロールには名詞句移動が関与しており、コピー & 削除 (copy and deletion) 操作の結果であるとされている (O'Neil 1995、Hornstein 1999、2003、Boeckx and Hornstein 2004、2006 など)。この分析では、コントロール構文は (28) のように派生するとされている。すなわち、1つの文には複数の位置に移動要素のコピーが存在し、コントロールされるゼロ要素はコピーが削除された後の痕跡 (trace) である。また、理論的には、複数のコピーのうち、どのコピーが削除されてもよいとされている。

(28)　John hopes to leave.

    a.　[$_{VP}$ John leave]

    b.　[$_{IP}$ John to [$_{VP}$ John leave]] (merge and move in lower IP)

    c.　[$_{VP}$ John hope [$_{IP}$ John to [$_{VP}$ leave]]] (merge IP with *hope*; raise *John* to [Spec, VP])

    d.　[$_{IP}$ John [$_{VP}$ John hope [$_{IP}$ John to [$_{VP}$ leave]]]] (merge VP with I; raise *John* to [Spec, IP])

(Hornstein 1999: 79)

　Polinsky and Potsdam (2002、2006)、Potsdam (2006)、Monahan (2003)、Fujii (2006) などは、このようなコントロールの移動分析に基づき、後方コントロールについて分析している。それによると、前方コントロールと後方コントロールの区別は、より低い位置にあるコピーが削除されるか、それともより高い位置にあるコピーが削除されるかという違いに帰結される。(29) を参照されたい。

(29) a.　[Higher copy…~~Lower copy~~]　　前方コントロール

b. [~~Higher copy~~⋯Lower copy]   後方コントロール

(cf. Polinsky and Potsdam 2006: 174)

このような分析は、後方コントロールの可能性を理論的に保証することができる。ただし、日本語に関していえば、(13–16) に示すように、本章で考察する後方目的語コントロール構文の補文はすべて時制辞を持つ定形節である。ある名詞句が定形補文から主文へ移動する操作は基本的に許されないため、コントロールの移動分析に基づく分析は単純に適用することができないと考える[13]。

4.2 意味公準とスクランブリングの組み合わせに基づく分析

Cormack and Smith (2004) は、コントロールには意味的コントロール (semantic control) と統語的コントロール (syntactic control) があると指摘し、コントローラーとコントローリーの間に c 統御関係がある場合には、統語的コントロールであるが、それがない場合には、意味的コントロールであるとしている。韓国語と日本語の PERSUADE 目的語コントロール構文に見られる後方コントロール現象について、Cormack and Smith は、意味的コントロールとして分析すべきであるとし、意味公準とスクランブリング操作の組み合わせを用いて、主文にあるゼロ要素と補文主語の同一指示関係を説明している。

(30)　トムは／が　メアリーに／が　店に行くよう（に）勧めた[14]。

(Cormack and Smith 2004: 67)

(31)　Meaning Postulate 1:

For all s, x, y, if 'PERSUADE s y x' holds then y is Agent in Event s (s is the Event argument of PERSUADE, y the persuadee, x the persuader, where x and y are individuals).　(Cormack and Smith 2004: 66)

(32)　Semantic control, scrambling possible, $\triangle$ = pro

---

13　Cormack and Smith (2004) においても、コントロールをコピー & 削除として分析するには理論的問題と経験的問題があると指摘されている。詳細はそちらを参照されたい。

14　Fujii (2006) は、ガ格名詞句である場合、この文は許容度が少し落ちると述べている。

a. John [Mary-ACC] [[△ -NOM to leave] persuaded] without scrambling

b. John [Mary-NOM to leave] [[△ -ACC] persuaded] with scrambling

（Cormack and Smith 2004: 68）

Cormack and Smith の分析では、韓国語と日本語の後方目的語コントロール構文にあるゼロ要素は pro である。ところが、このような分析は束縛原理C[15] の違反になる。これについて、Cormack and Smith は、スクランブリング操作をかければ束縛原理 C の違反にならずに済むとしている。また、pro と補文主語の同一指示は、(31) の意味公準により、PERSUADE の対象が EVENT の動作主と一致することで得られる。

4.3 本章の立場

4.1 と 4.2 では、先行研究でなされている後方コントロール構文におけるコントローラーとコントローリーの同一指示関係の結び方について見た。本章で考察する日本語の後方コントロール現象については、4.1 でも述べたように、後方コントロール補文が時制辞を持つ定形補文であるため、移動分析に基づく分析は適用されにくい。一方、4.2 で見た Cormack and Smith（2004）の意味公準とスクランブリングの組み合わせに基づく分析では、こうしたことが問題にはならず、また、日本語が pro 脱落言語であるという特徴とスクランブリングができるという特徴を活用するものであるという点で、より妥当であると考える。

5. まとめと今後の課題

本章では、後方コントロールに関する先行研究を整理したうえで、日本語の目的語コントロール述語「許す」「禁じる」「命じる」「認める」などが取るコントロール文に見られるニ／ガ交替現象について考察した。これらの文は、主文述語の対象と補文述語の動作主をつとめる名詞句がニ格でマークされる場合には前方コントロールであり、ガ格でマークされる場合には後方コントロールであることを指摘した。また、後方コントロール構文にあるコン

15　束縛原理 C は、指示表現が束縛されないことを要求する（Chomsky 1981: 188）。

トローラーとコントローリーの同一指示関係の結び方について、先行研究でなされている2つの分析を整理した。その結果、日本語の後方コントロール現象に関しては、Cormack and Smith（2004）の意味公準とスクランブリングの組み合わせに基づく分析のほうがより妥当であることを述べた。

　本章では、Harada（1973）やFujii（2006）の考察とは異なり、日本語においては、二重ヲ格制限の違反にならない場合であっても後方コントロール現象が見られ、前方コントロールと後方コントロールが交替する場合もあるということを示した。

　一方、二重ヲ格制限が日本語における後方コントロールの選択に関して必要条件でないとすれば、本章で考察した前方コントロールと後方コントロールの交替はどのような動機に基づいているのかということを明らかにする必要がある。また、すべての目的語コントロール構文に前方コントロールと後方コントロールの交替が許されるわけではないと思われるため、今後は、前方コントロールと後方コントロールの交替条件についてさらに考察していきたい。

付記

　本研究は電子科技大学中央高校基本科研業務費による「汉日英结构对比研究」（ZYGX2015J166）の研究成果の一部である。

調査資料

『現代日本語書き言葉均衡コーパス（通常版）』（BCCWJ-NT）（国立国語研究所、https://chunagon.ninjal.ac.jp/bccwj-nt/search）

参照文献

王丹丹（2011）「pro脱落言語におけるゼロ要素の統語的分析―日本語と中国語を中心に―」博士論文、筑波大学.

佐藤香織（2002）「イベント名詞句補部からの数量詞遊離現象」『日本語文法』2 (2): 112–127.

Boeckx, Cedric and Norbert Hornstein（2004）Movement under control. *Linguistic Inquiry* 35: 431–452.

Boeckx, Cedric and Norbert Hornstein（2006）The virtues of control as movement. *Syntax*

9: 118–130.

Bouchard, Denis（1984）*On the content of empty categories*. Dordrecht: Foris.

Chomsky, Noam（1965）*Aspects of the theory of syntax*. Cambridge, MA: MIT press.

Chomsky, Noam（1981）*Lectures on government and binding: The Pisa lectures*. Dordrecht: Foris.

Chomsky, Noam（1982）*Some concepts and consequences of the theory of government and binding*. Cambridge, MA: MIT Press.

Chomsky, Noam（1995）*The minimalist program*. Cambridge, MA: MIT Press.

Chomsky, Noam and Howard Lasnik（1993）The theory of principles and parameters. In: Joachim Jacobs, Arnim von Stechow, Wolfgang Sternefeld, and Theo Vennemann（eds.）*Syntax: An international handbook of contemporary research*, 506–569. Berlin: Walter de Gruyter.

Cormack, Annabel and Neil Smith（2004）Backward control in Korean and Japanese. *University College of London Working Papers in Linguistics* 16: 57–83.

Farrell, Patrick（1995）Backward control in Brazilian Portuguese. In: Janet M. Fuller, Ho Han, and David Parkinson（eds.）*Proceedings of the 11th eastern conference on linguistics*, 116–127. Ithaca, NY: Cornell University, Department of Modern Languages and Linguistics.

Fujii, Tomohiro（2006）Some theoretical issues in Japanese control. Ph.D. dissertation, University of Maryland.

Harada, Shin-ichi（1973）Counter equi NP deletion. *Research Institute of Logopedics and Phoniatrics Annual Bulletin* 7: 113–147.

Hasegawa, Nobuko（1984/85）On the so-called 'zero pronouns' in Japanese. *The Linguistic Review* 4: 289–341.

Hornstein, Norbert（1999）Movement and control. *Linguistic Inquiry* 30: 69–96.

Hornstein, Norbert（2003）On control. In: Randall Hendrick（ed.）*Minimalist syntax*, 6–81. Oxford: Blackwell.

Kato, Yasuhiko（1985）*Negative sentences in Japanese*, Sophia Linguistica 19.

Kuroda, Shige-Yuki（1978）Case marking, canonical sentence patterns, and counter equi in Japanese: A preliminary survey. In: John Hinds and Irwin Howard（eds.）*Problems in Japanese syntax and semantics*, 30–51. Tokyo: Kaitakusha.

Landau, Idan（2004）The scale of finiteness and the calculus of control. *Natural Language and Linguistic Theory* 22: 811–877.

Landau, Idan（2006）Severing the distribution of PRO from case. *Syntax* 9: 153–170.

Martin, Roger（1996）A minimalist theory of PRO and control. Ph.D. dissertation, University of Connecticut, Storrs.

Martin, Roger（2001）Null case and the distribution of PRO. *Linguistic Inquiry* 32: 141–166.

Monahan, Philip（2003）Backward object control in Korean. In: Gina Garland and Mimu

Tsujimura (eds.) *WCCFL* 22, 356–369. Somerville, MA: Cascadilla Press.

Muraki, Masatake (1978) The *Sika Nai* construction and predicate restructuring. In: John Hinds and Irwin Howard (eds.) *Problems in Japanese syntax and semantics*, 155–177. Tokyo: Kaitakusha.

O'Neil, Jacqueline (1995) Out of control. *Proceedings of NELS* 25: 361–371.

Polinsky, Maria and Eric Potsdam (2002) Backward control. *Linguistic Inquiry* 33: 245–282.

Polinsky, Maria and Eric Potsdam (2006) Expanding the scope of control and raising. *Syntax* 9: 171–192.

Potsdam, Eric (2006) Backward object control in Malagasy and principles of chain reduction. ms., University of Florida.

Rosenbaum, Peter S. (1967) *The grammar of English predicate complement constructions*. Cambridge, MA: MIT Press.

Takezawa, Koichi (1987) A configurational approach to Case-marking in Japanese. Ph.D. dissertation, University of Washington.

Uchibori, Asako (2000) The syntax of subjunctive complements: Evidence from Japanese. Ph.D. dissertation, University of Connecticut.

Williams, Edwin (1980) Predication. *Linguistic Inquiry* 11: 203–238.

第Ⅴ部
格と統語・意味

171

第9章

ナガラ節内における主格の認可について

石田　尊

1.　はじめに

　現代日本語のナガラ節には、主格要素が現れ得ない（1）のような付帯状況用法（継続用法）のナガラ節（以下、付帯状況ナガラ節）と、主格要素が現れ得る（2）のような逆接用法のナガラ節（以下、逆接ナガラ節）の場合とがあることが知られている。

(1) a.　一人の女がタバコを飲みながらしゃべっていた　　（南 1974: 118）[1]
　　 b.　*一人の女がタバコを飲みながらこどもがしゃべっていた

　　　　　　　　　　　　　　　　　（石田・福盛・桐越 2018: 16 (2a)）

(2) a.　太朗は仕事がありながら会社に来なかった　　（佐藤 1997: 63 (1b)）
　　 b.　妻子というものがありながら、彼はろくに家に帰らない

　　　　　　　　　　　　　　　　　（石田・福盛・桐越 2018: 17 (3b)）

　ただし、堀川（1994）が指摘するように、（3）のような場合には逆接的な解釈が現れないままに節内に主格要素が現れる。こうした例については後に

1　本章に引用する例文の表記は変更する場合がある。また、適宜下線等の追加・省略を行う。

172 | 石田　尊

確認するが、いずれにしても、ナガラ節には節内で主格の認可が起こり得る
場合と起こらない場合があることは認められるものと考える。

(3) a. チェロが低音を支えながら、ヴァイオリンが美しい旋律を歌う

(堀川 1994: 35 (27))

　　 b. 全体が成長しながら一部が複雑化していく

(石田・福盛・桐越 2018: 21 (6b))

　本章は、ナガラ節内において主格認可が起こる条件を記述し、合わせてナ
ガラ節内の格認可に関する簡潔なモデルを提示することを目的としている。
以下 2 節ではナガラ節の用法と節の時間指示の関係を整理し、3 節ではナガ
ラ節内での主格要素出没の条件を明らかにした上で、節内での構造格認可に
関するモデルを提案する。4 節では本章の成果と今後の課題について述べる。

2.　ナガラ節の用法と節の時間指示

　この節では、まずナガラ節の用法を整理し、その上で用法ごとの時間指示
上の特性について観察を行う。

2.1　ナガラ節の用法

　南（1974: 114–131）では、付帯状況（継続）ナガラ節は A 類節に、逆接ナ
ガラ節は B 類節に分類されており、逆接ナガラ節には付帯状況ナガラ節に
は現れない主語や時・場所の修飾語等が現れること、および述部に打ち消し
の形や形容詞・名詞等も現れ得ることが示されている。したがってナガラ節
では意味的な用法の区分と文法的な異なりとが整然と対応するようにも見え
るが、すでに触れたように、堀川（1994）では (4) のように節内に主格要素
が現れつつも逆接の読みを伴わない場合が示されている。

(4) a. チェロが低音を支えながら、ヴァイオリンが美しい旋律を歌う

(＝ (3a))

　　 b. 母が水をつけてこねながら、父が杵で餅をついた

(堀川 1994: 39 (46))

第9章　ナガラ節内における主格の認可について　│　173

　これらは（5）に示すように、ナガラ節と後続する節の内容を入れ替えても
表す内容がほぼ変わらないが、このようなパラフレーズの可能性は、付帯状
況ナガラ節や逆接ナガラ節には認められないものである。

(5)　a.　ヴァイオリンが美しい旋律を歌いながら、チェロが低音を支える
　　　b.　父が杵で餅をつきながら、母が水をつけてこねた
　　　c.　一部が複雑化しながら全体が成長していく　　　（(3b) の対応例）

　付帯状況ナガラ節では、主節事態と従属節事態とは基本的に非対称的であ
り、堀川（1994）、三宅（1999）が指摘するように、ナガラ節の述部には（6）
のように主節の述部よりも広い時間幅を持つことが求められる[2]。

(6)　a.　けいれんしながら、倒れた　　　　　（三宅 1999: 81 (16b)）
　　　b.　*倒れながら、けいれんした　　　　（三宅 1999: 81 (15b)）

　逆接ナガラ節の場合も主節と従属節を入れ替えることはできない。

(7)　a.　妻子というものがありながら、彼はろくに家に帰らない　（＝ (2b)）
　　　b.　??彼はろくに家に帰らないながら、妻子がある
(8)　a.　チョコレートを食べていながら、やせたいとこぼす

　　　　　　　　　　　　　　　　　　　　　　　　　（堀川 1994: 38 (39')）

　　　b.　やせたいとこぼしながら、チョコレートを食べている
　　　c.　やせたいとこぼしていながら、チョコレートを食べる

　（8a）は堀川（1994）において、「間違いなく逆接性の読みになる（堀川
1994: 38）」例として示されているものだが、この例の解釈は「ある人物が
ふだんからチョコレートを習慣的に食べている」あるいは「ある人物がある
時点でチョコレートを食べていた」といった前提が話者の知識内にあり、か
つその人物がその習慣や行動と結びつかない主節の言動を行ったことを逆接
的と判断し発話したもの、といったところだと考えられる。（8b, c）のよう
に容認性の高い例が作れるとしても、その際には「やせたいとこぼす」行為

2　堀川（1994）および三宅（1999）の記述については 2.2 でも取り上げる。

174 ｜ 石田　尊

の方が逆接的な把握の前提となるため、パラフレーズ前後で同一の逆接関係が保たれていない。したがって逆接ナガラ節の文でも、付帯状況ナガラ節の場合と同様に主節事態と従属節事態とは非対称的である。

　以上から本章ではナガラ節に関して、(9) のような 3 用法を認めた上で検討を開始することとする[3]。ナガラ節と後続する節が入れ替え可能なものについては、以下便宜的に等位接続的ナガラ節と呼称する。

(9)　a.　付帯状況ナガラ節
　　　b.　等位接続的ナガラ節
　　　c.　逆接ナガラ節

2.2　ナガラ節の時間指示

　3 節における検討に先だって、この箇所では (9) の用法区分とナガラ節の時間指示の関係について見ておく。まず、付帯状況ナガラ節については、(6) でも確認されるように「前件に時間的に幅のある未完了の動きがきた上で、後件の事態がその時間的な幅の中に入る（堀川 1994: 37)」、「ナガラ節は、その節中に生起する述語が、主節の述語より時間幅のある［過程］を持つと解釈される場合に、付帯状況文として成立する（三宅 1999: 80 (21))」といったことが指摘されている。堀川 (1994) ではこのときにナガラ節の事態と主節事態との時間的共存性が成り立ち、付帯状況ナガラ節に同時性の解釈をもたらすと考えられている（堀川 1994: 36–37)。佐藤 (1997、1998)、松田 (2000)、和田 (2013) においても、付帯状況ナガラ節の場合に主節事態と従属節事態の同時性を認めていることは基本的に同じである。

3　本章の等位接続的ナガラ節は松田 (2000) の「並立用法」と重なる部分があるが、本章での認定は、ナガラ節と後続する節を入れ替えても容認性や文の表す内容等に大きな違いが生じないことが観察上の主要な基準であり、松田 (2000) の並立用法とは完全には重ならない。また、逆接読みのナガラ節には「不満がありながらも」のように「も」を伴う場合もあるが、少なくとも筆者の内省では、「も」を伴わない逆接ナガラ節と「も」を伴う「ながらも」節の場合とで容認性等が異なる場合があり、これらを一括して逆接ナガラ節として扱ってよいかどうか、すぐには判断を下すことができない。したがって本章では、「も」を伴う「ながらも」節の場合については取り上げずに検討を行うこととする。

第 9 章　ナガラ節内における主格の認可について　｜ 175

(10) a. ＊彼は今日公園でパンを食べながら昨日本を読んだ

(松田 2000: 39 (8a))

　　 b. #彼は昨日公園でパンを食べながら今日本を読んだ

　付帯状況ナガラ節の場合、南（1974）や松田（2000）の指摘のとおり、ナガラ節内に時間副詞を組み入れようとすると（10a）のように非文となる。（10b）は試みに時間副詞の順序を逆にしたものだが、この場合容認されるとしても逆接ナガラ節の解釈となり、付帯状況ナガラ節として解釈することはできない。したがって本章では、付帯状況ナガラ節の時の解釈は基本的に主節の時間指示に依存しており、独立した時間指示を持たないものと考える。

　続いて、等位接続的ナガラ節の場合を確認する。

(11) a. ＊彼女は 10 年前町工場で働きながら去年子供たちを育てた

(松田 2000: 39 (8b))

　　 b. ＊彼女は去年子供たちを育てながら 10 年前町工場で働いた

　（11a）は松田（2000）の「並立用法」の例であり、（11b）はさらに前後の節の内容を入れ替えたものだが、後続する節の時と異なる時点を指示する時間副詞はナガラ節内に生起できない[4]。（12）で確認できるように、等位接続的ナガラ節と後続する節の時点は基本的に 1 つである[5]。

(12) a. 　彼女は 5 年前、町工場で働きながら（同時に）姉の子供たちを育てていた

　　 b. 　彼女は 5 年前、姉の子供たちを育てながら（同時に）町工場で働い

───────────

4　（11）の各例の時間副詞のみを入れ替えても容認性に変化はないため、これはナガラ節の事態と後続する節の事態の先後関係の問題でもない。

5　なお、付帯状況ナガラ節では（i a）のように時間だけでなく場所も同一となるのが基本であるが、等位接続的ナガラ節では（i b）が示すように場所は異なってもよい。また同じく（i b）が示すように文全体の時間指示ではなくその下位区分としての時間帯であれば別々の時間帯を指定できる（松田 2000 参照）。

　i.　 a. ＊彼女はリビングで寝転びながらキッチンで歌を歌っている（付帯状況ナガラ節）
　　　 b. 　彼女は去年、夜は深夜営業のスーパーで働きながら昼は町工場で働いていた（等位接続的ナガラ節）

176 ｜ 石田　尊

　　　　ていた

　逆接ナガラ節については、従属節事態と主節事態との時間的関係についての認定が先行研究によって異なっている。堀川（1994）では「非時間的共存性としての逆接性が出るためには、終結点のある既定の事態が存在した上で、別の事態が並立することを表現することが必要（堀川 1994: 37）」とされ、かつ「非時間的並立をなすためには、時間的従属関係をもってはいけない（堀川 ibid.）」とされている。松田（2000）は、逆接ナガラ節では従属節事態と主節事態の時（時間）の不一致が可能であるとし、出来事どうしの場合「逆接用法では、従属節内の行為や状態の成立時は主節の行為や状態の成立時より以前である（松田 2000: 39）」と述べている[6]。佐藤（1997、1998）では、逆接ナガラ節と主節の事態とに先後関係が読み取れることは認めるものの、ナガラ節全体の時点指示としては「逆接のナガラ節もまた主節と同一の時点を指示すると考えるのが差し障りのない方向であるように思われる（佐藤 1998: 338）」としている。したがって、逆接ナガラ節と主節との時間的関係については、本質的には時間的な関係ではないとする堀川（1994）も含め、複数の見解が対立していることになる[7]。

　ここでは、主節と従属節それぞれが「一回的事態」「習慣的事態」「状態的状況」を表す場合を作例し、その組み合わせごとに現れる解釈を確認することで、逆接ナガラ節の従属節と主節の関係を整理することにする。

(13)　従属節：一回的／習慣的／状態的、主節：一回的
　　a.　スタート直後に転倒しながら 1 位でゴールした
　　b.　毎日ジムに通いながら体重が 70kg に増えた
　　c.　心配してくれる家族がありながら家出をした

　主節が一回的な事態の場合、（13a）のように一回的な事態のナガラ節と組

6　和田（2013）でも、アスペクト対立のある動詞の逆接ナガラ節について、そのアスペクトをパーフェクトとし、タクシス上の先行性を認めている。

7　もっとも、佐藤（1997、1998）、松田（2000）では同時性や従属節の先行性の検討に際して扱っている述語のアスペクトに異なりがあり、松田（2000）も状態性の述語の逆接ナガラ節については時間のズレを認めていない（松田 2000: 47、註 2）。

第 9 章　ナガラ節内における主格の認可について　│　177

み合わせると、松田（2000）、和田（2013）の指摘のように、従属節事態が主
節事態に先行する解釈となる。一方で、ナガラ節が習慣的あるいは状態的な
（13b, c）の場合では、当該の習慣や状態が有効に継続する期間内に主節事態
が成立する読みとなり、タクシス的な先行性を読み取ることはできない。
　続いて、主節が習慣的または状態的な場合を見る。

（14）　従属節：一回的／習慣的／状態的、主節：習慣的
　　　a. ＊スタート直後に転倒しながら毎朝ジョギングをする
　　　b.　毎日ジムに通いながらしょっちゅう暴飲暴食をする
　　　c.　心配してくれる家族がありながら毎晩遊び回る
（15）　従属節：一回的／習慣的／状態的、主節：状態的
　　　a. ＊スタート直後に転倒しながら彼は一流の選手だ
　　　b.　毎日ジムに通いながら体はずっと重い
　　　c.　心配してくれる家族がありながら心はいつも寂しい

　習慣的・状態的な主節との組み合わせの場合、（14a, 15a）のように一回
的な事態のナガラ節では容認性に問題が生じる場合があるが、従属節が習
慣的事態で当該の事象が成立する期間がある程度長く解釈できる場合には、
（14b, 15b）のように主節が習慣的であっても状態的であっても容認される。
また、従属節が状態的な場合も同様に、主節が習慣的であっても状態的で
あっても（14c, 15c）のように容認される。
　以上からすると、逆接ナガラ節全体に共通する特徴を、パーフェクトの解
釈やタクシス的な先行性だけで捉えることも、事態や状況の同時性や共在性
だけで捉えることもできないことがわかる。このため本章では、アスペクト
やタクシス的な観点からの規定ではなく、有田（2007）の議論に基づく既定
性の概念を導入することで、逆接ナガラ節全体をカバーする規定を示す。
　既定性に関してここでまず注目したいのは、佐藤（1998）が逆接ナガラ節
と主節が同一の時点を指し示すことを主張するために用いた（16a, b）の、逆
接ナガラ節における既定性の読みの差である。

（16）a.　太朗は、明日テストがありながら、まだ準備をしていない

（佐藤 1998: 336 (3b)）

b. *太朗は、明日の朝書類を提出しながら，まだ整理をしていない

（佐藤 1998: 337 (4)）

　直感的に述べても、(16a) の話者にとって「明日テストがあること」は発話時における既定の命題であると解釈できるが[8]、(16b)の「太朗が明日の朝書類を提出すること」はそうではない。主節事態が「まだ整理をしていない」わけであるから、むしろ明朝の書類提出を話者が訝しんでいるような状況であると解釈することもできる。つまり (16b) のナガラ節の命題は既定的ではない。有田 (2007) の議論は直接ナガラ節について論じているものではなく、ある程度は現象にずれも生じるが[9]、本章で見てきた逆接ナガラ節は、「過去の事態の真偽を問うものや、現在の状態・属性の真偽を問うもの（有田 2007: 49)」を既定命題とする有田 (2007) の議論と重なっており、容認可能なナガラ節の命題はすべて既定的であると言える。また、逆接ナガラ節の逆接の意味自体も、話者にとっての既定命題と、それと整合しない事態・状況の双方を認識しての発話であることに由来すると考えられる。

　以上のような、逆接ナガラ節の命題には既定性が求められるとする認定が妥当なものであるならば、(16b) における容認性の問題は、逆接ナガラ節が

8　有田 (2007: 53) においても (i) のような例について、「なんらかのスケジュールに基づいて会議が開催されるのであれば、既定が見込まれる命題が表現されていると言える」と述べられており、(16a) のナガラ節の既定性については問題ないと考える。

　i.　　明日 2 時から会議がある　　　　　　　　　　　　　　　　（有田 ibid. (22)）

9　有田 (2007: 第 4 章) の議論では、「過去の事態の真偽を問う狭義に既定的な命題」はタ形の文が、「狭義に既定的な現在成立している事態の真偽を問う命題」は状態述語の基本形および状態形（テイル・テアルの文）が表すとしている。それ以外の「既定が見込まれる命題」については、本章脚注 8 (i) の例の他、以下 (i a, b) のような例を示している。

　i.　a.　　明日東京に出張する　　　　　　　　　　　　　　　　（有田 2007: 52 (20)）
　　　b.　　来月の第二日曜日に式をあげる　　　　　　　　　　　　（有田 ibid. (21)）

これらはこのままでは (ii) のように逆接ナガラ節にならないが、これは一回的な述部のナガラ節内に未来の時点を指示する時間副詞を組み込むことの難しさによるものであり、(16b) が容認されないことと同様の理由によるものと考えられる。その意味では、逆接ナガラ節は主節の場合よりも既定性に厳格な節であるとも考えられる。

　ii.　a.　*明日東京に出張しながらまだ何も準備をしていない
　　　 b.　*来月の第二日曜日に式をあげながらまだ何も準備をしていない

主節の時間指示と独立した時を指示することができないためではなく、既定性という意味的な条件を満たさないために生じるものと考えられることになる。このことを、以下（17）を用いて確認する。

（17）　彼はジムに通いながらたくさんの揚げ物を食べる

　（17）について、「ジムに通う道すがら揚げ物を大量に食べる」といった同時性の解釈を強制すれば付帯状況ナガラ節の解釈となる。一方「彼がジムに通うこと」を話者が既定の事柄として知っており、かつその「彼」が「たくさんの揚げ物を食べること」というジムに通うような人間の行動としては整合しない（と話者が考える）行為・習慣も有していることを話者が知っての発話だと考えれば、逆接ナガラ節の解釈となる。このとき逆接ナガラ節は主節とは独立した既定の事態を表しているわけであり、従属節と主節のどちらもが現在における習慣的な事態を表しているとしても、厳密にはそれぞれ独立した時間指示を持つと考えることができる。これは南（1974）や松田（2000）が指摘してきた、逆接ナガラ節内に時間副詞が生起することとも問題なく整合する（（18）を参照）。

（18）a.　彼は二年前日本で結婚していながら今年外国で結婚した

（松田 2000: 39（8c））

　　　b.　彼は去年、毎日のようにジムに通い詰めながら、今年はぱったりとジム通いをやめてしまった

　また、従属節と主節がともに状態的であっても、（19）が示すようにある種稠密で安定的な、どの時点をとっても確実に確認できる状態や属性の方が逆接ナガラ節に配置しやすいことも、逆接ナガラ節に既定性が求められることに還元されるだろう。このことは、従属節の状況と主節の状況が独立しており、どちらも状態的な述語であるとしても、それぞれに性質の違う時間指示を持つことを意味していると考えられる。

（19）a.　突出した能力がありながら彼はしばしば控えめだ
　　　b.??彼はしばしば控えめでありながら突出した能力がある

180 | 石田　尊

以上を整理すると次のようになる。

(20)　付帯状況ナガラ節

　　　a.　ナガラ節は主節事態より時間幅のある事態を表す

　　　b.　ナガラ節事態は主節事態と独立した時間指示を持たない

(21)　等位接続的ナガラ節

　　　a.　ナガラ節は後続する節と入れ替え可能な並列的内容を表す

　　　b.　ナガラ節事態は後続する節の事態と独立した時間指示を持たない

(22)　逆接ナガラ節

　　　a.　ナガラ節は主節とは独立した既定の命題を表す

　　　b.　ナガラ節事態は主節事態とは独立した時間指示を持つ

　以上この2節では、ナガラ節の用法の区分と、用法ごとのナガラ節の時間指示上の特徴を検討してきた。特に逆接ナガラ節については先行研究の分析に若干の対立が見られたが、基本的には主節とは異なる時間指示を持ち、かつ主節とは独立した既定の命題を表す節であると考えることができる。

3.　ナガラ節における主格の出没

　2節での検討の結果は、形態的には時制辞が現れないナガラ節の時間指示上の特性と、ナガラ節内での主格の出現とに直接的な関わりがあることをうかがわせるものである。この3節ではまず、先行研究が指摘してきたナガラ節内の主格要素に認められる制限について確認し、その上で、ナガラ節の時間指示と主格認可との関連を記述する。

3.1　ナガラ節における主格の制限

　まず、(23)のような等位接続的ナガラ節の場合から検討する。

(23)a.　夏子がピアノを弾きながら冬美が歌を歌う

　　 b.　全体が成長しながら一部が複雑化していく　　　　　　　　(= (3b))

　この種のナガラ節が意味的な直感やパラフレーズの可能性だけでなく、統語的にも等位接続の関係であった場合、ナガラ節内主格要素の格の認可は、

後続する節での主格認可と同時に、並行的に起こることになる。この想定が妥当なものであれば、等位接続的ナガラ節内での主格認可を、ナガラ節内部で独立して起こる主格認可として扱う必要はないことになる[10]。このことから本章では以下の議論を、付帯状況ナガラ節内で主格認可が起こらず、逆接ナガラ節内では起こるというその機構の解明に集中することとする。

　南（1974）においては、節内に主格名詞の現れる従属節はB類節に分類されることになるが、田窪（1987、2010）ではA類節を2つに分割し、対象主格（と否定）が現れるが動作主格は現れないA類2という区分を設けている（田窪 2010: 8–9）。逆接ナガラ節に関しては、（24）が示すように動詞内項（対象主格）の場合が典型的のように思われる。

(24) a.　妻子というものがありながら、彼はろくに家に帰らない　（= (2b)）

　　 b.　あの事故では一部の車両が脱線しながら奇跡的に死傷者が出なかった

　　 c.　去年はたくさんの花芽がつきながら、結局一つも実がならなかった

　（25, 26）が示すように、他動詞外項では主格認可に問題が生じる。

10　すぐ後の箇所で述べるように、逆接ナガラ節内に生起する主格要素は田窪（1987、2010）の言うA類2の範囲に留まっており動作主格は現れない。一方等位接続的ナガラ節では（23a）のような動作主格が現れることから、等位接続的ナガラ節の方が階層構造的に大きく、節内において動作主格の認可が起こるB類相当の構造を持つ従属節であると考えることも可能であろう。しかし本章では現時点のアイデアとして、等位接続的ナガラ節の主格は後続する節の時制辞の存在を前提として節外から認可されるものであると考える。この認定の一つの根拠は、2節で見たように等位接続的ナガラ節は独立した時間指示を持たないという事実である。またこのことと関連して、本章が等位接続的ナガラ節と呼ぶ例では以下 (i) のような語順が容認されないことについて、本章査読者のお一人からご指摘いただいた。

I.　 a.　*父が、母が水をつけてこねながら、杵で餅をついた
　　 b.　*冬美が、夏子がピアノを弾きながら、歌を歌った

付帯状況ナガラ節・逆接ナガラ節ともに、主節主語が文頭に現れる語順に特段の制限は見られないことから、(i) の非容認性の由来を、等位接続的ナガラ節が実際に従属節ではなく、統語的な等位接続構造になっていることに求めることも可能であろう。こうしたことからも、等位接続的ナガラ節における主格認可については、後続する節の時制辞による節外からの認可として捉え、逆接ナガラ節の主格認可とは別扱いすることが妥当であると考える。

182 | 石田　尊

(25) a. *先週自分が薪を割りながら、奏太はそのことを忘れていた

b　先週自分で薪を割りながら、奏太はそのことを忘れていた

c. *先週自分が薪を割っておきながら、奏太はそのことを忘れていた

d.　先週自分で薪を割っておきながら、奏太はそのことを忘れていた

(26) a. *一部の生徒が列車を間違えながら、全体の行程は変更されなかった

b. *教員が誤った指示を伝えながら、生徒たちは無事目的地にたどり着いた

c.　教員に誤った指示を伝えられながら、生徒たちは無事目的地にたどり着いた

　このことから、逆接ナガラ節は B 類ではなく田窪 (1987、2010) の A 類 2 に該当すると考えられる。ただし、非対格動詞内項でも有生の実体の場合には容認性が低下する[11]。

(27) a.　(自動車のレースで) レース終盤、周回遅れの他車と接触した 4 号車は、リアウィングが完全に脱落しながら最後までなんとか走りきり、入賞した

b.??(駅伝で) 優勝候補だった K 大学は、転倒した 1 区の選手が上位から脱落しながら 10 区までなんとかたすきを繋ぎ、からくも翌年のシード権を確保した

　(27a) の場合には、「リアウィング」はナガラ節内に収まる (「脱落する」の主語としての) 解釈が自然に得られるが、(27b) の場合には「転倒した 1

11　(27b, 28b) の「(ヒトが) 脱落する」「(ヒトが) 倒れる」については、当該の動詞の「非能格動詞用法」として捉え、主語を外項であるとした上でその容認性の問題を考えることも可能かもしれない。しかし以下 (i, ii) の各対において、主語の有生性に関わらずテイルに結果相解釈が現れることから、(i, ii) の主語はいずれも内項の θ 役割を持つものと考えられる。またこのことから本章では、これらの動詞は主語が有生名詞であっても非対格動詞の項構造を持つものと捉える。なお、この問題については石田 (2015: 29–31) で検討を行っているため、詳細はそちらを参照されたい。

i.　a.　リアウィングが脱落している

b.　主力選手が脱落している

ii.　a.　花瓶が倒れている

b.　男の子が倒れている

第9章　ナガラ節内における主格の認可について　│　183

区の選手」がナガラ節内に収まらず、その後の区間もたすきを持って走り続
けたような解釈となってしまう。この解釈は逆接ナガラ節のものではなく、
「転倒した1区の選手」を主節要素として解釈したものであると考えられる
ため、(27b) は逆接ナガラ節としてはほぼ容認されないものと判断できる。
(28) に類例を示しておく。

(28) a.　彼はレース直前にマシントラブルが起きながらきっちり優勝した
　　　b. ??彼は試験直前にお母さんが倒れながらきっちり合格した

　なお、有生の主格内項が自然な例として (29) のようなものがある。

(29) a.　奥さんや子どもがいながら彼は無茶なことばかりする
　　　b.　冬美さんという奥さんがいながら彼はろくに家に帰らない

　(27, 28) と比べるとこの (29) は明らかに高い容認性を示す。ただし興味
深いことに、以下 (30) のような例では容認性が低下する。

(30) a. ??(単身赴任中の「彼」のもとに家族が来ている) 昨日から部屋に奥
　　　　　さんや子どもがいながら彼は今夜も部屋に帰らない
　　　b. ??会社の前に奥さんがいながら彼は出て行こうとしない

　(29) と (30) の違いは、当該の例のナガラ節が所有文であるか存在文であ
るかの違いであり[12]、存在文の場合に容認性に問題が生じていると考えられ
る。なお、存在文でも無生の主格であれば容認性は高い。

(31) a.　部屋にクーラーがありながら彼は使用しようとしない
　　　b.　会社の前に病院がありながら彼は診察を受けようとしない

　以上をまとめると以下のようになる。

(32)　ナガラ節内における主格認可の条件
　　　a.　ナガラ節が主節と異なる時間指示を持つ (逆接の) ナガラ節である
　　　　　こと

12　所有文と存在文の区別に関しては、基本的には柴谷 (1978) に従う。

b. 認可される名詞句が、非対格動詞の無生の内項、存在文における無生の内項、所有文の内項のいずれかであること

3.2 では、この (32) と問題なく対応する格認可のモデルを検討する。

3.2　ナガラ節内における格認可

本章では、構造格の認可や照合に関する議論に深入りすることを避ける目的もあり、ごく簡素化した格の認可に関するモデルを仮定し検討することとしたい[13]。まず、他動詞内項の対格の認可に関しては以下のように考える。

(33)　$[_{vP}$ NP$_{[Case Nom]}$ $[_{v'}$ $[_{vP}$ NP$_{[Case Acc]}$ V$_{tr[Acc]}$ $]$ v$_{[Case]}$ $]]$

他動詞 V$_{tr}$ 内項の対格名詞句 NP$_{[Case Acc]}$ の格が認可されるには、他動詞だけでなく軽動詞 v が必要であり、必ず両者が揃った構造において対格の認可が起こるとする。このとき主要部側では、v が持つ、対格 Acc や主格 Nom などの具体的な格の値を持たない構造格素性 Case が 1 つと、V が持つ具体的な格の値（対格）に関する素性が 1 つ、関与しているものとする。

同様の観点に基づいた場合、他動詞文外項名詞句の主格の認可については以下 (34) のようになる。主格の認可には時制辞 T だけでなく、時制辞を選択する C も関与するとし、ここでも上位の主要部である C が Case 素性を、下位の主要部である T が主格の値を持つものとしておく。

(34)　$[_{CP}$ $[_{TP}$ NP$_{i[Case Nom]}$ $[_{T'}$ $[_{vP}$ t_i …… $]$ T$_{[Nom]}$ $]]$ C$_{[Case]}$ $]$

さて、ナガラ節という環境は、その節内での格の認可にとってどのような

13　本章がここで仮定するモデルは現状において議論のためのモデルであるに過ぎず、その妥当性や先行研究との異同に関しては別途検討する必要があることはあらかじめ申し添えておかねばならない。このモデルは、複数の主要部が連携して 1 つの名詞句の格認可に関与することを重視したものであり、この点に限定して言えば、たとえば Watanabe (1996) の三層格照合理論とも、Nomura (2013) や外池 (2019) で論じられているような素性の継承を前提とした格照合の理論とも大きく矛盾しないことを意図して提案するものである。なお、そうした簡略化された素朴なモデルに、構造格素性と格の値素性とを分割するような議論を導入することには一定の懸念もあるが、後に見るようにナガラ節内の格認可に関する分析には必要となると考えられるため、あえて導入しておく。大方のご批正を乞いたい。

第 9 章　ナガラ節内における主格の認可について　│　185

環境となっていると考えられるだろうか。3.1 で示した（32）に加え、もう一点、ナガラ節内における格の認可について重要なこととして、節内で認可される構造格は最大で 1 つのみであるという事実を確認する。

（35）a.　*彼は娘が風邪を引きながら仕事を休まなかった

　　　b.　??彼は娘が風邪を引いていながら仕事を休まなかった[14]

（36）a.　*彼は娘が漢字を読めないながら新聞を音読させようとした

　　　b.　*彼は娘が新聞を読めながらそれを信じなかった

（37）a.　　子供が風邪を引かないように花子は部屋を暖めた

　　　　　　　　　　　　　　　　　　　　　　　　　　（金水 1987: 286（10b））

　　　b.　　太郎が住宅の情報を得られるように、花子は雑誌を購入した

　　　　　　　　　　　　　　　　　　　　　　　　　　（金水 1987: 288（12c））

　金水（1987）で A 類、田窪（1987、2010）、有田（2007）で A 類 2 とされる目的ヨウニ節は、（37）のように否定や可能の述部では主格と対格、つまり 2 つの構造格が認可される場合が認められる。しかし否定や可能の場合も含め、（35, 36）のナガラ節においては同様のことは起こらないことから、ナガラ節内での構造格認可には目的ヨウニ節よりも厳しい制限があることがわかる。

　以上をもとに、ナガラ節における主格認可を記述し得るモデルを検討していく。まず、形態的に時制要素が現れないナガラ節においては、時間指示を持つ $I_{[+tense]}$ と持たない $I_{[-tense]}$ とが認められるものとする[15]。

（38）　$[_{IP} [_{vP}$ PRO $[_{v'} [_{vP}$ NP$_{[Case Acc]}$ V$_{tr[Acc]}$] v$_{[Case]}$]] I$_{[+/-tense]}$]（- ナガラ）

　　　a.　夏美$_i$ が［PRO$_i$ 本を読みながら］ソファーに寝そべっている

　　　b.　彼女$_i$ は［PRO$_i$ 甘いものをたくさん食べながら］やせたいとこぼす

14　（35b）は筆者の内省では（35a）よりも若干高い容認性を示す。これには結果相解釈またはパーフェクト解釈のテ節の存在が関わっていると考えられるが、詳細は今後の課題とする。

15　I については、述語が動詞の場合には、動詞連用形に対応する屈折と考えることもできるかもしれない。ただしナガラには「小さいながら」「小兵ながら」のような形容詞・名詞に接続する場合や否定に接続する場合もあり、単純に連用形と対応させることはできない。

186 │ 石田 尊

　-tense の場合には付帯状況の解釈が、+tense の場合には逆接の解釈が得られるわけであるが、このとき (38a, b) の対格の認可に関与するのは、v が持つ Case と V_{tr} が持つ対格の値の素性である。仮に I が +tense であったとしても、節内には Case を帯びた主要部は他になく、対格が認可されてしまえば節内での構造格認可はこれ以上起こらない。

　V が非対格動詞 V_{unacc} で、内項が無生名詞の場合には (39, 40) のようになり、主格は v の Case と $I_{[+tense]}$ の主格の値との連携のもと認可される。

(39)　$[_{IP}\,[_{vP}\,[_{VP}\ PRO\ V_{unacc}\,]\ v\,]\ I_{[-tense]}\,]$（- ナガラ）

　　　花ᵢが［風に PROᵢ 揺れながら］咲いている

(40)　$[_{IP}\,[_{vP}\,[_{VP}\ NP_{[Case\ Nom]}\ V_{unacc}\,]\ v_{[Case]}\,]\ I_{[+tense/Nom]}\,]$（- ナガラ）[16]

　　　［たくさんの花芽がつきながら］結局一つも実がならなかった

　ナガラ節において $I_{[+tense]}$ がある場合に、主格の認可が $I_{[+tense]}$ とそれより上位の C との連携により起こるとすると、ナガラ節には格の認可に関与できる（Case 素性を持った）C があることになる。しかしそうすると、V_{tr}-v の階層で対格が、I-C の階層で主格が認可される、つまり構造格が節内で 2 つ認可される可能性も生じるはずであるが、ナガラ節ではそうしたことが起こらないことはすでに見たとおりであり、この考え方は採用できない。

　また、ナガラ節の主格認可は T や C のような主要部からの格照合によって起こるようなものではなく、デフォルトの格（井上 1976、青柳 2006 参照）として捉えるべきものであるという考え方については、本章ですでに見てきたような事実、つまりナガラ節が用法により主節とは異なる時間指示を持つ場合があり、かつその場合においてのみナガラ節内での主格認可が起こるという事実を無視することになるため、やはり採用できない。

　こうしたことから本章では、ナガラ節内では独立した時間指示を持つ

16　本章のモデルでは (40) および (42) のように、非対格動詞と共起しつつも Case 素性を持ち、構造格認可に関与する v を仮定している。この想定の是非については今後の課題となるが、現状では V の内項位置に対象主格が認可される際の一般的な機構として考えている。また、ナガラ節における主格の出現は動詞タイプ（非対格動詞 V_{unacc} であるか否か等）ではなく節の時間指示に連動しているため、本章のモデルにおいては V_{unacc} に主格の値を認め、V と v により主格認可を行うような分析も採用しない。

$I_{[+tense]}$ と、動詞内項の構造格認可に関わる Case 素性を持った v が連携して主格認可が起こるものと考える。ナガラ節内での主格認可に C の関与は考えられず、かつ、デフォルトでの主格認可も考えることができないためである。

　以上から、本章のモデルに基づく一つの提案として、ナガラ節内における構造格の認可に関して以下のような分析を示しておく。

(41)　対格の場合

$$[_{IP} [_{vP} PRO [_{v'} [_{VP} NP_{[Case\ Acc]}\ V_{tr[Acc]}\ ]\ v_{[Case]}\ ]]\ I_{[+/-tense]}\ ]（- ナガラ）$$

(42)　主格の場合

$$[_{IP} [_{vP} [_{VP} NP_{[Case\ Nom]}\ V_{unacc}\ ]\ v_{[Case]}\ ]\ I_{[+tense/Nom]}\ ]（- ナガラ）$$

　ナガラ節は、I が時間指示を持つ場合でも持たない場合でも、構造格は最大 1 つしか認可されない環境であり、対格は (41) のように V_{tr} と v の連携により、主格は (42) のように $I_{[+tense]}$ と v の連携により認可される[17]。節内の v が持つ唯一の Case 素性を、異なる値で指定しつつ使い回すような構造であるが、本章の観察の成果からするとそうした環境であると見なすことが妥当である。以上がナガラ節内の構造格の認可に関する本章の提案となる。

　残る課題は、ナガラ節内の主格要素に見られる (32b) の制限の記述である。この現象については、石田 (2015) が提案する有生名詞句移動を想定することで解決する。石田 (2015) では、結果相解釈の他動詞 - テイル文や受動文、有生の場所主語構文、有生内項を持った非対格動詞文等に対する検討をもとに、日本語には、非対格動詞文を含め動詞句が外項を欠く場合、v の指定部に有生の項名詞句を移動させる現象があることを指摘している。紙幅の都合もあり議論の詳細を紹介することは避けるが、本章のナガラ節の議論に関わる範囲で言えば、非対格動詞や存在文の内項が有生名詞だった場合のみに適用される移動現象がある、ということになる。

---

[17] 格の値の素性と Case 素性の階層上の関係が (41) と (42) とでは逆転しており、対格では Case 素性が上位、主格では値の素性が上位となっている。この問題については、主要部移動に関する議論を経た上で言及すべきと考えるため、本章では省略に従う。

(43) *[$_{IP}$ [$_{vP}$ NP$_{i[Case Nom]}$ [$_{v'}$ [$_{VP}$ t_i V$_{unacc}$] v$_{[Case]}$]] I$_{[+tense/Nom]}$] (- ナガラ)

　(43) の主格 NP が有生名詞だとすると、v が併合した段階で v の指定部へ
の有生名詞句移動が適用される。この段階ではまだ I$_{[+tense]}$ は併合されていな
いため、v の Case 素性が主格の値に指定されることはなく、移動した有生
NP の主格も認可されない。やがて I が併合された段階で起こる主格の認可
は、(42) でも示したように V の内項位置を対象とするものであるとすると、
すでに VP 内から移動してしまった有生の主格 NP はナガラ節内では格の認
可を受けることができない、ということになる。

　(32b) は、所有文の場合には有生性に関わりなく内項に主格が認可される
ことも述べているが、このことも、石田 (2015) の有生名詞句移動が起こる
条件と関わる。ここでは便宜的に所有文の述語を V$_{poss}$ と表記しておく。

(44)　[$_{IP}$ [$_{vP}$ PRO [$_{v'}$ [$_{VP}$ NP$_{[Case Nom]}$ V$_{poss}$] v$_{[Case]}$]] I$_{[+tense/Nom]}$] (- ナガラ)

　存在文と異なり所有文は二項からなる他動的構造である (柴谷 1978 参
照)。有生名詞句移動は動詞句が外項を欠く場合に起こるものとされ、音形
を持った名詞句であれ PRO であれ、外項位置が占められている場合には当
該の移動は起こらない。それ故所有文の内項は有生名詞であっても元の位置
に留まることになり (42) の様式での主格認可を受けることができる。

　以上から、(41, 42) および有生名詞句移動分析 (石田 2015) の導入により、
ナガラ節に関する (32) に適切に対応するモデルが提案できたとする。

4.　まとめ

　ナガラ節には、主節の時間指示と独立した時間指示を持たない付帯状況
ナガラ節、等位接続的ナガラ節の場合と、独立した時間指示を持つ逆接ナガ
ラ節の場合とがあった。逆接ナガラ節において現れる主格要素は、非対格自
動詞の無生の内項、存在文の無生の内項、および所有文の内項であった。ま
た、ナガラ節内においては、最大で 1 つの構造格しか認可されなかった。こ
うした観察上の事実をもとに本章では、動詞内項の位置において、独立した
時間指示を有する I$_{[+tense]}$ と Case 素性を持った v の存在を前提に主格認可が

なされるとするモデルを提示し、併せて石田 (2015) の有生名詞句移動分析により、有生名詞の内項に主格認可上の問題が生じる場合の分析を行った。

有田 (2007) においては非時制節として分類される A 類 2 の特徴を持った逆接ナガラ節も、時間指示に関しては主節から独立しており、単純な非時制節であるとすることはできない。そして、そのようなナガラ節における主格認可でさえ、従属節の時間指示上の特性と連動しているということは、日本語における主格をデフォルトの格として扱うアプローチよりも、Takezawa (1987) が提案したような時制辞に主格認可上の重要な役割を認めるアプローチが優位性を持つことを示していると言える。

ナガラ節では 1 つの構造格しか認可されないという本章での観察結果は、格認可の問題を考える上で重要な事実であると考えられる。本章では暫定的に簡潔なモデルを用いて検討を行ったが、より精密な格照合の理論に基づいての検討を行うことが今後の主要な課題となる。

謝辞

本章は、第 14 回現代日本語文法研究会 (2018 年 3 月 4 日 (日)、於実践女子大学) での口頭発表 (石田 2018a) および第 157 回関東日本語談話会 (2018 年 5 月 12 日 (土)、於学習院女子大学) での口頭発表 (石田 2018b) の一部と内容が重なる。これらの発表に際し有益なコメントをくださった皆様にお礼申し上げる。

参照文献

青柳宏 (2006)『日本語の助詞と機能範疇』東京：ひつじ書房.

有田節子 (2007)『日本語条件文と時制節性』東京：くろしお出版.

石田尊 (2015)「日本語の所有者上昇に見られる有生性制限について」『文藝言語研究 言語篇』67: 1–40. 筑波大学.

石田尊 (2018a)「主格の認可に関わるいくつかの要因について」第 14 回現代日本語文法研究会口頭発表. 実践女子大学、2018 年 3 月 4 日.

石田尊 (2018b)「いわゆる A 類節内における主格の認可について」第 157 回関東日本語談話会口頭発表. 学習院女子大学、2018 年 5 月 12 日.

石田尊・福盛貴弘・桐越舞 (2018)「付帯状況ナガラ節における主格要素の出現制限に関する事象関連電位を用いた研究」『実験音声学・言語学研究』10: 16–29.

井上和子 (1976)『変形文法と日本語 (上)』東京：大修館書店.

金水 敏 (1987)「時制の表現」山口明穂 (編)『国文法講座 第 6 巻』280–298. 東京：明治書院.

佐藤直人（1997）「日本語のナガラ節の意味と位置の相関」『言語科学論集』1: 63–74. 東北大学文学部日本語学科.

佐藤直人（1998）「「二つの」ナガラ節」平野日出征・中村捷（編）『言語の内在と外在』335–352. 東北大学文学部.

柴谷方良（1978）『日本語の分析―生成文法の方法―』東京：大修館書店.

田窪行則（1987）「統語構造と文脈情報」『日本語学』6 (5)：37–48. 東京：明治書院.

田窪行則（2010）『日本語の構造―推論と知識管理―』東京：くろしお出版.

外池滋生（2019）『ミニマリスト日英語比較統語論』東京：開拓社.

堀川智也（1994）「文の階層構造を考えることの意味」『日本語・日本文化研究』4: 31–44. 大阪外国語大学日本語講座.

松田真希子（2000）「ナガラ節の状態修飾性をめぐって」『日本語・日本文化研究』10: 37–47. 大阪外国語大学日本語講座.

南不二男（1974）『現代日本語の構造』東京：大修館書店.

三宅知宏（1999）「日本語の付帯状況文」『国文鶴見』34: 84–74. 鶴見大学日本文学会.

和田礼子（2013）「従属節におけるアスペクトの研究」博士論文、熊本県立大学.

Nomura, Masashi（2013）Case-marking in Japanese complex predicates. In: Miyamoto, Yoichi, Daiko Takahashi, Hideki Maki, Masao Ochi, Koji Sugisaki and Asako Uchibori （eds.）*Deep insights, broad perspectives: Essays in honor of Mamoru Saito*, 309–324. Tokyo: Kaitakusha.

Takezawa, Koichi（1987）A configurational approach to Case-marking in Japanese. Ph.D. Dissertation, University of Washington.

Watanabe, Akira（1996）*Case absorption and wh-agreement*. Dordrecht: Kluwer Academic Publishers.

第10章

対格目的語数量詞句の作用域、
特定性、格の認可について

本間伸輔

1. はじめに

　本章では、日本語における数量詞句（以下、QP）のうちとりわけ遊離数量詞（floating quantifier）を伴う名詞句（以下、NP-FQ）が、対格目的語（以下、目的語）として生起する場合の作用域について記述的に考察し、生成統語論の理論的見地から目的語 QP の作用域を決定する統語的仕組みを探る。1 節では、日本語の NP-FQ の作用域特性について概観し、2 節では、数量詞の持つ意味的特性である特定性（specificity）の観点から分析した Homma, Kaga, Miyagawa, Takeda and Takezawa（1992）を検討し、問題点を指摘するとともに、3 節においては、Homma et al. の一般化か彼らの指摘する事例とは異なる事例において成り立つことを指摘する。次に 4 節では、格助詞「を」の統語的な認可という観点から QP と否定の作用域関係を分析した Shibata（2015）を検討する。5 節では、特定性と格助詞の両方の認可が作用域決定に関わる統語構造上の仕組みを提案する。6 節では、この提案によって他の言語における特定性と格の認可との関わり方が捉えられることを示す。

192 | 本間伸輔

2. 遊離数量詞の作用域

　日本語においては、1つの節内で数量詞を含む主語と目的語が基底語順を保持した「主語-目的語」の語順で現れる場合（(1a)）は、主語 QP の方が必ず目的語 QP よりも広い作用域をとり、基底と逆の「目的語-主語」の語順になる場合（(1b)）は、どちらが広い作用域をとってもよいという記述的一般化が認められる（Kuroda 1969/70、Hoji 1985）。

(1) a. 誰かが誰もを責めた。

　　　　［非多義的：誰か > 誰も、*誰も > 誰か］

　　b. 誰もを誰かが責めた。

　　　　［多義的：誰か > 誰も、誰も > 誰か］

　(1a) は主語「誰かが」が広い作用域をとり「「誰もを」の全員を責めた人が1人いる」という状況を表すことができるが、目的語の「誰もを」が広い作用域をとり、「「誰もを」の1人1人に対して、責めた人が1人ずついる」という状況を表すことはできない。一方で、「目的語-主語」の語順の (1b) では、どちらの QP が広い作用域をとることも可能であり、上の2つのどちらの状況を表すこともできる。

　しかしながら、このような多義性は語順が (1b) の場合でも常に得られるわけではなく、(2b) の「ボールを2つ」のような NP-FQ は、広い作用域をとることができない[1]。

(2) a. 2つのボールを誰もが蹴った。

　　　　［多義的：2つ > 誰も、誰も > 2つ］

　　b. ボールを2つ誰もが蹴った。

　　　　［非多義的：*2つ > 誰も、誰も > 2つ］　　　　（Homma et al. 1992: 23）

この (2a) と (2b) の解釈可能性の違いを説明した研究の1つに Homma et al. (1992) がある。Homma et al. は、数量詞が名詞句内にある (2a) の目的語 QP と、数量詞が遊離した (2b) の目的語 QP との間には、Enç (1991) の言

1　同様の観察が、Hasegawa（1991、1993）、Watanabe（2000）、青柳（2010）、Shibata（2015）によってもされている。

う特定性（specificity）に関する違いがあることに着目する。この特定性とは、あらかじめ存在がわかっている母集合のうちの部分集合を指す読みのことである。Homma et al. は、次の (3) の「5 人の証人が」と NP-FQ の「証人が 5 人」との間には特定性に関する解釈の違いがあると指摘する。

(3) a. 10 人の男が証言台に立った。そして 5 人の証人が本当のことを言った。 (Homma et al. 1992: 20)

b. 10 人の男が証言台に立った。そして証人が 5 人本当のことを言った。 (Homma et al. 1992: 22)

(3a) の「5 人の証人」は、先行文の「10 人の男が」に含まれる 5 人の人物を指すという特定的な解釈が可能である[2]。一方、(3b) の「証人が 5 人」は非特定的解釈のみが可能であり、「10 人の男」の一部を指すことができない。結果として (3b) は不自然な談話になる。(3) は主語 QP の例であるが、Homma et al. はこの違いが目的語 QP にも見られるとする。

さらに Homma et al. (1992) は、LF において適用する「数量詞上昇規則（Quantifier Raising）」（以下、QR）の適用条件として (4) を、QR が適用しない非特定的 QP の LF における位置として (5) を提案する[3]。

(4) 「数量詞上昇規則（Quantifier Raising）」は、特定的な数量詞句のみに適用する。

(5) 非特定的 QP は、中核作用域（Nuclear Scope）内で解釈される。

統語構造と意味表示の写像規則として、最も下位の IP が中核作用域に対応すると仮定する。そうすると、QR は IP に QP を付加させる操作（May 1985）なので、特定的な QP は QR を受けることによって、中核作用域を形成する最も下位の IP よりも構造的に高い位置に移動することになる。一方、非特定的な QP は QR が適用せず、中核作用域内で解釈されるために最も下

---

2 同様の指摘が Muromatsu (1998) でもされている。QP が部分集合を指す解釈は、数量詞的（quantificational）（Milsark 1974、1977）、前提的（presuppositional）（Diesing 1992）といった用語でも呼ばれている。

3 同様の提案は、Diesing (1992) によってもされている。

位の IP 内にとどまることになる。非特定的 QP がかき混ぜによって主語の左側、すなわち最も下位の IP の外側に現れている場合は、基底の位置に再構築（reconstruction）によって戻ることになる。以上の違いにより、特定的 QP は、LF において必ず非特定的 QP よりも構造的に高い位置を占めるために、特定的 QP が非特定的 QP よりも広い作用域をとることになる。以上を仮定すると、(2a) は両方の QP に QR が適用されるので、(6a)、(6b) のどちらの LF 表示も可能であるが、(2b) は目的語 NP-FQ が非特定的解釈しか持たないため、(2b) の LF 表示は (6c) となる。

(6) a. $[_{IP} [_{NP} 2 つのボールを]_j [_{IP} [_{NP} 誰もが]_i [_{IP} t_i [_{VP} t_j 蹴る]]]]$

   b. $[_{IP} [_{NP} 誰もが]_i [_{IP} [_{NP} 2 つのボールを]_j [_{IP} t_i [_{VP} t_j 蹴る]]]]$

   c. $[_{IP} [_{NP} 誰もが]_i [_{IP} t_i [_{VP} [_{NP} ボールを 2 つ] 蹴る]]]$

(6a) では目的語 QP が、(6b) では主語 QP の方が構造的に高い位置を占める。(2a) はこのどちらの LF も可能であることから、(2a) の多義性が正しく捉えられる。一方、(2b) の唯一の LF である (6c) では、主語 QP が高い位置を占める。これによって (2b) の非多義性が説明できることになる。

Homma et al. (1992) は (2a) と (2b) の解釈可能性の違いを以上のように説明しているが、以下の問題がある。まずは、NP-FQ が非特定的にしか解釈されないという Homma et al. (1992) の観察は必ずしも正しくなく、Ishii (1997、1998) が指摘するように、NP-FQ でも特定的に解釈される場合がある。

(7) a. 警察が逃亡犯を 3 人逮捕した。

   b. 僕は先生が推薦した本を 3 冊読んだ。

(7a) の NP-FQ「逃亡犯を 3 人」はある事件に関わり逃亡中である特定の犯人の集合（例えば合計 5 人の逃亡犯からなる集合）のうちの部分集合である3 人を指す読みが可能である。つまり、(7a) の NP-FQ は特定的な解釈を持つことができる。同様に、(7b) の「先生が推薦した本を 3 冊」においても、先生の推薦した本が合計で 10 冊あり、読んだのがその中の 3 冊であるという特定的解釈が可能である。

以上のように、Homma et al. (1992) の観察とは異なり、NP-FQ でも特

定的な解釈が可能な場合があることがわかったが、それでは特定的解釈の
NP-FQ の作用域特性はどうであろうか。次例を観察されたい。

(8) a.　逃亡犯を 3 人（この地区の）すべての住民が目撃した。

　　　　　［非多義的：*3 人 > すべて、すべて > 3 人］

　　 b.　先生が推薦した本を 3 冊誰もが読んだ。

　　　　　［非多義的：*3 冊 > 誰も、誰も > 3 冊］

(8) の NP-FQ はいずれも特定的に解釈することができる。Homma et al.
(1992) の提案の (4) が正しいとすると、これらの NP-FQ には QR が適用で
きることになり、NP-FQ の広い作用域が可能であることが予測される。し
かしながらこの予測は正しくなく、NP-FQ は特定的な解釈であっても、広
い作用域をとることができない。

　さらに、Homma et al. (1992) にとっては、遊離する「すべて」や「ほと
んど」のような強数量詞（strong quantifier）の作用域も問題になる。強数量
詞は、その意味特性上、必然的に母集合が想定されることになる。例えば、
「すべての課題曲を」は、複数の課題曲の集合があり、そのうちの成員を余
すことなく指示するものである。この読みは、「課題曲をすべて」のように
「すべて」が遊離しても同様である。つまり、「すべて」のような強数量詞
は、名詞句内にあっても遊離していても必然的に特定的な解釈を生み出す。

　そこで、強数量詞の作用域のとり方であるが、「3 人」のような基数詞の
場合と同様に、名詞句内にある場合 ((9)) は広い作用域が可能であるもの
の、遊離している場合 ((10)) は狭い作用域しかとれない。

(9) a.　すべての課題曲を 3 人の学生が演奏した。

　　　　　［多義的：3 人 > すべて，すべて > 3 人］

　　 b.　ほとんどの要人を 2 人の警官が護衛した。

　　　　　［多義的：2 人 > ほとんど、ほとんど > 2 人］

(10) a.　課題曲をすべて 3 人の学生が演奏した。

　　　　　［非多義的：3 人 > すべて、*すべて > 3 人］

　　 b.　要人をほとんど 2 人の警官が護衛した。

[非多義的：2 人 > ほとんど、*ほとんど > 2 人]

(10) のように、遊離した強数量詞を持つ NP-FQ は特定的な解釈であるにもかかわらず、狭い作用域しかとれない。したがって、この例も Homma et al. (1992) の問題となる[4]。

3. 特定性によって作用域が決定される事例

本節では、目的語位置の NP-FQ の作用域について記述的な考察を進め、QP は特定的であれば広い作用域がとれるという一般化が、Homma et al. (1992) の扱う事例とは異なる事例において成り立つことを示す。

Homma et al. は目的語 QP が主語の左側に移動した場合における、主語 QP との作用域関係に着目しているが、目的語 QP と否定や付加詞 QP との作用域関係に着目すると、主語の右側に生起する目的語 NP-FQ が、否定や付加詞 QP より広い作用域をとることが可能であることがわかる。

(11) a. 警察は 3 人以上の逃亡犯を逮捕しなかった。

[多義的：3 人以上 > ない、ない > 3 人以上]

b. 警察は逃亡犯を 3 人以上逮捕しなかった。

[多義的：3 人以上 > ない、ない > 3 人以上] (Homma 2015: 125–126)

(12) (警察は逃亡犯の行方を知るために、市内の全ての監視カメラの映像を調べた。)

a. 警察が 3 人の逃亡犯をすべての監視カメラで確認した。

[多義的：3 人 > すべて、すべて > 3 人]

b. 警察が逃亡犯を 3 人すべての監視カメラで確認した。

[多義的：3 人 > すべて、すべて > 3 人]　(Homma 2015: 260–261)

(11) の 2 例は、数量詞「3 人以上」と否定辞「ない」を含む文である。

4　主語の左側の NP-FQ が特定性に関わらず狭い作用域しかとれないという事実は、特定性とは異なる観点からの説明が必要になる。Homma (2015) では、名詞句 (DP) の指定部に数量詞を持つ QP のみが、Miyagawa (2010) の提唱する topic 素性を持つことができ、これが広い作用域をとるための条件であるとの提案を行っている。Shibata (2015) も、目的語の作用域の決定のされかたが主語の左側と右側で異なることを提案している。

第 10 章　対格目的語数量詞句の作用域、特定性、格の認可について　｜　197

（11a）は「3 人以上」が名詞句内にある構造を持っているが、この文は「ない」との作用域関係に関して 2 通りに解釈することができる。1 つは、「警察が逮捕しなかった逃亡犯が 3 人以上いた」という、「3 人以上」が「ない」よりも広い作用域の解釈であり、もう 1 つは、「警察が逮捕した逃亡犯は 3 人以上ではなかった」という「3 人以上」が否定よりも狭い作用域をとる読みである。（11b）は、「3 人以上」が遊離している例であるが、（11a）と同様に多義的な解釈が得られる。（12）の 2 例からも、NP-FQ が広い作用域をとりうることがわかる。「3 人」を含む目的語 QP と付加詞 QP「すべての監視カメラで」との間の作用域関係に注目すると、（12a）ではどちらが広い作用域をとることもできる。「3 人」が広い作用域をとる解釈（すべての監視カメラに映っていた逃亡犯が 3 人いた）も、「3 人」が狭い作用域をとる解釈（それぞれの監視カメラに異なる逃亡犯が 3 人ずつ映っていた）も可能である。この多義性は、NP-FQ を含む（12b）でも観察される。

　以上のように、主語の右側に生起する NP-FQ が否定や付加詞 QP よりも広い作用域をとることが可能であることがわかった。しかしながら、遊離数量詞がホスト NP の右側に生起する NP-FQ に対して、遊離数量詞がホスト NP の左側に生起する QP（以下、FQ-NP）の場合は、広い作用域がとれない。

（13）　警察は 3 人以上逃亡犯を逮捕しなかった。
　　　　［非多義的：＊3 人以上 > ない、ない > 3 人以上］（Homma 2015: 160）
（14）　警察が 3 人逃亡犯をすべての監視カメラで確認した。
　　　　［非多義的：＊3 人 > すべて、すべて > 3 人］（Homma 2015: 262–263）

（13）と（14）では、遊離数量詞「3 人以上」と「3 人」がホスト NP「逃亡犯を」の左側に生起しているが、（11）および（12）と異なり、否定や付加詞 QP より広い作用域をとることができない。

　それでは、広い作用域が可能な「3 人（以上）の逃亡犯を」「逃亡犯を 3 人（以上）」と、狭い作用域しかとれない「3 人（以上）逃亡犯を」の違いは何であろうか。「3 人（以上）の逃亡犯を」は、Homma et al.（1992）の指摘通り、特定的な解釈も非特定的な解釈も可能である。NP-FQ の「逃亡犯を 3 人（以上）」であるが、「逃亡犯」のように特定の出来事と結びついて特

定の集合に言及できる名詞を主要部とする NP-FQ は、前節で考察したように、特定的な解釈も持つことができる。これに対して、「3 人（以上）逃亡犯を」のような FQ-NP の場合は、特定的解釈を持つことができない[5]。つまり、(11) と (12) の「逃亡犯」を含む QP および NP-FQ は、特定の集合の一部の逃亡犯を指すことが可能だが、(13)、(14) の FQ-NP「3 人（以上）逃亡犯を」はそのような特定の母集合に含まれる逃亡犯を指すことができない。

　以上の観察が正しいとすると、「QP が広い作用域をとるためには、特定的な意味を持つことが必要である」という記述的一般化は、主語の右側にある目的語 QP が否定や付加詞 QP に対してとる作用域に関しては当てはまることになる。そうだとすると、次にこの記述的一般化がなぜ成り立つのかという問いに答えなければならない。

　1 つ目の答えは、Homma et al. (1992) の提案する QR 適用可能性についての条件 (4) が、目的語 QP が否定または付加詞 QP に対してとる作用域の場合にのみ発動されるというものである。しかしながら、このように条件 (4) の適用範囲を限定するのであれば、ではなぜ主語 QP との間の作用域関係にこの条件が働かないのかという問題が生ずることになってしまう。

　2 つ目の答えは、目的語 QP は主語の左側に移動した場合と、（移動したとしても）主語の右側にとどまる場合とでは、異なる統語的・意味的な認可を受け、この認可の仕方の違いが、それぞれの位置における作用域の違いに反映されるというものである。以下に示す分析では、このアプローチをとる。次節以降において、Shibata (2015) の提案する格助詞「を」の統語的認可のメカニズムを基にした、作用域特性の説明法を考案する。

4.　Shibata (2015) の目的語の分析

　本節では、目的語 QP と否定辞「ない」との作用域関係を説明した Shibata (2015) の分析を検討する。Shibata は、英語と日本語における目的語 QP の否定辞に対する作用域のとり方の違いに着目し、日本語においては格助詞「を」の統語的認可のために、目的語が否定辞よりも構造的に高い位置に移

5　「3 人（以上）逃亡犯」のような FQ-NP の非特定性は、Ishii (1997、1998) の指摘による。

第 10 章　対格目的語数量詞句の作用域、特定性、格の認可について　│199

動すると提案している。

(15) a.　John didn't blame everyone.

　　　　［非多義的：not > everyone、*everyone > not］

　　b.　太郎が 3 人以上の人を責めなかった。

　　　　［多義的：ない > 3 人以上、3 人以上 > ない］

(15a) のように、英語の目的語 QP は否定辞 not よりも広い作用域がとれないのに対して、日本語の目的語 QP は否定辞「ない」よりも広い作用域をとることができる。Shibata (2015) は、日本語の目的語のこの特性を、(16) のような格助詞「を」の統語的認可のための移動によって説明している。

(16)　[$_{TP}$ 太郎が$_i$ [$_{PrtP}$ 3 人以上の人を$_j$ [$_{NegP}$ [$_{vP}$ t_i [$_{VP}$ t_j 責め]] ない]] た]

Shibata は、NegP を支配する位置に PrtP (Particle Phrase) と呼ぶ投射を仮定し、目的語 QP が「を」の持つ素性 [Prt] の照合のために PrtP の指定部に移動することを提案する。これによって、目的語 QP が否定辞よりも構造的に高い位置にあることになり、(15b) で目的語 QP が否定よりも広い作用域を持つことが説明される。一方で、英語の (15a) で目的語 everyone が not よりも狭い作用域になるのは、英語では (16) のような格助詞認可のための移動が起こらず、目的語が not よりも低い位置にとどまるためということになる。

　さらに Shibata の分析により、格助詞「を」の有無による目的語の統語的振る舞いの違いも捉えられる。

(17) a.　太郎がその店で何（を）買ったの。

　　b.　太郎が何*（を）その店で買ったの。

(17) で見るように、目的語は、格助詞が脱落する場合に動詞に隣接する必要があるが、格助詞「を」を伴う場合は動詞に隣接しなくてもよい (Saito 1983、1985、Takezawa 1987)。Shibata の分析では、これが PrtP 指定部への目的語の移動可能性という観点から捉えられる。格助詞「を」を伴う場合は、[Prt] の照合のために VP 内の基底位置から PrtP へ移動するので、付加詞などの左側に生起することができる。一方で格助詞を伴わない目的語は [Prt]

を持たないため、PrtP への移動が起こらず動詞に隣接する位置にとどまる。

　Shibata (2015) は上述のように、日本語では格助詞を伴う目的語が否定辞より高い位置の PrtP に移動することにより、否定よりも広い作用域をとることを説明している。この分析によると、格助詞「を」を伴う QP であれば、必ず否定よりも広い作用域をとることが予測される。しかしながら、Shibata のこの予測に反して、前節で観察したように、非特定的な解釈のみの目的語 QP は否定よりも狭い作用域の解釈しか持てない。

(18) (= (11))
　　a.　警察は 3 人以上の逃亡犯を逮捕しなかった。
　　　　[多義的：3 人以上 > ない、ない > 3 人以上]
　　b.　警察は逃亡犯を 3 人以上逮捕しなかった。
　　　　[多義的：3 人以上 > ない、ない > 3 人以上] (Homma 2015: 125–126)
(19) (= (13))
　　　　警察は 3 人以上逃亡犯を逮捕しなかった。
　　　　[非多義的：*3 人以上 > ない、ない > 3 人以上]　 (Homma 2015: 160)

　さらに、(12) と (14) との間に観察された、目的語 QP と付加詞 QP との作用域関係の違いも、特定性の違いに起因するものであるため、目的語 QP の構造的な位置のみに着目する Shibata の分析だけでは捉えられない。

(20) (= (12))
　　　　(警察は逃亡犯の行方を知るために、市内の全ての監視カメラの映像を調べた。)
　　a.　警察が 3 人の逃亡犯をすべての監視カメラで確認した。
　　　　[多義的：3 人 > すべて、すべて > 3 人]
　　b.　警察が逃亡犯を 3 人すべての監視カメラで確認した。
　　　　[多義的：3 人 > すべて、すべて > 3 人]　 (Homma 2015: 260–261)
(21) (= (14))
　　　　警察が 3 人逃亡犯をすべての監視カメラで確認した。
　　　　[非多義的：*3 人 > すべて、すべて > 3 人] (Homma 2015: 262–263)

第 10 章　対格目的語数量詞句の作用域、特定性、格の認可について　｜ 201

　以上のことから、目的語 QP と否定、付加詞 QP との作用域関係の説明には、統語構造上の位置関係だけでなく、QP の特定性にも言及した説明が求められることになる。

5.　特定性の統語的認可

　本節では、4 節で検討した Shibata（2015）を修正し、格助詞「を」の統語的認可に加え、特定性の統語的認可を組み入れた仕組みを提案し、それによって前節までに観察した目的語 QP の作用域特性を説明することを目指す。

　前節で見たように、Shibata（2015）は（22a）のような目的語を含む文について、（22b）の構造を提案した。

（22）a.　太郎が 3 人以上の人を責めなかった

　　　b.　[$_{TP}$ 太郎が $_i$ [$_{PrtP}$ 3 人以上の人を [$_{NegP}$ [$_{vP}$ t_i [$_{VP}$ t_j 責め]] ない]] た]

Shibata のポイントは、格助詞「を」を伴う目的語が動詞句内の基底位置から否定よりも構造的に上位にある PrtP 内に移動し、その位置で目的語の作用域が決定されるというものであった。本章においては、PrtP の主要部に素性 [Prt] に加え、特定性に関わる素性 [Pres] も現れると仮定する[6]。

（23）　[$_{TP}$ DP-ga [$_{PrtP}$ DP-o　[$_{NegP}$ [$_{vP}$ t_i [$_{VP}$ t_j V]] Neg] Prt] T]

　　　　　　　　　　[Prt] [Pres]　　　　　　　　　　　　　[Prt] [Pres]

日本語の場合は、[Pres] 素性が随意的に現れると仮定する。さらに、この [Pres] 素性は、特定的な解釈の名詞句が持ち、Prt にある [Pres] 素性との間で照合されるが、非特定的な名詞句は [Pres] 素性を持つことができないため、この照合が起こらないと仮定する。

6　ここで提案する素性の名称 [Pres] は、Diesing（1992）の用語である presuppositionality（前提性）に基づくものである。2 節で述べたように、本章で議論の対象にしている名詞句の解釈は、Enç（1991）にならって特定的（specific）とも、Diesing（1992）にならって前提的（presuppositional）とも呼ばれる。当該の素性の名称としては、Enç の用語に由来する [Spec] も可能ではあるが、投射内の位置を表す名称として specifier（指定部）の用語も広く用いられていることから、紛らわしさを避けるために、Diesing の用語に由来する [Pres] を用いることとする。

202 | 本間伸輔

　以上を仮定すると、PrtP 内での照合には以下の 2 つのパタンがあること
になる。

(24) a.　　[TP DP-ga [PrtP DP-o [NegP [vP …] Neg] Prt] T]
　　　　　　　　[Prt] [Pres]　　　　　　　　　[Prt] [Pres]
　　　　　　　　└────照合 ([Prt] 素性、[Pres] 素性)────┘

　　　b.　　[TP DP-ga [PrtP DP-o [NegP [vP …] Neg] Prt] T]
　　　　　　　　[Prt]　　　　　　　　　　　　[Prt]
　　　　　　　　└──────照合 ([Prt] 素性のみ)──────┘

(24a) では Prt に [Prt] 素性と [Pres] 素性の両方が現れている。この場合、
PrtP に移動する目的語は [Prt] 素性に加えて [Pres] 素性の照合が求められる。
[Pres] 素性を持つことができるのは、特定的解釈の名詞句に限られるので、
(24a) の構造は目的語が特定的な解釈を持つ場合に限られる。一方 (24b) で
は、[Pres] 素性が Prt に現れていない。この場合、PrtP 内では [Prt] 素性の照
合のみが行われることになるため、[Pres] 素性を持てない非特定的解釈の名
詞句であっても、PrtP に移動することができる。

　以上に加えて、QP の作用域は、[Pres] 素性のようにそれ自体が意味解釈
に関わる素性が照合される位置によって決定されることを提案する (Homma
2015)。(24a) では、DP-o が PrtP 内で [Pres] 素性を照合されているため、
PrtP 内の位置が DP-o の作用域が決定される位置ということになる。一方、
(24b) での DP-o は PrtP で [Prt] 素性が照合されているが、格素性は形式面
に関わる素性であり直接意味解釈に関わる素性ではないため、PrtP はこの
目的語が作用域をとる位置にはならない[7]。

───────────────

7　格素性の照合のみによって移動した場合の作用域はどこで決まるかという問題が残る
が、本章では Homma (2015) にならい、作用域決定のデフォルトの位置は主題役割が与え
られる基底の位置と考えることにする。したがって、PrtP 内で [Prt] 素性のみの照合が行わ
れる場合の目的語の作用域は、VP 内の基底位置ということになる。さらに、QP が移動後
に [Pres] のような意味解釈に関わる素性を照合される場合は、移動後の位置でも基底位置
のどちらでも作用域が決定できると仮定する。なお、Homma (2015) では、作用域の決定
は一貫して QP の意味解釈が決定される位置で行われるという提案をしている。本章での
作用域決定の原則は、Homma (2015) の提案を一部修正したものである。

第 10 章　対格目的語数量詞句の作用域、特定性、格の認可について　|　203

　これによって、(11–14)(=(18–21))での QP の特定性に基づく作用域の
とり方の違いが説明できることになる。目的語 QP の特定的解釈が可能な
(11a, b) の構造は以下の通りとなる。

(25)　[$_{TP}$ ... [$_{PrtP}$ 3 人以上の逃亡犯を／逃亡犯を 3 人以上 $_j$ [$_{NegP}$ [$_{vP}$ t_j] Neg]

　　　　　　　　　　　　　　　[Prt] [Pres]

　　　　┌─────照合([Prt] 素性、[Pres] 素性)─────┐

　　　　Prt] T]

　　[Prt] [Pres]

目的語 QP「3 人以上の逃亡犯を」「逃亡犯を 3 人以上」が特定的解釈を持つ
場合、[Prt] 素性の照合のために PrtP に移動するが、同時に Prt の [Pres] 素
性との照合が行われるため、PrtP 内でその作用域が決定されることとなる。

　一方、(13) は以下の構造を持つ [8]。

(26)　[$_{TP}$ ... [$_{PrtP}$ 3 人以上逃亡犯を $_j$ [$_{NegP}$ [$_{vP}$ t_j] Neg] Prt] T]

　　　　　　　　　　[Prt]　　　　　　　　　　　　[Prt]

　　　　　　　┌───照合([Prt] 素性のみ)───┐

「3 人以上逃亡犯を」は特定的解釈がないので、[Pres] 素性を持たない。この
目的語が PrtP に移動できるのは、Prt に [Pres] 素性がない場合である。結果
的に「3 人以上逃亡犯を」は、PrtP で [Prt] 素性のみの照合が行われること
になるため、PrtP はこの QP が作用域をとれる位置にはならず、VP 内の基
底位置で作用域をとらねばならない。したがって、非特定的な「3 人以上逃
亡犯を」の作用域が狭くなることが説明される。

　目的語 QP と付加詞 QP との作用域関係も同様に説明される。まず (12a,
b)(=(20a, b)) は以下の構造となる。付加詞句は VP 付加位置にあると仮定
する。

8　(11, 12) の目的語が非特定的に解釈される場合も [Pres] 素性を持たないので、(26) のよ
うに、[Prt] 素性のみの照合が行われる。

204 | 本間伸輔

(27) $[_{TP} \ldots [_{PrtP}$ 3 人の逃亡犯を／逃亡犯を 3 人$]_j$ $[_{NegP} [_{vP}$

　　　　　　　[Prt] [Pres]

　　　　　　　└─照合（[Prt] 素性、[Pres] 素性）─┘

　　　$[_{VP}$ すべての監視カメラで $[_{VP} t_j$ V $]]$ Neg$]$ Prt$]$ T$]$

　　　　　　　　　　　　　　　　　　[Prt] [Pres]

(25) と同様、(12a, b) の目的語 QP は特定的解釈が可能であるため、PrtP に
移動し [Prt] 素性の照合を受けると同時に、[Pres] 素性とも照合される。こ
れにより PrtP で作用域が決定されるため、付加詞 QP よりも広い作用域を
とれることが説明される。一方、(14) は以下の構造となる。

(28) $[_{TP} \ldots [_{PrtP}$ 3 人逃亡犯を$]_j$ $[_{NegP} [_{vP} [_{VP}$ すべての監視カメラで

　　　　　　　[Prt]

　　　　　　　├─照合（[Prt] 素性のみ）─┤

　　　$[_{VP} t_j$ V $]]]$ Neg $]$ Prt$]$ T$]$

　　　　　　　[Prt]

(26) の場合と同様、非特定的な目的語 QP は [Pres] 素性との照合が行われ
ず、その作用域が VP 内の基底位置で決定される。このために、それよりも
構造的に高い VP 付加位置の付加詞 QP に対して狭い作用域しかとれない[9]。
　以上のように、Shibata (2015) の提案する格助詞「を」の認可に加え、特
定性に関わる [Pres] 素性を仮定することによって、(11–14) で観察された、
目的語 QP の特定的解釈と作用域の関連性が説明できることになる。

6.　他言語における特定的名詞句の統語的・形態的振る舞い

　前節において、格助詞「を」の認可と特定性が連携する統語的仕組みを提
案した。本節においては、他言語での形態的格標示と特定性に関する目的語
の振る舞いによって、この提案が支持されることを見る。

---

9 「監視カメラで逃亡犯を確認した」のように、目的語が付加詞句に後続することも可能
である。ここでは、付加詞が VP 付加位置に加え、PrtP の付加位置にも生起できると仮定
する。

第 10 章　対格目的語数量詞句の作用域、特定性、格の認可について ｜ 205

6.1　トルコ語

　前節では、日本語では、Prt に形態的な格標示を司る [Prt] 素性に加え、名詞句の特定的解釈に関わる [Pres] 素性が現れることを提案した。さらに、この [Pres] 素性の出現は随意的であると仮定した。この提案に従うと、もし Prt での [Pres] 素性の出現が義務的な言語があるならば、その言語では目的語の形態的格標示の有無と特定的解釈が一対一の対応関係であることが予測されるが、実際にそれに該当する言語が存在する。

　トルコ語においては、目的語に対格を示す語尾が後続することも、後続しないことも可能である。

(29) a.　Iki　*kiz-i*　taniyordum.

　　　 two　girl-ACC　I-knew

　　　'I knew two girls.'

　　 b.　Iki　*kiz*　taniyordum.

　　　 two　girl　I-knew

　　　'I knew two girls.'　　　　　　　　　　　　　　　　　　　　 (Enç 1991: 6)

(29a) では目的語 iki kiz が対格を示す語尾 -i を伴っているのに対し、(29b) の目的語は伴っていない。この交替は自由に起こるわけではなく、解釈の違いがある。Enç (1991) によると、形態的な格標示のある (29a) の目的語は特定的に解釈され、ある特定の少女の集合のうちの 2 名を指す。一方、格標示のない (29b) の iki kiz は、非特定的な読みを持つ。話者の知っている少女が 2 名いると述べているが、その少女は特定の集合のうちの 2 名ではないことになる。

　以上のように、トルコ語では、対格の形態的格標示が特定的読みを表し、それが欠落した場合は非特定的解釈になる。したがって、全称数量詞を含む名詞句のように必然的に特定的読みになる場合は、形態的格標示が必要である。

(30) a.　Ali　*her*　*kitab-i*　okudu.

　　　 Ali　every　book-ACC　read

　　　'Ali read every book.'

b. *Ali *her kitab* okudu.　　　　　　　　　　　　　　（Enç 1991: 10）

　さらに、日本語と同様に、トルコ語の目的語の形態的格標示の有無は、目的語の生起位置とも連動している。(29, 30) の目的語はいずれも動詞に隣接した位置に生起しているが、対格の形態的標示がある場合は、動詞に隣接せず副詞の左側に生起することが可能である（Kornfilt 1990、De Hoop 1996）。

(31)　Ben *biftek-i*　dün　　akşam yedim.
　　　I　steak-ACC yesterday evening ate
　　　' Yesterday evening, I ate a steak. '　　　　　　（De Hoop 1996: 81）

これに対し、対格の標示がない場合は、副詞の左側への生起が不可能であり、動詞に隣接していなければならない。

(32) a.　Ben dün　　akşam *çok güzel bir biftek* yedim.
　　　　I　yesterday evening very nice　a　steak ate
　　　　' Yesterday evening, I ate a very nice steak. '
　　b. *Ben *çok güzel bir biftek* dün　　akşam yedim.　　（同上）
　　　　I　very nice　a　steak yesterday evening ate

　以上のトルコ語の目的語の振る舞いは、前節で提案した仕組みによって説明できる。トルコ語の Prt には、[Prt] 素性とともに [Pres] 素性も義務的に現れると仮定する。

(33)　[TP DP_SUBJ [PrtP DP-i_OBJ　　[vP …]　　Prt]　　T]
　　　　　　[Prt] [Pres]　　　　　　　　　　[Prt] [Pres]
　　　　　　└──照合 ([Prt] 素性、[Pres] 素性)──┘

(33) では、対格標示を伴う目的語が PrtP に移動している。そこでは、[Prt] 素性に加えて [Pres] 素性も照合されなければならない。したがって、対格が標示されると特定的解釈になることが説明される。一方、対格が形態的に標示されない目的語は、[Prt] を持たないので PrtP に移動することができず、動詞に隣接した基底位置にとどまらなければならない。この場合 [Pres] 素性

第10章　対格目的語数量詞句の作用域、特定性、格の認可について　｜ 207

の照合ができないので、[Pres] 素性も持つことができない。つまり、[Prt] を
持たない目的語は、[Pres] 素性も持てないことになる。以上のように目的語
の格標示と特定的解釈が連動していることが捉えられる。

　さらに、対格が形態的に標示される場合は、VP 外の PrtP への移動が起こ
るため、副詞の左側に生起可能であることも捉えられる。対格の形態的標示
を欠く場合は、基底位置である動詞に隣接する位置にとどまらねばならない
ため、目的語は副詞に後続しなければならない。

6.2　オランダ語

　名詞句の特定性と統語的振る舞いに関しては、もう 1 つ興味深い言語が
ある。オランダ語においては、動詞の目的語が動詞に隣接する位置にも、動
詞に隣接せず副詞の左側に生起することも可能である。

(34) a.　dat de polite gisteren *veel taalkundigen* opgepakt heeft

　　　　that the police yesterday many linguists　　arrested has

　　 b.　dat de polite *veel taalkundigen* gisteren opgepakt heeft

　　　　that the police many linguists　　yesterday arrested has

　　　' that the police arrested many linguists yesterday '（De Hoop 1996: 146）

(34a) では目的語 veel taalkundigen が動詞に隣接した位置にあるが、(34b)
では副詞 gisteren を超え、主語に隣接する位置に生起している。この語順の
交替は自由に起こるわけではなく、De Hoop (1996) などで観察されている
ように、目的語の特定性に関する違いがある。(34a) の目的語は、特定的な
解釈も非特定的な解釈も可能である。すなわち、(34a) の veel taalkundigen
は、ある特定の言語学者の集団のうちの多くを指す解釈（特定的解釈）も、
そのような特定の集合が想定されず、逮捕した言語学者の数が多いことを述
べる解釈（非特定的解釈）も可能である。(34a) の目的語が多義的であるの
に対して、(34b) の語順の目的語は、特定的解釈のみが可能である。

　この事実から、オランダ語においては、名詞句の特定性がその名詞の生起
位置を決めているといえる。この目的語の分布パタンは、日本語（(17)）と
トルコ語（(31, 32)）における形態的格標示の有無による目的語の分布パタ

ンと平行的である。

　以上のオランダ語の事実は、本章で提案する仕組みによって捉えられる。オランダ語は、日本語やトルコ語のような形態的格標示が基本的に見られないので、[Prt] 素性を欠き、Prt には [Pres] 素性のみが現れると仮定する。

　以上を仮定すると、(34) の事実は以下のように捉えられる。特定的解釈を持つ目的語は [Pres] 素性の照合のため、(35) のように PrtP に移動する。

(35)　[$_{TP}$ ... [$_{PrtP}$ veel_taalkundigen 　[$_{vP}$ ...] Prt] 　　T]

　　　　　　[Pres] 　　　　　　　　[Pres]

　　　　　　└──────照合 ([Pres] 素性)──────┘

副詞が VP 付加部にあると仮定すると、以上の目的語の移動により、目的語が副詞の左側に生起できることが説明される[10]。一方、非特定的解釈の目的語は、PrtP への移動ができないため、動詞に隣接する位置にしか現れることができない。

7.　結論

　本章においては、QP の作用域が特定的解釈の可否によって決定されることが、Homma et al. (1992) の指摘する事例ではなく、主語の右側に生起する目的語 QP と否定や付加詞 QP との間の作用域関係について成り立つことを指摘した。さらに、Shibata (2015) の考案する PrtP への移動に、格の形態的標示を認可する [Prt] 素性だけでなく、名詞句の特定的解釈に関わる [Pres] 素性も関与する仕組みを提案することによって、目的語 QP と否定や付加詞 QP との作用域関係を説明した。さらに、本章での提案によって、トルコ語とオランダ語における目的語の形態的格標示、特定性、移動可能性を捉えることができることを示した。

10　特定的解釈の目的語が「副詞 – 目的語」の語順になる場合は、日本語の付加詞に対して仮定したのと同様に、副詞が PrtP の付加位置に現れると考える。もう 1 つの可能性として、特定的解釈の目的語でも、[Pres] の照合は随意的であり、基底位置にとどまることが可能であるという分析方法もありうるが、本章ではこの件にこれ以上立ち入らず、今後の課題とする。

謝辞

　本章の研究に際しては、秋孝道、遠藤喜雄、加賀信広、島田雅晴、竹沢幸一、土橋善仁、廣瀬幸生および本章査読者の諸氏にお世話になった。ここに感謝申し上げたい。本研究は、日本学術振興会科学研究費による基盤研究（C）「英語・日本語における数量詞作用域の決定に関わる統語的要因についての理論的研究」（課題番号：18K00640、研究代表者：本間伸輔）の研究成果の一部である。

参照文献

青柳宏（2010）「日本語におけるかきまぜ規則・主題化と情報構造」長谷川信子（編）『統語論の新展開と日本語研究』193–225. 東京：開拓社.

Diesing, Molly（1992）*Indefinites*. Cambridge, MA: MIT Press.

Enç, Murvet（1991）The semantics of specificity. *Linguistic Inquiry* 22: 1–25.

Hasegawa, Nobuko（1991）On non-argument quantifiers. *Metropolitan Linguistics* 11: 52–78.

Hasegawa, Nobuko（1993）Floating quantifiers and bare NP expressions. In: Nobuko Hasegawa（ed.）*Japanese syntax in comparative grammar*, 115–145. Tokyo: Kurosio Publishers.

Hoji, Hajime（1985）Logical form constraints and configurational structure in Japanese. Ph.D. dissertation, University of Washington.

Homma, Shinsuke（2015）Syntactic determinants of quantifier scope. Ph.D. dissertation, University of Tsukuba.

Homma, Shinsuke, Nobuhiro Kaga, Keiko Miyagawa, Kazue Takeda, and Koichi Takezawa（1992）Semantic properties of the floated quantifier construction in Japanese. *Proceedings of the 5th Summer Conference of Tokyo Linguistic Forum*, 15–28. Tokyo: Tokyo Linguistic Forum.

Hoop, Helen de（1996）*Case configuration and noun phrase interpretation*. New York: Garland.

Ishii, Yasuo（1997）Scrambling and the weak-strong distinction in Japanese. *University of Connecticut Working Papers in Linguistics* 8: 89–112.

Ishii, Yasuo（1998）Scrambling of weak NPs in Japanese. *Japanese/Korean Linguistics* 8: 431–444.

Kornfilt, Jaklin（1990）Naked partitive phrases in Turkish. ms., Syracuse University.

Kuroda, S.-Y.（1969/70）Remarks on the notion of subject with reference to words like *also*, *even*, or *only*, Part 1 and 2. *Annual Bulletin* 3: 111–129, *Annual Bulletin* 4: 127–152. University of Tokyo.

May, Robert（1985）*Logical Form*. Cambridge, MA: MIT Press.

Milsark, Gary L.（1974）Existential sentences in English. Ph.D. dissertation, MIT.

Milsark, Gary L.（1977）Towards the explanation of certain peculiarities of existential sentences in English. *Linguistic Analysis* 3: 1–29.

Miyagawa, Shigeru (2010) *Why agree? Why move?: Unifying agreement-based and discourse-configurational languages.* Cambridge, MA: MIT Press.

Muromatsu, Keiko (1998) On the syntax of classifiers. Ph.D. dissertation, University of Maryland.

Saito, Mamoru (1983) Case and government in Japanese. *Proceedings of the West Coast Conference on Formal Linguistics* 2: 247–259.

Saito, Mamoru (1985) Some asymmetries in Japanese and their theoretical implications. Ph.D. dissertation, MIT.

Shibata, Yoshiyuki (2015) Negative structure and object movement in Japanese. *Journal of East Asian Linguistics* 24: 217–269.

Takezawa, Koichi (1987) A configurational approach to Case-marking in Japanese. Ph.D. dissertation, University of Washington.

Watanabe, Akira (2000) Absorption: Interpretability and feature strength. In: Kazuko Inoue (ed.) *Report (4): Researching and verifying an advanced theory of human language*, 253–296. Chiba: Kanda University of International Studies.

第 VI 部
述語形態と統語・意味

第11章

否定辞から語性を考える
—**3**つの「なくなる」と「足りない」—

田川拓海

1. はじめに

　本章では、現代日本語（共通語）において「ない」という形態が現れる 3 つの文法環境について、語性（wordhood）という観点からそれらの異同の記述的整理を行い、生成統語論および分散形態論（Distributed Morphology）による分析を試みる。具体的な目的および主張は下記の通りである。

(1)　本章の目的・主張

　　a.　1)（非）存在を表す形容詞「ない」、2) 形容詞の否定形式であるナイ形、3) 動詞の否定形式であるナイ形、のそれぞれについて、変化を表す動詞「なる」と共起させた際に現れる「なくなる」という形式の振る舞いについて記述し、それぞれ表面形は同じであるにもかかわらず異なる特徴を見せることを示す。

　　b.　上記の 3 つの「なくなる」は 1) 語アクセント、2) とりたて詞の介在、の側面から見るとその語としてのまとまりの強さ（語性）に違いが見られる。

　　c.　分散形態論における形態操作を用いた分析を採用することによっ

214 | 田川拓海

て、先行研究の統語的分析と整合する形で形態構造とアクセントに
関する形容詞と動詞の違いを捉えることができる。

　また、「なくなる」とは異なった形で否定辞を含む形態の語性についての
問題を提起する「足りない」という形式について、記述および問題点の整理
を行う。

2.　研究の背景

　形容詞のナイ形否定[1]（2a）は、存在を表す動詞「ある」と対応する否定
表現であるいわゆる形容詞の「ない」[2]（2b）と同じ振る舞いを見せ、動詞の
ナイ形否定（3）はそれらとは異なった振る舞いをする（田川 2005、2006、
2009）。

(2)　a.　太郎は若く　ない。
　　　b.　太郎はお金が　ない／*あらない。
(3)　　太郎はりんごを食べ　ない。

動詞のナイ形否定と形容詞のナイ形否定が異なった振る舞いをすることはし
ばしば指摘されるが、述語「ない」と形容詞のナイ形否定が"全く"同じ振
る舞いをするのかという点については管見の限り詳細な検討がなく、経験的
に確かめる必要がある。

3.　「ない」＋「なる」＝「なくなる」

　上述の問題について検討するために、「ない」およびナイ形否定にナルを
付けた際に現れる、「なくなる」という形式を取り上げる。（4a–c）はそれぞ
れ述語「ない」、形容詞のナイ形否定、動詞のナイ形否定にナルを付けたも

1　一般的には否定形やナイ形などと呼ばれることが多いが、「ない」という形の否定であ
ることが重要なので、「ナイ形否定」と呼ぶことにする。
2　この「ない」は単純な形容詞述語ではなく、動詞「ある」＋否定辞の具現形であると考
えられる（田川 2005、2006、2009）。形容詞述語文の否定文を形成する「ない」が語彙的な
形容詞と統語的に異なることは岸本（2010: 33）において「ほしい（と思う）」への埋め込み
を用いたテストによっても示されている。

第11章　否定辞から語性を考える　｜　215

のであるが、表面的な形は全く同一に見える。

(4) a.　お金が<u>なくなった</u>。
　　 b.　鯵が高く<u>なくなった</u>。
　　 c.　太郎は走ら<u>なくなった</u>。

以下、語アクセント、とりたて詞の介在、否定極性項目の3つの現象から、これらの「なくなる」が「ない＋なる」というように2つの要素の組み合わせなのか「なくなる」という1つのかたまりなのか検証していく[3]。

3.1　語アクセント

　形容詞ク形の語アクセントをどのように考えるのかというのは難しい問題を含んでいる[4]が、下記に示すように、副詞的用法および連用形中止法の両方で同じ振る舞いをする[5]のでこれらを形容詞ク形の基本的な語アクセントであると考える。

(5) a.　太郎は　は⌐やく　走った。
　　 b.　太郎は足が　は⌐やく　肩も強い。

　上記の点を踏まえた上で、まず「ない」および「なる」の語アクセントの振る舞いについて見る。

(6) a.　お金が　な⌐い／な⌐く、…。

3　辞書では「なく-な・る」と複合語表記されていることが多いようである（『精選版 日本国語大辞典』『明鏡国語辞典 第二版』にて確認）。

4　動詞の基本的な語アクセントとしては連用形の語アクセントを採用する立場（那須 2002 など）を採っているが、形態的には同じ動詞連用形でも環境によってアクセントが異なる場合がある（cf. 田川 2010、2013）ので、中止法の環境に限定して調べる必要がある。

5　実際のアクセントの判断には揺れがあると思われるが、ここから先の議論ではアクセント核があるか無いかが重要になっている点に注意されたい。そのため、イ形で平板型のもの、あるいはク形にした場合に平板型になる（可能性がある）形容詞はできるだけ使用しない（例：あかい／あかく）。なお、可能なものは『NHK 日本語発音アクセント新辞典』（以降『アクセント新辞典』）で確認している。『アクセント新辞典』が音韻論研究のデータとしてどれほど信用できるのかという問題についてはここでは踏み込まない。

b. 鰺が　た￢かくな￢い／た￢かくな￢く、…。

c. 太郎は　はしら￢ない [6]。

d. 鰺が　た￢かくな￢った。

　（cf. ? 鰺が　たかくな￢った。）

e. 太郎が医者に　な￢った。

(6a, b) に示すように、「ない」および形容詞のナイ形否定の場合「な￢く」というように「ない」の部分にアクセント核が現れる。一方で、動詞のナイ形否定の場合は動詞部分と「ない」で1つのアクセント核を持つ。また、(6d, e) に示すように、動詞「なる」は独立した述語の場合も形容詞句を補部に取る場合も「な￢った」というようなアクセント核を持つ。

　次に、「なくなる」の場合の語アクセントの振る舞いは次のようになる。

(7) a. お金が　なくなった [7]／*な￢くな￢った。

b. 鰺が　た￢かくなくなった／*た￢かくな￢くな￢った。

c. 太郎は　はしら￢なくな￢った。

ここで重要なのは、(7b) に示すように、形容詞のナイ形否定に「なる」が付くと、(7a) の述語「ない」の場合と同様に「なくなる」全体で1つのアクセントになり、「ない」の部分にアクセント核を持つことができなくなるということである。(7a) が「ない＋なる」ではなく「なくなる」という1つの動詞である、という分析を支持する現象であるとすると、(7b) の場合も同様に、「形容詞のク形＋動詞「なくなる」」と分析する可能性が出てくる。一方、(7c) に示すように、動詞のナイ形否定では「動詞＋ない」にそのまま「なる」を付けたアクセントのパターンになっている。

　しかし、意味の観点から、「形容詞のナイ形否定＋なる」を「形容詞のク形＋動詞「なくなる」」というように分析することはできない。まず、「形容詞のナイ形否定＋なる」には (8a, b) に示す2つの解釈の可能性が考えられる。

6　動詞にはナク形中止法が存在しないので、ここでは示していない。

7　『アクセント新辞典』では動詞「なくなる」は平板型とされている（p. 991）。

第 11 章　否定辞から語性を考える　｜　217

(8)　室温が高くなくなった。

　　　a.　Aク＋ナクナル：［室温が高い］状態がなくなった。

　　　b.　Aクナク＋ナル：［室温が高くない］状態になった。

ここで、(8a)、すなわち「形容詞のク形＋動詞「なくなる」」に相当する方
は、適切な意味表示ではないように思われる。これは、以下に示すように、
数量詞などが含まれた表現ではっきり確認することができる。

(9)　室温が 2℃ 高くなくなった。

　　　a.　＊［室温が 2℃ 高い］状態がなくなった。

　　　b.　［室温が 2℃ 高くない］状態になった。

(9) が表わしているのは (9a) ではなく (9b) の解釈であり、これはつまり意
味の点から見ると「形容詞のナイ形否定＋なる」を「形容詞のク形＋動詞
「なくなる」」とは分析できないということである。

　すなわち、「形容詞のナイ形否定＋なる」は語アクセントと構造に以下に
示すようなずれが生じており、音韻的に「なくなる」が一語として振る舞っ
ていると考えられるのである。

(10)a.　語アクセント：［［Aク］ナクナル］

　　　b.　構造：　　　　　［［Aクナク］ナル］

3.2　とりたて詞の介在可能性

　次に、「ない」と「なる」を切り離せるかどうかのテストとしてとりたて
詞の介在について見る[8]。それぞれの環境で「ない」と「なる」の間にとりた
て詞を生起させた場合、下記のように容認度に差が見られる。

(11)a.　＊お金が　なく　は／も　なった。

　　　b.?~??鯵が　高くなく　は／も　なった。

8　語としてのまとまりをはかるテストとしては影山 (1993) などをはじめ広く用いられて
いる。可能なテストとしては他にかきまぜ (scrambling) や分裂文化 (clefting) などが考えら
れるが、それらの適用と検討については稿を改めて論じることとしたい。

218 | 田川拓海

c. 太郎は　走らなく　は／も　なった。

(11a) のように述語「ない」に対応する「なくなる」の場合、文脈を整えても容認度はかなり低い[9]。一方で、(11b)に示すような、形容詞のナイ形否定の場合はそれほど容認度が低くないように感じる。次のような例ではさらに問題がないのではないだろうか。

(12)　確かに昨日より暑くなくはなったけど、まだ湿気が高くて気持ち悪い。

また、岸本 (2010) においても、形容詞と動詞にとりたて詞の介在による容認度の差はないと述べられている。

(13)a.　この映画は、途中でおもしろくなくはなった（ものの…）
　　 b.　ジョンは、昨日から来なくはなった（ものの…）　　（岸本 2010: 43）

　この容認度の差が認められるのであれば、とりたて詞の介在可能性という観点から見ると、3.1 で見た語アクセントの振る舞いで観察された並行性とは異なり、述語「ない」と形容詞のナイ形否定に対応する「なくなる」ではそのまとまり性、語性に差があるということになる。なお、動詞のナイ形否定の場合はとりたて詞の介在は完全に許容されるため、「なく」と「なる」は独立性が高いと考えられる。

3.3　否定極性項目

　次に、統語的に否定辞「ない」が存在しているかどうかのテストとして否定極性項目（Negative Polarity Item: NPI）の生起について見る。否定極性項目は基本的に統語的な否定辞によって認可されるので、否定極性項目が生起できれば、その環境には統語的な否定辞が存在する可能性が高い。

(14)a.　食べるものが　何も／少ししか　なくなった。
　　　　（cf. *太郎は　財布しか／何も　なくした。）

9　ただし、以下に示すように文脈を整えれば容認度が上がるという報告が複数人の母語話者から得られた。これは重要な指摘であり、今後さらに詳細な調査を行いたい。
　i.　??お金がなくはなってしまったが、十分幸せだ。

第 11 章　否定辞から語性を考える　|　219

b.　何も／太郎しか　怖くなくなった。

c.　誰も／太郎しか　走らなくなった。

(14) に示すように、このテストでは、述語「ない」、形容詞のナイ形否定、動詞のナイ形否定全てと対応するパターンにおいて、否定極性項目の生起が可能になっている[10]。なお、「なく」という形態が含まれれば常に否定極性項目が許容されるわけではないことは、「なくす」という形では否定極性項目との共起で容認度が落ちることからわかる。ここで、動詞「なくなる」が否定極性項目と共起可能な語彙的要素である[11]と考えることも可能ではあるが、このテストにおいては、いずれの「なくなる」に含まれている「なく」も文法的な否定辞として機能しており、「なく」の部分の独立性が高いことを示している。

3.4　まとめ―「なくなる」の語性―

　ここまで見た 3 つの特徴から各「なくなる」の語性についてまとめると以下の【表 1】のようになる。少なくとも「なくなる」と共起するという環境においては、形容詞「ない」、形容詞のナイ形否定、動詞のナイ形否定には語としてのまとまりにおいて差が見られるのである。

10　岸本 (2010) では、次の対比を挙げて形容詞の場合は主語の NPI は生起できないと主張している。

i.　a.　最近 {?*何も／*このドラマしか} おもしろくなくなった。

　　b.　{誰も／ジョンしか} 来なくなった。　　　　　　　　　　（岸本 2010: 42）

一方、(14) の例の否定極性項目は目的語相当の項であるとも考えられるため、形容詞の場合は主語が主節に移動しているとする岸本 (2010) の分析にとって問題になるわけではなく、岸本 (2010) 自身も次のような例は NPI が目的語であり容認されるとしている。

ii.　彼には何も必要でなくなった。　　　　　　　　　　　　　（岸本 2010: 46）

ただし、筆者の内省では上記の ia の容認度もそれほど悪くないので、今後形容詞のタイプ等に対してさらに詳細に検討する必要があると考えられる。

11　「太郎しか だめだ／無理だ」といった例が可能なように、否定極性項目は文法的な否定要素以外にもいくつかの語彙的な要素によって認可されることが知られている（工藤 2000、小渕-Philip 2010 など）。

220 | 田川拓海

【表1】3つの「なくなる」の語性

	語アクセント	とりたて詞の介在	否定極性項目
ない	○	○ (?)	×
形容詞の ナイ形否定	○	×	×
動詞の ナイ形否定	×	×	×

※「なくなる」が1つの要素であることを現象が支持する場合は○、そうでなければ×

　形容詞「ない」から形成される「なくなる」が最も語としてのまとまりが強く、次いで形容詞のナイ形否定から形成される「なくなる」、動詞のナイ形否定から形成される「なくなる」の順に語としてのまとまりが弱くなっている。

4.　形態操作を用いた分析

　岸本（2010）の分析に従い、「なくなる」文の統語構造について、1) 埋め込み節はTPまでを投射し、否定辞はその節のTPまで主要部移動（Head Movement）する、2)「なく」は統語的には埋め込み節に留まる、と仮定する。また、田川（2005、2006、2009）の分析に従い、形容詞述語のナイ形否定の「ない」はコピュラ動詞「ある」＋否定辞から成るとする[12]。さらに理論的な仮定として、韻律語を形成するためには形態的にも語性を持たないといけないと考える（Harizanov 2018）。以上を踏まえて、次のような構造を提案する[13]。

(15)　動詞「なくなる」文の構造

　　a.　$[_{TP} [_{VP} [_{TP} [_{NegP} [_{VP}$ hasir$]$ Neg $]$ T $]$ nar $]$ T $]$

12　この形容詞文の構造はNishiyama（1999）の分析を元にしている。

13　ここでは分析に関係のある主要部側の要素のみを表示し、また分析に深く関係しない投射は省略している。

形容詞「なくなる」文の構造

b.　$[_{TP} [_{VP} [_{TP} [_{NegP} [_{PredP} [_{AP}$ taka-ku$]$ ar $]$ Neg $]$ T $]$ nar $]$ T $]$

※実線は主要部移動、点線は形態的併合を示す。

　動詞「なくなる」文の場合は動詞がまず否定辞、次に時制辞へ主要部移動する。これによって形態的語（Morphological Word）の元となる [[V Neg] T] という複合主要部が形成されるため、たとえば「走ら˥なく」というように動詞と否定辞「なく」で 1 つのアクセントを持つ。一方、形容詞「なくなる」文の場合は形容詞ではなくコピュラ ar が否定辞、時制辞へ順に主要部移動する。このため、形容詞部分は独立したアクセントを持つことになる。さらに、形容詞「なくなる」文では埋め込み節の「なく」を含む複合主要部が分散形態論（Halle and Marantz 1993 など）によってその存在が示されている形態的併合（Morphological Merger（Embick and Noyer 2001））の 1 つである「繰り上げ（Raising）」（Harizanov and Gribanova 2018）という形態操作（Morphological Operation）によって統語部門の後でさらに主節の「なる」、さらに主節の時制辞へ移動すると考える[14]。これによって形容詞の場合は「なくなる」で 1 つの形態的語を成し、1 つのアクセントを持つことが可能になる。この「繰り上げ」は統語部門の後で適用されるため、統語構造や作用域関係には影響しないことに注意されたい。従って、岸本（2010）が示した「なく」は統語的には埋め込み節に留まるという事実・分析とも矛盾しない。

　現段階では形容詞「ない」の「なくなる」文との違いや、動詞の場合に「なく」が主節へ移動しない詳細なメカニズム等について十分な分析を提示することはできていないが、分散形態論の枠組みを用いることによって、統語構造と形態構造、さらには音韻構造のミスマッチを捉えることが可能になる。

14　Embick and Noyer（2001）以来、形態的併合としては主要部から主要部への「繰り下げ（Lowering）」のみが考えられてきたが、Harizanov and Gribanova（2018）や Harizanov（2018）によって、ここで用いた「繰り上げ（Raising）」や指定部から主要部への移動等、一般化・拡張が試みられるようになってきている。

5. 「足りない」と否定極性項目

本節ではさらに、否定を手がかりに語性について考える上で興味深い現象として、「足りない」という形式を取り上げ、基本的な記述を行う。

「足りない」は、否定形式「ない」を含んでいるにも関わらず、否定極性項目と共起しないという現象が観察される[15]。

(16)　明日はパーティーなのに、
　　　a. *ワインしか足りない[16]（ワインだけ足りている）。
　　　b. *何も足りない（あらゆるものが足りない）。
　　　　（cf. 何もかも足りない。）

まず「足りない」がイディオムのように全体で固定的な表現になっており「ない」が切り離せない要素であるという可能性について検討する。

まず「足りない」には肯定の対応形式「足りる」が存在し意味的な対応も透明なため、少なくとも形態的には「足り」の部分と「ない」を切り離すことはできる。

(17)a.　ワインは 3 本で足りた。
　　b.　ワインは 3 本では足りなかった。

次に、岸本（2010）によって提案されている、統語的な否定形式の独立性を調べるための「ないで」形の可否によるテストを検討する。岸本（2010）は益岡・田窪（1989）を元に「ないで」形は「ない」の前の述語が統語的に動詞の時のみ可能になると主張している。

(18)a.　彼は（いまだに）その発言が腑に落ちないでいる。
　　b.　*この本は（いまだに）つまらないでいる。　　　　（岸本 2010: 36）

15　この現象には Perfume の楽曲「1mm」の歌詞に含まれている「覚悟がまだまだ 1mm も足りない　ね／ままで」という表現によって気付くことができた。

16　本章の査読者より述部を「足りていない」とテ形にすると容認度にほぼ問題がなくなるという指摘を受けた。筆者の内省でも容認度はかなり改善する。後述するように「足り」と「ない」が何らかの操作によって 1 つにまとめられるという分析を採用するのであれば、「て」の介在によりその操作が適用されなくなると考えることができる。

第 11 章　否定辞から語性を考える　|　223

（18a）に現れている「腑に落ちない」はイディオムであるにも関わらず「な
いで」形が可能であるのに対して、（18b）に見るように「つまらない」は
「ないで」形が不可能である。岸本（2010）はこれを「つまらない」は形態
的には動詞と「ない」の組み合わせだが統語的には「動詞＋ない」という構
造を持っていないからだとしている。これを踏まえて「足りない」の場合を
見る。

（19）a.　太郎には集中力が　足りない／足りていない。
　　　b.　*太郎には（いまだに）集中力が足りないでいる。
　　　c.??太郎には（いまだに）集中力が足りていないでいる。

（19b, c）に示すように、「足りない」を「ないで」形にするのは難しいよう
である。筆者には（19c）のようにテイル形にすると若干容認度が改善すると
感じられるが、それでも（19b）に比べたらという程度である。

　　岸本（2010）に従うと、「足りない」の動詞部分は統語的には独立してい
ないということになる。「つまらない」のように全体で 1 つの述語のように
なっている形式とは異なり、（17a, b）で見たように肯定のパターンも存在し
意味的な対立もあるにも関わらずナイ形にすると動詞部分が統語的な独立性
を失うというのは不思議な振る舞いである [17] と言えよう。しかし、「足りな
い」が統語的に「動詞＋ない」に分析できないということであれば、「ない」
も統語的に否定辞として機能しないために（16）で見たように否定極性項目
が認可されないと分析することができる。

　　前節の分析に関連づけて考えると、形態的／音韻的に複数の形態を 1 つ
にまとめる操作だけでなく、統語的にまとめる操作も必要になるという可能
性がある [18]。

17　「足りない」が見せる形態的に特殊な振る舞いとして、「借りない（*借んない）」など
の他の母音語幹動詞と「ない」の組み合わせと違い「足んない」という /r/ 音を含む音節の
撥音化が可能ということが挙げられる。ただし「足んない」は「足らない」からの撥音化
という可能性があり、/r/ で終わる子音語幹の未然形は規則的に /r/ 音を含む音節の撥音化が
可能なため（「乗らない／乗んない」、「走らない／走んない」、…）、この現象もそれほど問
題のある振る舞いとは言えない。

18　「足りない」が「足り（る）」とは別の要素としていわゆるレキシコンに登録されている

6. おわりに

6.1 まとめ

以上示したように、容認度などを含めさらに詳細な記述・分析を行う必要はあるが、述語「ない」と形容詞のナイ形否定、さらに動詞のナイ形否定を「なくなる」文にした場合にそれぞれの「なくなる」の語性が異なることを経験的に示し、また分散形態論を用いて統語、形態、音韻のミスマッチに対する分析を提示した。以下、関連する現象および課題について述べる。

6.2 「なくす」との対比

3.3 でも少し触れたように、「なくなる」とおそらく語彙的使役として対応する「なくす」は「なくなる」とは異なる振る舞いを見せるようである。(20) に示すように、「なくなる」とは異なり、形容詞のナイ形否定において語アクセントと構造のずれが見られないのである。

(20) a.　お金を　なくした／*なくした。
　　 b.　フェンスを　*たかくなくした／たかくなくした。
　　 c.　お菓子を　食べなくした。

また、否定極性項目の生起については「なくなる」と異なり動詞の場合にのみ可能なようである。

(21) a.　*お金を少ししかなくした。
　　 b.　*フェンスを少ししか高くなくした。
　　 c.　お菓子を少ししか食べなくした。

なぜ「なくなる」と「なくす」でこのような違いが見られるのか、複数の「なくなる」の分析とともに考える必要がある。

とする解決案もあるが、そうすると中止法節に現れる「足りず (に)」はまた別の要素として考えるのかという問題が生じる。

i.　　　パーティーでワイングラスが足りず (に)、急いで買いに行った。

6.3 課題と展望

　最後に、本章で示した記述と分析がどのように理論的な研究につながっていくのかという観点から課題と展望を述べる。

　本章で示した現象群は、その分析において仮に動詞「なくなる」がいわゆる“語彙的な”動詞であるとしても、その存在が形容詞「ない＋なる」という文法的な組み合わせの実現を阻んでいることは事実であり、句的阻止（phrasal blocking（Kiparsky 2005、Embick and Marantz 2008）など）の観点から見ても興味深い現象である。日本語を対象にした句的阻止の分析はまだあまり試みられていないが、「なくなる」はその有力な候補の1つであると考えられる。

　また、本章では一貫して「語性」というのをあまり厳密には定義せず、「ひとまとまり性」とほぼ同じように用いてきたが、詳細な分析を試みる際には、「語性」とは何か、どう測るか、どのように理論的に分析できるのかという問題に取り組まなくてはならない。本章で示したような現象から、「文法的／統語的な語（grammatical/syntactic word）」と「音韻的な語／韻律語（phonological/prosodic word）」の関係（Di Sciullo and Williams 1987、Dixon and Aikhenvald 2002 など）について新たな知見が得られることが期待でき、「語である」ということはどういうことなのか（cf. 宮岡 2002）という言語学の難問だけでなく、「1つの要素になっている」「1つの要素のように振る舞う」ということをどう分析するのか、というより一般的な問題についてもつながる。

　理論的分析については、本章ではまだ方向性と可能性を示したような段階であり、今後さらに理論的／技術的な点について詳細に検討し、また経験的に検証しなければならない。分析に用いた形態操作の1つとしての「繰り上げ（Raising）」は、分散形態論においても提案されたばかりの概念であり、日本語を対象にした研究は管見の限りまだ見当たらない。形態操作そのものに関する研究は未開拓の領域も多く、日本語から経験的な議論が提供できれば重要な貢献となる。

付記

　本章は、日本学術振興会科研費「屈折・派生形態論の融合のための分散形態論を用いた日本語の活用・語構成の研究」(若手研究 (B) 2013 年度 –2014 年度、研究代表者：田川拓海、課題番号 25770171) の研究成果の一部である筑波大学日本語日本文学会第 36 回大会 (2013 年 10 月 5 日、筑波大学) における口頭発表「三つのナクナルと一語性」を元にした田川 (2015)(科研費の報告書に収録) にさらに加筆・修正したものである。

参照文献

NHK 放送文化研究所 (編) (2016)『NHK 日本語発音アクセント新辞典』東京：NHK 出版.

小渕-Philip 麻菜 (2010)「「しか」の意味特性と否定」加藤泰彦・吉村あき子・今仁生美 (編)『否定と言語理論』285–307. 東京：開拓社.

影山太郎 (1993)『文法と語形成』東京：ひつじ書房.

岸本秀樹 (2010)「否定辞移動と否定の作用域」加藤泰彦・吉村あき子・今仁生美 (編)『否定と言語理論』27–50. 東京：開拓社.

工藤真由美 (2000)「否定の表現」仁田義雄・益岡隆志 (編)『日本語の文法 2　時・否定ととりたて』93–150. 東京：岩波書店.

田川拓海 (2005)「動詞と形容詞の形態統語論的相違点について」『筑波応用言語学研究』12: 71–84.

田川拓海 (2006)「推量形式の統語論的分析―「だろう」と「まい」の非対称性―」『言語学論叢』25: 19–40.

田川拓海 (2009)「分散形態論による動詞の活用と語形成の研究」博士論文、筑波大学.

田川拓海 (2010)「X ＋動詞連用形複合語の記述的整理―音韻論的特徴を中心に―」『筑波学院大学紀要』5: 157–163.

田川拓海 (2013)「動詞派生か Root 派生か―分散形態論による連用形名詞の分析―」『文藝言語研究 言語篇』64: 59–74.

田川拓海 (2015)「三つのナクナルと一語性」『屈折・派生形態論の融合のための分散形態論を用いた日本語の活用・語構成の研究 (日本学術振興会科学研究費助成事業若手研究 (B) 研究成果報告書)』11–18. https://researchmap.jp/mu4g4yjqy-1793661/#_1793661.

那須昭夫 (2002)「動詞系並列語のアクセント構造」『日本語・日本文化研究』12: 23–32.

益岡隆志・田窪行則 (1989)『基礎日本語文法』東京：くろしお出版.

宮岡伯人 (2002)『「語」とはなにか―エスキモー語から日本語を見る―』東京：三省堂.

Di Sciullo, Anna Maria, and Edwin Williams (1987) *On the definition of word*. Cambridge,

MA: MIT Press.

Dixon, R. M. W., and Alexandra Y. Aikhenvald (2002) *Word: A cross-linguistic typology*. Cambridge: Cambridge University Press.

Embick, David, and Alec Marantz (2008) Architecture and blocking. *Linguistic Inquiry* 39: 1–53.

Embick, David, and Rolf Noyer (2001) Movement operations after syntax. *Linguistic Inquiry* 32: 555–595.

Halle, Morris, and Alec Marantz (1993) Distributed Morphology and the pieces of inflection. In: Ken Hale and Sammuel Jay Keyser (eds.) *The view from building 20: Essays in linguistics in honor of Sylvain Bromberger*, 111–176. Cambridge, MA: MIT Press.

Harizanov, Boris (2018) Word formation at the syntax-morphology interface: Denominal adjectives in Bulgarian. *Linguistic Inquiry* 49: 283–333.

Harizanov, Boris, and Vera Gribanova (2018) Whither head movement? *Natural Language and Linguistic Theory*. https://doi.org/10.1007/s11049-018-9420-5.

Kiparsky, Paul (2005) Blocking and periphrasis in inflectional paradigms. *Yearbook of Morphology 2004*: 113–135.

Nishiyama, Kunio (1999) Adjectives and the copulas in Japanese. *Journal of East Asian Linguistics* 8: 183–222.

資料

Perfume「1mm」：中田ヤスタカ作詞／作曲 (2013)、ユニバーサル J.

第12章

通言語的観点からみた
日韓両言語における否定命令文

朴　江訓

1. 問題提起

自然言語において否定命令文は次のように普遍的に存在する。

(1) a. ［日本語］　　　　大きい声でしゃべるな。

　　b. ［韓国語］　　　　khun soli-lo　　malha-ci　　ma[1].

　　　　　　　　　　　　large　sound-INS　speak-COMP　NEG[2]

　　　　　　　　　　　　「大きい声でしゃべるな。」

　　c. ［英語］　　　　　Don't speak loudly.

　　d. ［フランス語］　　Ne　parlez　pas　fort.

　　　　　　　　　　　　NEG　speak　　NEG　loudly

　　　　　　　　　　　　「大きい声でしゃべるな。」

1　本章での韓国語のローマ字表記は、Samuel E. Martin による Yale 式に従っている。

2　本章で用いる略語は以下の通りである。ACC: accusative marker、CL: classifier、COMP: complementizer、DECL: declarative、DAT: dative、GEN: genitive、INS: instrument、IMP: imperative、LOC: locative、NEG: negative、NOM: nominative marker、PAST: past tense、PL: plural、PRES: present tense、TOP: topic marker。

日本語は (1a) のように「-な」、韓国語は (1b) のように「ma」、英語は (1c) のように「do not-」、フランス語は (1d) のように「ne-pas」がそれぞれの否定命令形式として働く。

　紙幅の都合上、本章では上記のように四つの言語を例に出したが、Lee (1978)、Sells (2004)、川口 (2005)、Han and Lee (2006)、森 (2013) などの先行研究によると、自然言語には上記のような否定命令文が普遍的に存在すると報告されている。ただし、言語類型論的に否定命令形式の相違点も存在する。例えば、屈折語に属する英語の場合、否定辞の「not」が動詞の前に来て、フランス語の場合は否定辞の「ne」と「pas」の間に動詞が来て否定命令形式としてそれぞれ働く。これに対し、膠着語の韓国語は文否定辞「-anh」の代わりに「ma」が動詞に後接し、日本語においては文否定辞「-ない」の代わりに「-な」が動詞に後接し否定命令形式として働いている。また、Lee (1978)、Sells (2004)、川口 (2005)、Han and Lee (2006)、尾崎 (2007) などほとんどの先行研究において日韓両言語の否定命令形式の「-な」と「ma」は [+NEG] を持っている否定辞として認められている。

　以上の先行研究において主張されてきた日・韓・英・仏の否定命令形式の特徴をまとめると以下の【表1】の通りとなる。

【表1】先行研究における日・韓・英・仏の否定命令形式の特徴のまとめ

特徴　　　　　　　　　　言語	日	韓	英	仏
a. 形態	-な	ma	do not-	ne-pas
b. 動詞との位置関係	後ろ	後ろ	前	前後
c. 文否定辞としての統語機能	無し	無し	有り	有り
d. [+NEG] の有無	有り	有り	有り	有り

　他方、日韓両言語において「-な」と「ma」の対照研究はほとんど行われていない。それにも関わらず両者の (1a, b) と (表 1a–d) の類似点に基づき、従来『朝鮮語大辞典』(2013) などでは両者を同一の表現として取り扱ってきた。しかし、両者は下記のような相違点が存在する。

(2) a.　明日は健康診断だから水しか飲むな。

b. *nayil-un   kenkangchintan-ini-kka   mwul pakk-ey

tomorrow-TOP medical check up-DECL-owing to water-only

masi-ci   ma.

drink-COMP NEG

(3) a. *本当にお願いだから来るだけな。

b. ceypal pwuthak-ini-kka   o-ci-man   ma.

please favor-DECL-owing to come-COMP-only NEG

（2）と（3）は日韓の否定命令形式「-な」と「ma」がそれぞれ用いられた文であるが、（2）の統語環境（→否定極性項目との共起）においては日本語は許されるのに対し、韓国語は許されない。これに対し、（3）の統語環境（→副助詞への後接）においては日本語は許されないのに対し、韓国語は許される。

　本章の目的は、両者に上記のような相違点が存在するのにも関わらず、従来両者を同一の表現として取り扱っていることについて見直しを行い、日韓両言語の否定命令形式「-な」と「ma」が用いられた否定命令文の対照研究を行うことである。特に、両者の相違点について記述し、このような相違点が見られる理由を理論的及び通言語的観点から明らかにする。

2.　日韓両言語における否定命令形式「-な」と「ma」の相違点

　前節において日韓両言語の否定命令形式「-な」と「ma」は、従来両者の厳密な対照研究が行われないまま両者の統語的及び意味的な類似点に基づき同一の表現として取り扱われていることを述べた。これに対し、本節では両者は大きく2つの統語環境において同一ではないことを示す。

2.1　否定極性項目の認可

　第一の相違点は日韓両言語における否定極性項目（Negative Polarity Item:以下、「NPI」とする）との共起である。日韓両言語における代表的なNPIは次の通りである。

232 ｜ 朴　江訓

【表2】日韓両言語における代表的な NPI [3]

タイプ　　　　　　　　　　言語	日本語	韓国語
a. 限定を示す副助詞	しか	pakk-ey
b. 不定語（indeterminate）＋モ／to	誰も、何も、など	amwu-to, amwukes-to, など
c. 1＋助数詞＋モ／to	一人も、一つも、など	han salam-to, hana-to, など

　まず、【表2a】の「しか」と「pakk-ey」が用いられた例文を見る[4]。

(4)　a.　　花子はビールしか飲まなかった（*飲んだ）。

　　　b.　　Hanako-nun　maycwu-pakk-ey masi-ci　　　anh-ass-ta
　　　　　　　　-TOP　beer -only　　　　　drink-COMP　NEG-PAST-DECL
　　　（*masi-ess-ta）.
　　　　　drink-PAST-DECL

(4a) は「しか」が、(4b) は「pakk-ey」が用いられた例である。
　　次は、【表2b】の「不定語＋モ」と「不定語＋to」が用いられた文をみる。

(5)　a.　　誰もビールを飲まなかった（*飲んだ）。

　　　b.　　amwu-to maycwu-lul masi-ci　　　anh-ass-ta　　　（*masi-ess-ta）.
　　　　　anyone　　beer -ACC　　drink-COMP　NEG-PAST-DECL　　drink-PAST-DECL

(5a) は「不定語＋モ」が、(5b) は「不定語＋to」が用いられた例である。
次に、【表2c】の「1＋助数詞＋モ」と「1 (han)＋助数詞＋to」が用いられた文を見る。

(6)　a.　　一人もビールを飲まなかった（*飲んだ）。

3　厳密に言えば、【表2】の中で、項位置に現れる「しか」のみが NPI であり、他の表現は否定一致表現（Negative Concord Item）として取り扱われるべきであるが、便宜上本章では NPI と呼ぶことにする。これに関する詳細な内容は朴 (2007)、Park (2014、2015) を参照されたい。

4　ただし、Park (2014、2015、2018) において「しか」と「pakk-ey」は先行研究の分析と異なりまったく同一ではないと指摘されている。詳細は Park を参照してもらいたい。

第 12 章　通言語的観点からみた日韓両言語における否定命令文　｜　233

b.　Han salam-to　maycwu-lul masi-ci　　anh-ass-ta　　（*masi-ess-ta）.

even one person　beer-ACC　　drink-COMP　NEG-PAST-DECL　　drink-PAST-DECL

　以上、日韓両言語における代表的な NPI とこれらの NPI が用いられた例文を概観した。次は、これらの NPI が否定命令文に用いられた場合を見る。まず、【表 2b】の「不定語＋モ」と「不定語＋ to」が用いられた場合から見る。

(7)　a.　そこは危ないから誰も行くな。

　　　b.　冷蔵庫の食べ物は腐っているかもしれないから、何も食べるな。

(8)　a.　keki-nun　　　wihemha-ni-kka　　　amwu-to ka-ci　　ma.

the place-TOP dangerous-DECL-owing to anyone　　go-COMP　NEG

「そこは危ないから誰も行くな。」

　　　b.　nayngcangko umsik-un　sanghay-ss ul-ci molu-ni-kka

fridge food-TOP　　　　　go bad-PAST- not　know-DECL-owing to

amwukes-to　mek-ci　　ma.

anything　　　　eat-COMP　NEG

「冷蔵庫の食べ物は腐ったかもしれないから、何も食べるな。」

(7a) は「誰も」、(7b) は「何も」が用いられた場合であるが両方とも適格文である。(8a) の「amwu-to」と (8b) の「amwukes-to」も否定命令文において生起できる。

　次に、【表 2c】の「1 ＋助数詞＋モ」と「1 (han) ＋助数詞＋ to」が用いられた場合をみる。

(9)　a.　飲酒運転は絶対だめだから　杯も飲むな。

　　　b.　明日は大事な会議があるから、一人もさぼるな。

(10) a.　umcwuwunchen-un celtay　an toi-ni-kka　　　　　　han can-to

drunken driving-TOP　　absolutely prohibited-DECL-owing to even one glass

masi-ci　　　ma.

drink-COMP　NEG

「飲酒運転は絶対だめだから一杯も飲むな。」

b. naeyil-un　　　cwungyohan hoyuy-ka issu-ni-kka

tomorrow TOP　important meeting-NOM　exist-DECL-owing to

han salam-to　　ppaci-ci　　ma.

even one person　skip-COMP　NEG

「明日は大事な会議があるから、一人もさぼるな。」

(9a)、(10a) の「一杯も」と「han can-to」、(9b) の「一人も」と (10b) の「han salam-to」はそれぞれ否定命令文において生起できる。

　以上、日韓両言語における NPI「不定語＋モ」と「不定語＋ to」、そして「1＋助数詞＋モ」と「1（han）＋助数詞＋ to」が否定命令文に生起可能であることを見た。これに対し、「しか」と「pakk-ey」は上記の NPI と違う振る舞いを示す。以下の例文をもって確かめる。

(11) a.　この事項は機密だから総理にしかしゃべるな。

　　 b.　明日は健康診断だから水しか飲むな。　　　　　　　 (＝(2a))

(12) a.　*i　sahang-un　kimil-ini-kka　　　　chongli-eykey-pakkey

this　item-TOP　　confidential-DECL-owing to　prime minister-DAT-only

malha-ci　　ma.

speak-COMP　NEG

「この事項は機密だから総理にしかしゃべるな。」

　　 b.　*nayil-un　　　kenkangchintan-ini-kka　　　mwul-pakk-ey

tomorrow-TOP　medical check up-DECL-owing to　water-only

masi-ci　　ma.

drink-COMP　NEG

「明日は健康診断だから水しか飲むな。」　　　　　 (＝(2b))

「しか」は (11) で見られるように否定命令文において生起可能であるのに対し、「pakk-ey」は (12) でわかるように生起不可能である。

　先行研究において（表 2）における NPI はそれぞれハイアラーキーが存在すると指摘されている。まず、日本語の場合から見てみる。

［日本語における NPI のハイアラーキー］

(13)　弱◀━━━━━━━━━━━━━━━━━━━━━▶強

　　　　不定語＋モ　　　１＋助数詞＋モ　　　しか

Kato (1985) は、日本語の NPI のハイアラーキーにおいて「しか」がもっと
も強く (strongest NPI、以下「最強 NPI」と呼ぶ)、「不定語＋モ」がもっと
も弱い (weakest) と主張する。また、Kuno and Whitman (2004) によれば、
NPI は、強いほど認可子の否定辞との対応関係も強くなり、必ず同一節内に
おいて否定辞と一対一の対応関係 (one-to-one correspondence) を持つように
なる。逆に、弱い NPI は否定辞との対応関係も弱く、必ずしも否定辞と一対
一の対応関係を持たなくてもよいとされる。以下では、日本語、韓国語の順
で上記の説明を確かめるとする。

(14) a.　＊太郎しかりんごしか食べなかった。

　　　b.　誰も何も食べなかった。

(15) a.　＊一人もりんごしか食べなかった。

　　　b.　誰も本を一冊も買わなかった。

(14) と (15) は日本語の NPI が同一節内において多重共起する文、いわゆ
る多重 NPI 構文 (multiple NPI construction) である。これらの例文は同様の
多重 NPI 構文であるにも関わらず、(14a)、(15a) は許されないのに対し、
(14b)、(15b) は許される。(14a)、(15a) の共通点は (14b)、(15b) と違っ
て「しか」が用いられていることである。要するに、「しか」が用いられる
と、同一節内において他の NPI が生起できないのである [5]。この理由は、「し
か」が最強 NPI であるため、否定辞と一対一で対応しなければならないか
らである。一方、(14b)、(15b) が許される理由は、「不定語＋モ」と「１＋助
数詞＋モ」は「しか」ほど強い NPI ではないため、否定辞との対応関係が
弱いからである。

　次は韓国語についてみる。

─────────────────────

5　ただし、朴 (2007)、Park (2013) において「しか」が付加部位置に現れる場合は多重
NPI が許されると指摘されている。

236 ｜ 朴　江訓

［韓国語における NPI のハイアラーキー］

(16)　弱◄─────────────────────────────►強

　　　　　　不定語＋ to　　1 ＋助数詞＋ to　　　pakk-ey

Kuno and Whitman（2004）は韓国語を対象に NPI のハイアラーキーを考察している。アプローチは異なるものの、多重 NPI 構文をもって説明している点では Kato（1985）と同じである。

(17) a.　Inswu-pakk-ey amwukes-to malha-ci　　anh-ass-ta.
　　　　　　　-only　　　anything　　　speak-COMP NEG-PAST-DECL

　　　　「インスしか何も話さなかった。」

　　 b. *cohun il-i　　　amwukes-to pwuca-eykey-pakk-ey ilena-ci
　　　　 good　thing-NOM anything　　rich people-DAT-only　　happen-COMP

　　　　 anh-nun-ta.
　　　　 NEG-PRES-DECL

　　　　「よいことが何もお金持ちにしか起こらない。」

(18) a.　Inswu-pakk-ey　han mati-to malha-ci　　anh-ass-ta.
　　　　　　　-only　　　 even a word　speak-COMP NEG-PAST-DECL

　　　　「インスしか一言も話さなかった。」

　　 b. *han　mati-to Inswu-pakk-ey malha-ci　　anh-ass-ta.
　　　　 even a word　　　　-only　　speak-COMP NEG-PAST-DECL

　　　　「一言もインスしか話さなかった。」

(17) と (18) は、(a) と (b) で同じ NPI が共起している。しかし、(17a)、(18a) は許容されるが、(17b) と (18b) は許容されない。(17a)、(18a) と (17b)、(18b) では、「pakk-ey」の統語的位置が異なる。このことから、「pakk-ey」が他の NPI と共起する場合、(17a)、(18a) のように他の NPI より左側に生起すると適格になるのに対し、(17b)、(18b) のように右側に生起すると不適格になることがわかる。要するに、韓国語の多重 NPI 構文において「pakk-ey」は必ず他の NPI より左側に生起しなければならないという統語的制約が存在するのである。これについて Kuno and Whitman（2004）

第12章　通言語的観点からみた日韓両言語における否定命令文　｜　237

は、まず、最強 NPI で統語的にもっとも近い「pakk-ey」が認可子の否定辞から認可され、その次に「pakk-ey」が右側にあるもう一つの NPI を認可すると説明する。言い換えると、韓国語の多重 NPI 構文は左側にある最強 NPI が否定辞から認可され、これが右側にある弱い NPI を認可するという統語的構造を持つ。

　Kato（1985）と Kuno and Whitman（2004）は具体的な説明は異なるものの、(i)「しか」と「pakk-ey」は最強 NPI である、(ii) 最強 NPI は認可子の否定辞と非常に強い対応関係を持つ、という 2 点では共通している。また、日本語の否定命令形式「-な」は弱い NPI だけではなく、最強 NPI の「しか」も認可できるのに対し、韓国語の否定命令形式「ma」は弱い NPI だけ認可でき、最強 NPI の「pakk-ey」は認可できないという相違点が存在することを見た。

2.2　分布の自由性

　前節において日韓両言語における否定命令形式「-な」と「ma」は最強 NPI の認可において相違点が存在することを見た。本節では「-な」と「ma」は分布の自由性においても相違点が見られることを示す。

　まず、名詞に接続できるか否かを確認する。

(19) a. ＊この仕事は私がちゃんとやるから心配な。

　　 b.　i　 il-un　　 nay-ka cal　alase chelihalthey-ni-kka kekceng-ma.
　　　　 this work-TOP I-NOM　well　deal with-DECL-owing to　　worry-NEG

(20) a. ＊今回の事件は私が責任を負うから君は干渉な。

　　 b.　ipen saken-un　　nay-ka chakyim-ciltey-ni-kka
　　　　 this　incident-TOP I-NOM　responsibility-take-DECL-owing to

　　　　 ne-nun　chamkyen-ma.
　　　　 you-TOP　interference-NEG

　(19) と (20) は「-な」と「ma」が名詞に後接している場合であるが、日本語の「-な」は名詞に後接できないのに対し、「ma」は後接できる。

　次に、形容詞に後接できるか否かを見る。

238 ｜ 朴　江訓

(21) a. ＊来週は大事な行事が多いから、痛いな。

　　 b.　taum　week-TOP　important　　　events-NOM　many-DECL-owing to　sick-COMP　NEG
　　　　 taum　cwu-nun　cwungyohan　hayngsa-ka　manhu-ni-kka　　apu-ci　　ma
　　　　 next　week-TOP　important　　　events-NOM　many-DECL-owing to　sick-COMP　NEG

(22) a. ＊きっとうまく行くから悲しいな。

　　 b.　kkok　　cal　　toyltey-nikka　　sulphe-ma.
　　　　 absolutely　good　become-owing to　sad-NEG

(21) と (22) は「-な」と「ma」が形容詞に後接している場合であるが、「-な」は形容詞に後接できないのに対し、「ma」は後接できる。

　さらに、副助詞に後接できるか否かを確かめる。

(23) a. ＊本当にお願いだから来るだけな。　　　　　　　　　　　(＝(3a))

　　 b.　ceypal　pwuthak-ini-kka　o-ci-man　　　　ma.　　　　(＝(3b))
　　　　 please　favor-DECL-owing to　come-COMP-only　NEG

(24) a. ＊もう一回の招待どころか話しかける考えさえな。

　　 b.　tasi　chotay-nun-khenyeng　mal-ul　kel　saykak-cocha　ma.
　　　　 again　invitation-TOP-even　　　talk-ACC　do　thinking-even　　NEG

(23) と (24) は「-な」と「ma」が副助詞「だけ・man」と「さえ・cocha」に後接している場合であるが、「-な」は副助詞に後接できないのに対し、「ma」は後接できる。

　以上、韓国語の「ma」は日本語と違い、分布の自由性が見られ名詞・形容詞・副助詞にも後接できることを見た。このように、2.1 と本節において日韓両言語における「-な」と「ma」は先行研究の指摘と違い同一ではないことが示唆された。すると、ここで次のような疑問点が浮かび上がる。両者はなぜ最強 NPI の認可及び分布の自由性において前述したような相違点が見られるのか。このことは両者の否定命令形式の歴史的変遷過程といわゆる「否定循環」から探れると考えられる。

3. 「-な」と「ma」の否定命令形式への歴史的変遷過程

　本節では日韓両言語における「-な」と「ma」の否定命令形式の歴史的変

第 12 章　通言語的観点からみた日韓両言語における否定命令文　|　239

遷過程を見る。

3.1　「-な」の歴史的変遷過程

　まず、日本語の「-な」の歴史的変遷過程について見る。『日本国語大辞典』(2003)、森 (2013) などによると「-な」が否定命令形式として単独で用いられるようになったのは室町時代の末期〜江戸時代の初期であり、その前は「動詞＋な」、「な＋動詞＋そ」、「な＋動詞」が下記のようにそれぞれ用いられたとされる[6]。

(25) a.　竜の首の玉取り得ずは帰り来な。　　　　　　　　　　（竹取物語）

　　 b.　残りたる雪にまじれる梅の花早くな散りそ雪は消ぬとも

　　　　　　　　　　　　　　　　　　　　　　　　　　　（万葉集 ·849）

　　 c.　安波峰ろの峰ろ田に生はる多波美蔓引かばぬるぬる吾を言な絶え

　　　　　　　　　　　　　　　　　　　　　　　　　（万葉集・3501）

『日本国語大辞典』(2003) は「-な」の語源について以下のように指摘する。

(26)　語源に関しては、ク活用形容詞「なし」の語幹、あるいは打消の助動詞
　　　「ず」の未然形に想定される「-な」につながる否定の語といわれる。

(26) から「-な」の源流はそもそも [+NEG] を持っている否定辞であることがわかる。

　森 (2013: 8–9) は細川 (1972) と『日本国語大辞典』(2003) に基づき、日本語の否定命令文の歴史的変遷過程の段階を以下のように示している。

(27) a.　第一段階：「な＋動詞」

　　 b.　第二段階：「な＋動詞＋そ（＝強調語句）」

　　 c.　第三段階：「な＋動詞＋そ（＝否定語句）」

　　 d.　第四段階：「(な＋)動詞＋そ」

6　細川 (1972) などによると、厳密にはこの三つの形式の他にも、「動詞＋そね (そよ)」、「な＋動詞＋そや (そかし)」なども存在していたが、この三つの形式が主に用いられたと指摘される。

e.　第五段階：「動詞＋な」

　以下では、各段階における具体的な例を提示する。まず、第一段階について見る。『日本国語大辞典』(2003) は本段階において「下に動詞の連用形を伴って用いる」と述べ、以下のような例を提示する。

(28) a.　我が背子が振り放け見つつ嘆くらむ清き月夜に雲な棚引き

(万葉集・2669)

　　 b.　安波峰ろの峰ろ田に生はる多波美蔓引かばぬるぬる吾を言な絶え

(＝(25c))

　次は、第二段階について見る。第二段階の「な＋動詞＋そ」について『日本国語大辞典』(2003) は以下のように指摘する。

(29) a.　相手に懇願し、婉曲に禁止の気持ちを示す。どうか…してくれるな。どうぞ…してくださるな。

　　 b.　本来は「な」のあとに、連用形を置くだけで、禁止の表現として十分であり、最後に添えられる「そ」は、禁止の気持ちをさらに強める働きをするものであったらしい。

　本章は (29b) に注目する。このときの「そ」は「な＋動詞」における禁止の意味をさらに強める働きをする一種の強調語句である。このような「そ」が第三段階では否定副詞という否定語句へと変化する。第三段階における例文は以下の通りである。

(30) a.　いとかたはなり。身もほろびなむ。かくなせそ。　(伊勢物語・65)

　　 b.　なうとみ給ひそ。あやしくよそへ聞えつべきここちなんする。

(源氏物語・桐壺)

　次は、第四段階について見る。本段階において「な」は恣意的になり、省略可能になる。実際に、細川 (1972) によると、このときの「な」は本来副詞の性質を持ち、その現れる統語的位置が自由であると指摘される。

(31) a.　秋風は吹きな破りそわが宿のあばら隠せる蜘蛛の巣がきを

（拾遺和歌集・1111）

b.　春の花秋の紅葉も見で過ぎし心な恋にいたくくだきそ

（壬二集・980）

　最後の第五段階においては副詞の性質を持った「な」が結局脱落し「動詞＋そ」になる。これが「動詞＋な」のように再び変わるのである。事実、(27) においては示さなかったが、森 (2013) によると、各段階において重なって現れた表現、「動詞＋な」があったという。森 (2013) は当時、「動詞＋そ」と「動詞＋な」が否定命令形式として存在していたが、「動詞＋そ」は衰退しなおかつ「そ」が「な」に置き換わり一元化されたと述べる。

3.2 「ma」の歴史的変遷過程

　韓国語の「ma」の否定命令形式への歴史的変遷過程は前節で概観した日本語の場合のように段階別に示すのは簡単ではない。ただし、その過程は日本語とは非常に異なっており、そのことは以下のようにはっきり示すことができる。

(32) a.　第一段階：中止の意味を持った「mal-ta」が動詞として用いられる。

b.　第二段階：「mal-ta」が補助動詞として機能し始める。

c.　第三段階：「助詞・語尾＋mal-ta」、「名詞句＋mal-ta」、「-ci mal-ta」のタイプで用いられる。

d.　第四段階：主に「-ci ma」、「名詞句＋ma」のタイプで用いられる。

　以下では、各段階における具体的な例を提示する。まず、第一段階について見る。박지연 (パク・ジヨン) (2010) などによると、「ma」は最初は「中止」の意味を持った「mal-ta」という動詞として用いられたとされる。以下の例文をもって確かめる。

(33)　thyengsang-yays yoci-lul cya   mal-la.

　　　heaven-GEN   yoci-ACC boasting stop-IMP

　　　「天上の瑤池を自慢するのをやめなさい。」（翻譯朴通事・71b, 1517 年）

(33) において「中止」の意味を持った動詞「mal」が命令形式「-la」をと

り、名詞に後接している。この段階の「mal-ta」は否定辞としては認められず、日本語でいうと「止める」の動詞と類似した働きをする。つまり、前節の (27) で見た日本語の「-な」の第一段階の統語的性質とはまったく違うことがわかる。日本語における「-な」は第一段階からすでに否定辞として機能していた。これに対し、現代韓国語の否定命令形式の「ma」の源流である「mal-ta」は否定辞としての働きはまったくなく、「中止」の意味を持った動詞が命令形式をとったものだったのである。

次に、第二段階の例文を見る。

(34) cyengsyeng-ul twu-e yey ani-etun tut-ti mani-la
　　 sincerity-ACC put-and courtesy NEG-if listen-COMP stop-IMP

「誠意をもって礼儀正しくないのなら聞くのを止めなさい。」

(小學諺, 1588 年)

(34) において「mal-ta」が初めて補助動詞として用いられる。ただし、この段階においても「mal-ta」には否定辞としての働きはない。

次に、第三段階の例を見る。

(35) ttetul-ci com ma-le. ayki-ka kkayla-ku.
　　 chat-COMP please NEG-IMP baby-NOM wake up-may

「おしゃべりするな。赤ちゃん起こすからね」　　(故郷, 1933 年)

(35) における「ma」は否定命令形式として働いている。実際に、박지연（パク・ジヨン）(2010) などによると、「ma」の否定命令形式への文法化が進んだのは 19 世紀中期〜20 世紀前期であるとされる。それ以来、「ma」は第四段階に入って現代韓国語のような形式を整えるようになる。要するに、「ma」が否定辞としての統語素性を持ったのは日本語に比べると最近のことなのである。

4.「否定循環」と日韓両言語の否定命令文
4.1 通言語的観点から見た「否定循環」

前節において日韓両言語における「-な」と「ma」の否定命令形式への歴

第 12 章　通言語的観点からみた日韓両言語における否定命令文 ｜ 243

史的変遷過程がまったく異なっていることを見た。興味深いことに、前節で
見た日本語における否定命令形式への歴史的変遷過程は他の言語における否
定辞への変遷過程と非常に類似している。

　森（2013）によれば、Jespersen（1917）は通言語的な研究に基づき、世界の
諸言語に普遍的な否定辞の歴史的変遷過程を認めており、これは「否定循環
（negative cycle）」、「Jespersen の循環（Jespersen's cycle）」などと呼ばれてい
る。その歴史的変遷過程を森（2013）は次のように 6 つの段階で示している。

（36）　Jespersen（1917）による「否定循環」

　　a.　第一段階：否定要素が動詞に先行する

　　b.　第二段階：強調のための語句が付加される

　　c.　第三段階：強調表現が否定副詞となって否定要素と呼応的に使用さ
　　　　れる

　　d.　第四段階：元々の否定要素の出現が随意的となる

　　e.　第五段階：否定副詞のみで否定が表される

　　f.　第六段階：否定副詞が動詞に先行する否定要素になる

（森 2013: 7–8）

　以下では、前述した「否定循環」が英語、フランス語そして日本語におい
てほぼ普遍的に見られることを確かめる。まず、英語の場合から見る。次の
（37）は英語の否定辞への歴史的変遷過程とその例文である。

（37）　英語の否定辞の歴史的変遷過程

　　a.　第一段階：「ne ＋動詞」（Old English）

　　　　（例）ic ne 　secge

　　　　　　 I　NEG　say

　　b.　第二段階：「ne ＋動詞 ＋ not（＝ 強調語句）」（Middle English）

　　　　（例）I ne 　seye not

　　　　　　　 NEG say

　　c.　第三段階：「ne ＋動詞 ＋ not（＝ 否定副詞）」（Middle English）

　　d.　第四段階：「(ne ＋) 動詞 ＋ not」（およそ 15 世紀〜 17 世紀）

（例）I say not

    e.   第五段階：「動詞＋ not」（およそ 15 世紀〜 17 世紀）

（例）I do not say

    f.   第六段階：「(do) not ＋動詞」（およそ 15 世紀〜 17 世紀）

   （中尾・児馬（編著）（1990）、森（2013）、例は Ukaji（1992）から引用）

（37）で見た英語の否定辞の歴史的変遷過程は（36）の「否定循環」と非常に類似している。

   次は、フランス語の場合を見る。森（2013）は Ashby（1981）、川口（2005）、武次（2005）を引用し、フランス語の否定辞への歴史的変遷過程は以下のようであると指摘する。

（38）a.   第一段階：「ne ＋動詞」

（例）jeo ne   dis.（Old French）

     | NEG say

    b.   第二段階：「ne ＋動詞＋ pas（＝強調語句）」（Old〜Middle French）

    c.   第三段階：「ne ＋動詞＋ pas（＝否定副詞）」（Old〜Middle French）

（例）je ne   dis pas.（Modern standard French）

     | NEG say NEG

    d.   第四段階：「(ne ＋) 動詞＋ pas」

    e.   第五段階：「動詞＋ pas」

（例）je dis pas.（Modern colloquial French）

     | say NEG

（森 2013、例は Lucas 2007 から引用）

（38）のフランス語の否定辞の歴史的変遷過程も「否定循環」と非常に類似する。

   以上、英語とフランス語の否定辞の歴史的変遷過程は「否定循環」に従っていることを見た。森（2013）は興味深いことに 3.1 の（27）で見た日本語の否定命令形式も「否定循環」に従っていることを指摘する。

   一方、韓国語の否定命令形式は「否定循環」に従わず、かなり独自の歴史

的変遷過程を経ている。3.2 で見た（32）を以下に再掲する。

(39) a. 第一段階：中止の意味を持った「mal-ta」が動詞として用いられる。

b. 第二段階：「mal-ta」が補助動詞として機能し始める。

c. 第三段階：「助詞・語尾 + mal-ta」、「名詞句 + mal-ta」、「-ci mal-ta」
のタイプで用いられる。

d. 第四段階：主に「-ci ma」、「名詞句 + ma」のタイプで用いられる。

(=（32））

4.2 「否定循環」の観点から見た日韓両言語の否定命令文の相違点

前節において森（2013）の議論に従い、日本語の否定命令文の歴史的変遷
過程が英語及びフランス語の否定辞の変遷過程と非常に類似するが、このこ
とは三言語とも「否定循環」に従っているからであることを確認した。これ
に対し、韓国語の否定命令文の歴史的変遷過程は前述した言語とかなり相違
していて、「否定循環」とは全然関係なく中止の意味を持った動詞がその源
流であることを見た。他方、守屋・堀江（2006）は韓国語の文否定辞「-anh」
は「否定循環」に従っていると指摘しているが、上述した否定命令形式の場
合「否定循環」に従っていないことが興味深い。韓国語の「ma」が [+NEG]
を持つことになったのは（39）からもわかるように中止の意味が段々と拡張
されてきたからであると考えられる。

本章はこのような「ma」の文法化現象が 3.1 と 3.2 で述べた「-な」との
相違点を引き起こしたと考える。具体的に述べると、3.1 の NPI の認可にお
いて韓国語の「ma」が日本語と違い最強 NPI を認可できないのは、日本語
の「-な」に比べ未だ否定辞としての文法化が完全に定着していないからで
あると考えられる。3.2 において、「ma」は「-な」に比べ、否定辞としての
統語素性を持ってからあまり時間が経っていないと述べたが、このような
「ma」の文法化により、弱い NPI は認可できるが最強 NPI は認可できない。
次に、3.2 で見た「ma」の分布の自由性が見られる理由について見てみる。
（36）の「否定循環」をみると否定辞と動詞との語順がほぼ決まっているこ
とがわかる。例えば、第一段階では否定要素が動詞に先行する。これに対

し、韓国語の「ma」の場合、前述したように「否定循環」とは関係なく独自の歴史的変遷過程を経ている。要するに、「ma」はその源流が中止の意味を持った項目であるため、動詞だけではなく、名詞・形容詞・副助詞などさまざまな項目にも後接でき禁止の意味を示すわけである。このことが「ma」が日本語の「-な」と違い分布の自由性を保障した原因であると考えられる。

5.　まとめ

　本章は日韓両言語における否定命令文、特に否定命令形式「-な」と「ma」の性質について記述し理論的に考察した。従来、「-な」と「ma」は厳密な研究も行われずに同一視されてきたが、このことは見直されるべきであるとし、両者は同一の表現ではないと主張した。このことは両者の(i)最強 NPI の認可の可否、(ii)分布の自由性における相違点から裏付けられると述べた。また、このような相違点が見られるのは、両者の否定命令文への歴史的変遷過程と「否定循環」から探れるとした。特に、最強 NPI の認可は両者の否定命令形式としての文法化の定着と関わりがあり、分布の自由性は「否定循環」と関わりがあると述べた。すなわち、日本語の否定命令形式の歴史的変遷過程は「否定循環」に従い通言語的にも否定辞として保障され、なおかつ韓国語に比べ否定命令形式としての文法化もかなり定着している。よって、日本語の「-な」は最強 NPI の認可と動詞にのみ後接するのである。これに対し、韓国語の否定命令形式は「否定循環」と一切関係を持たず独自の変遷過程を示す。否定命令形式「ma」の源流は中止の意味を持った動詞であり、なおかつ [+NEG] を持ったのも日本語に比べるとあまり昔のことではない。よって、韓国語の「ma」は最強 NPI が認可できない上に、分布の自由性が見られると述べた。

付記

　本章は朴 (2015)、박강훈 (パク・カンフン) (2016) を修正及び加筆したものである。また、編者の本間伸輔先生から献身的な助言と助力を頂き心から敬意と感謝を申し上げたい。

調査資料

『KOTONOHA 現代日本語書き言葉均衡コーパス』，国立国語研究所．

『韓国語コーパス KKAMCCAKSAY 1.5.5 (SynKDP)』，全州大学소강춘 (ソ・カンチュン) 教授研究室．

『朝鮮語大辞典』，角川学芸出版，2013．

『日本国語大辞典』，小学館，2003．

参照文献

尾崎奈津 (2007)「日本語の否定命令文をめぐって」『日本語の研究』3: 65–79.

川口祐司 (2005)「通時的観点からみたフランス語の否定辞」『言語情報学研究報告』7: 319–337.

武次三愛 (2005)「古仏語における否定の副詞 ne と不変化語 pas, mie, point について—*Aliscans* と *Eneas* における否定形—」『言語情報学研究報告』7: 339–360.

中尾俊夫・児馬修 (編著) (1990)『歴史的にさぐる現代の英文法』東京：大修館書店．

朴江訓 (2007)「「しか…ない」の「多重 NPI」現象について」『日本語文法』7 (2): 154–170.

朴江訓 (2015)「韓日両言語における否定命令形式の対照研究」『日本語学研究』43: 36–51. 韓国日本語学会．

細川英雄 (1972)「禁止表現形式の変遷—「な-」・「な-そ」・「-な」について—」『国文学研究』48: 87–98.

森英樹 (2013)「日本語否定命令文の歴史的変遷」『福井県立大学論集』40: 1–13.

守屋哲治・堀江薫 (2006)「日本語と韓国語における否定辞の発達と分化に関する対照言語学的研究」『言語処理学会第 12 回年次大会論文集』885–888.

박지연 (パク・ジヨン、2010)「*mal-ta-uy mwunpepcek wisang cenglip-ul wihan thongsicek yenkwu* [『mal-ta』の文法的位相の正立のための通時的研究]」『어문론총 (語文論叢)』53: 107–144. 韓国文学言語学会．

박강훈 (パク・カンフン、2016)「*eneyuhyengloncek kwncem-eyse pon hanil pwucengmyenglyengmwun yenkwu* [言語類型論的観点からみた韓日否定命令文の研究]」『日本語文学』69・1–19 韓国日本語文学会．

Ashby, William J. (1981) The loss of the negative particle *ne* in French: A syntactic change in progress. *Language* 57 (3): 674–687.

Han, Chung-hye and Chung-min Lee (2006) On negative imperatives in Korean. *Linguistic Inquiry* 38 (2): 373–395.

Jespersen, Otto (1917) *Negation in English and other languages*. Copenhagen: Høst.

Kato, Yasuhiko (1985) Negative sentences in Japanese. *Sophia Linguistica* 19: 1–229.

Kuno, Susumu and John Whitman (2004) Licensing of multiple negative polarity items. In: Young-Key Kim-Renaud and John Whitman (eds.) *Studies in Korean Syntax and Semantics*, 207–228. Seoul: Pagijeong Press.

Lee, Chung-min (1978) Negative imperatives in Korean. In: Chin-Woo Kim (ed.) *Papers in Korean Linguistics*, 149–156. Columbia, SC: Hornbeam Press.

Lucas, Christopher (2007) Jespersen's cycle in Arabic and Berber. *Transactions of the Philological Society* 105: 398–431.

Park, Kang-hun (2013) Two types of Korean and Japanese multiple negative sensitive item constructions. *Language and Linguistics* 59: 43–72.

Park, Kang-hun (2014) A contrastive study of Japanese and Korean negative sensitive items: A grammaticalization approach. *Language Sciences* 45: 152–172.

Park, Kang-hun (2015) A discrepancy in the degree of grammaticalization of Korean and Japanese negative sensitive items: A corpus-based study. In: Mikio Giriko, Naonori Nagaya, Akiko Takemura, and Timothy J. Vance (eds.) *Japanese/Korean Linguistics* 22, 149–164. Stanford: CSLI Publications.

Park, Kang-hun (2018) Grammaticalization of Japanese postpositions: Focusing on *yori* co-occurring with negatives. *Language and Linguistics* 81: 51–73.

Sells, Peter (2004) Negative imperatives in Korean. *Proceedings of the 10th Harvard International Symposium on Korean Linguistics.*

Ukaji, Masatomo (1992) 'I not say': Bridge phenomenon in syntactic change. In: Matti Rissanen, Ossi Ihalainen, Terttu Nevalainen, and Irma Taavitsainen (eds.) *History of Englishes: New methods and interpretations in historical linguistics*, 453–462. Berlin: Mouton de Gruyter.

第 13 章

「［名詞句］なんて〜ない」における
モダリティとしての否定述部

井戸美里

1. はじめに

　本章は、「幽霊なんていない」「冬にかき氷なんて食べない」といったときの、「［名詞句］なんて〜ない」という表現を対象とし、その否定述部の特徴を記述することを目的とする。

　一見、以下の (1) と (2) は、「を」と「なんて」が異なるだけで、真理条件としては同じものであるように見える。また、否定辞「ない」はいずれも「人の目を気にする」という事態の非実現を表しているように見える。

(1)　　太郎は人の目を全く気にしない。
(2)　　太郎は人の目なんて全く気にしない。

　しかし、実際は、(1) と (2) が表している否定は、それぞれ異なった性質を持つと考えなければ説明できない現象が観察される。本章の目的は、「なんて」が用いられた否定文とそうでない否定文を比較して、(3) を示すことである。

(3) a.　「［名詞句］なんて〜ない」という文に現れた否定は、話者の命題に

対する否定的な判断を表すモダリティとしての否定である。

b.　「なんて」は、とりたて詞や補文標識として、「なんて」が付加した命題について、「起きないだろう」「起きるべきではない」と話者が信じていることを表明する文に現れる。

「なんて」は、とりたて詞と呼ばれる語群の特徴を有している（沼田1986、2003、2009、山田敏弘1995、日本語記述文法研究会（編）2009ほか）。とりたて詞とは、「だけ」「も」「さえ」など、山田孝雄（1936）に代表される伝統的な国文法で「副助詞」「係助詞」とされた語群の一部を、一定の意味的・統語的特徴から再カテゴリー化したものである。

沼田（1989）は、とりたて詞が文中の要素に付加することで述語の性質を変えることがある可能性に言及している。しかし、どのようなとりたて詞が、述語をどう変化させるのかについては、まだ議論の余地が残っている。また、述語の性質がどのように変わっているのかを具体的な現象をとおして検証することも必要である。

本章は、特定の理論的な前提をもとに現象を予測し演繹的にデータの説明を行うタイプの研究ではない。むしろ、日本語の表面的に似ている現象をもとに、例文を比較しながら意味や統語の違いを明らかにし、そのあとで理論的な位置付けを探る試みである。

本章の構成は、以下のとおりである。2節では先行研究を紹介する。3節では、主に（3a）について論じ、「［名詞句］なんて〜ない」の否定の特徴を明らかにする。4節では、主に（3b）について論じ、「なんて」がとりたて詞として現れたときと補文標識として現れたときの共通点を示す。5節では、（3a, b）が、「なんて」に限らずいくつかのとりたて詞で起きることを指摘する。6節では、（3a, b）の理論的意義について簡単に述べる。7節はまとめと今後の課題である。

2.　先行研究

2.1　本章が研究対象とする「なんて」

本章が研究対象とする「なんて」は、沼田（2003、2009）で、「など」「な

んか」と同様に「否定的特立」を表すとされたものである[1]。

　日本語記述文法研究会（編）（2009: 119）は、「なんて」を、評価を表すとりたて助詞としている。そして、評価を表すとりたて助詞は、「多くの場合、とりたてた要素についての「価値が低い」「たいしたことがない」といった話し手の評価を表す」と指摘している[2]。

　野田（2015）では、「なんて」は「反極端」を表すとされ、「ある事態に該当するのはとりたての対象になっている、極端ではないごく普通の要素に限られることを表す（野田 2015: 91）」と述べている。つまり、「冬にかき氷なんて食べない」という文は、「冬に食べないもの」に該当する要素として、「かき氷」は普通の要素であることを示している。

　さらに、沼田（2003: 238）では、（4）をあげて、「なんて」の統語的な性質として、否定述語と共起しやすい性質が顕著であり、「肯定述語とは一般に共起しない」と述べている。

(4)　　彼は山田など／*なんて招待した。　　　　　　　　　（沼田 2003: 238）

　しかし、いずれにおいても、本章が着目する「［名詞句］なんて～ない」の否定の特筆すべき特徴については述べられていない。

2.2　2種類の否定に関する先行研究

　具体的な分析に入る前に、日本語の否定に関する記述を確認しておく。益岡（2007）では、日本語の否定に「内部否定」と「外部否定」があることを指摘している[3]。益岡（2007）によると、これらはそれぞれ（5）のような性質

1　iのように、沼田（2009）で「擬似的例示」と呼ばれているような「なんて」の場合は、研究の対象としない。
　i.　　これなんてどう？
2　森田（1980: 365）は、「なんて」と同様のはたらきを持つ「など」について「打ち消し、もしくは打ち消し表現と呼応して、その否定を強める働きとなる」と指摘している。また、寺村（1991）にも同様の指摘がある。
3　中右（1994）にも同じ表現があるが、益岡（2007: 46）は中右（1994）における「内部否定」「外部否定」とは、必ずしも同じものを指しているわけではないとする。ここでは益岡（2007）の用語としてこれらの用語を用いている。

を持ったものである。(5a, b) は、益岡 (1989) でそれぞれ「存在判断型」の否定と、「叙述様式判断型」の否定といわれていたものに相当する。

(5)　a.　内部否定

事態の存在を表す肯定型に対し、否定表現は事態の非存在を表す

（益岡 2007: 37）

　　　b.　外部否定

「の（だ）」や「わけ（だ）」を介在させることにより、所与の文脈において想定される事態 'P' を「'P' ということではない／ 'P' ということを否定する」という形で否定する　　　（益岡 2007: 38）

　益岡 (1989、2007) は、内部否定は命題の階層の表現であり、外部否定はモダリティの階層の表現であるとする。内部否定と外部否定は、基本的には異なる形式で現れる。内部否定は述語に直接否定辞「ない」が付加することで表されるが、外部否定は述語に「〜のではない」を付加することで表される。(6) は内部否定を、(7) は外部否定を表している形式である。

(6)　　選手たちは泣いていない。　　　　　　　　　（益岡 1989: 199）

(7)　　選手たちは泣いているのではない。　　　　　（益岡 1989: 199）

外部否定は、想定される事態や聞き手の想定を否定する。たとえば、以下の (8) は「海軍学校を中退しているということは、何か悪いことをしたのだろう」という聞き手の想定について、その想定が外れていることを示しており、(9) は「帯津病院は特効薬を持っている」という想定が間違っていることを表している。

(8)　　氏は海軍学校を中退しているが、別に悪いことをした<u>のではない</u>。

（石堂淑朗「東京パラダイス」；益岡 2007: 39、下線筆者）

(9)　　「帯津病院に行けばがんが治る、と誤解して来られる方もいますが、特効薬を持っている<u>わけではない</u>。でも、ただ閉塞感の中で死んでいくのと、何か可能性を見つけるのでは大違いです」

（BCCWJ サンプル ID: PM11_00322「サンデー毎日」長野宏美；益岡

第 13 章　「[名詞句] なんて〜ない」におけるモダリティとしての否定述部　｜ 253

2007: 39、下線筆者）

（10, 11）に見るように、（8, 9）の外部否定は、「しなかった」「していなかった」という内部否定の形式では表すことができない。つまり、単純な否定形式は、想定される事態や聞き手の想定を否定できない[4]。

(10)　#氏は海軍学校を中退しているが、別に悪いことを<u>しなかった</u>。

(11)　#「帯津病院に行けばがんが治る、と誤解して来られる方もいますが、特効薬を<u>持っていません</u>。でも、ただ閉塞感の中で死んでいくのと、何か可能性を見つけるのでは大違いです」

　一方で、「[名詞句] なんて〜ない」における否定に目を向けると、（12, 13）のように、「〜のではない」「〜わけではない」を用いなくても、（8, 9）と同じ文脈で許容されるようになることがわかる。（12, 13）の現象は、「なんて」が用いられた否定文は、形式的には単純な内部否定の形でありながら、外部否定と同じく、なんらかの話者や聞き手の想定を否定するものであることを示している。

(12)　氏は海軍学校を中退しているが、別に悪いこと<u>なんて</u>して<u>いない</u>。

(13)　「帯津病院に行けばがんが治る、と誤解して来られる方もいますが、特効薬<u>なんて</u>持って<u>いません</u>。でも、ただ閉塞感の中で死んでいくのと、何か可能性を見つけるのでは大違いです」

これは、形式的に「〜のではない」などの形で命題より外に位置している否定以外にも、単純な否定形式に命題内と命題外の2つの階層を考える必要があること、つまり、単純な否定形式にモダリティとしての否定があることを示唆している。

4　益岡（2007）は、「〜わけではない」などの形式が用いられなくても外部否定として解釈できる可能性について言及している。しかし、どのようなときに単純な否定形式で外部否定を表すのかについては記述していない。

3. 「なんて」が現れた否定文の特徴

2節では、先行研究を概観し、「なんて」の意味と統語的な特徴を確認し、「[名詞句] なんて〜ない」の否定が外部否定である可能性を見た。3節では、このことをより詳しく検証するべく、「[名詞句] なんて〜ない」の構文としての制約を見ていく。ここでは特に、「[名詞句] なんて〜ない」が、疑問文と知覚動詞構文の補部に現れないという点を見ていく。

3.1　疑問文への出現の可否

まず、「[名詞句] なんて〜ない」が疑問文に現れないという現象を見ていく。先に、当然のことながら、(14–16) のように否定文そのものは問題なく疑問文になることを確認しておく。

(14)　帰り道に寄り道しなかった？

(15)　最近寒くなってきましたが、体調崩してないですか？

(16)　今日は研究室に院生はいないの？

ところが、(17–19) に見るように、「[名詞句] なんて〜ない」の形式の場合は、疑問文にすることができない。

(17) *この店は、リクエストなんて受け付けてなかったっけ？

(18) *どうしてジャスミンのカツラなんて作らないんだろう？

(19) *研究室には、学生なんていないの？

なお、2.1では、「なんて」が、一般に否定文にのみ現れるという先行研究の指摘を見たが、興味深いことに、(20–22) のように、疑問文であれば「なんて」は問題なく肯定文に現れる[5]。

(20)　「リクエストなんて受け付けてたっけ？」「いえ、普段は。」

　　　　　　　　　（BCCWJ サンプル ID: LBo9_00024「つま恋」井沢満）

5　(20–22) は、いずれも「自分の記憶では、リクエストを受け付けていなかったはずだ」「普通はあのようなカツラは作れない」「そう思わない人はいないだろう」という対象についての話者の評価を読み取ることができることから、注1で紹介した「擬似的例示」の「なんて」ではなく、「否定的特立」の「なんて」と考えるほうが自然である。

第 13 章 「[名詞句] なんて〜ない」におけるモダリティとしての否定述部 | 255

(21) ジャスミンのカツラなんてどう作ってるんだろ？

（BCCWJ サンプル ID: OY04_04812「Yahoo! ブログ」）

(22) 「きみは助けたいのかい？」「そう思わない人なんている？」

（BCCWJ サンプル ID: LBs9_00144「真夏の恋の物語」Blake Jennifer.

（江田 さだえ（訳）））

つまり、「なんて」の疑問文への生起自体は阻害されない。よって、「[名詞句] なんて〜ない」の否定のほうに疑問文への生起を阻害する要因があると考える必要がある。

疑問文への生起が制約される現象については、森山 (1989) に指摘がある。森山 (1989) は、これを「内容判断の一貫性の原則」と呼ぶ。その内容は、(23) のとおりである。

(23) 内容判断の一貫性の原則

話し手の確定的な情報でないという疑問文のなかに、話し手固有の意味把握をする要素は、出現できない。　　　　（森山 1989: 82）

より具体的には、疑問文は、ある命題について話し手が真偽を判定できないことの表明であって、聞き手に真偽の判定を要求するということを表している。一方、(24–26) のような評価副詞や一部のとりたて詞、「〜かもしれない」などのモダリティは、話し手の命題に対する捉え方を表している。これらの捉え方は、話し手固有のものである。よって、聞き手に真偽の判断を委ねる疑問文の中に現れて、これらを聞き手に問うことができない。

(24) ??嬉しいことに、彼は日本へ行くか。　　　（森山 1989: 82、下線筆者）

(25) ??君は、何こそ食べましたか。　　　　　　（森山 1989: 82、下線筆者）

(26) *台風（は／が）来るかもしれないか。　　　（森山 1989: 83、下線筆者）[6]

この分析は、「[名詞句] なんて〜ない」にもそのまま当てはめることが可能である。つまり、「[名詞句] なんて〜ない」に現れる否定は、事態の非実

6　ただし、森山 (1989) は、聞き手の発話に納得したり、相手の発話を問い返す場合であればこのような (24–26) の形式も許容されることを指摘している。

現を表す命題レベルの否定なのではなく、モダリティとして命題に対する話し手の固有の判断を表している否定であるということである。そして、それは話し手固有のものであって、それを聞き手に問うことはできない。

　森山 (1989) には指摘がないが、「わけではない」「のではない」などの外部否定の形式も、相手に真偽を問う疑問文としては機能しない。日本語記述文法研究会 (編) (2003) は、(27) にあげるように「わけではない」は、「わけではありませんか」という質問文にならないと指摘している。

(27) a.　次の懇親会の会場、予約して<u>なかった</u>？

　　 b. *次の懇親会の会場、予約してる<u>わけではなかった</u>？

また、「のではないか」については、形式的には存在するものの、疑問の形式でありながら一種の推量や発話現場での認識の成立を表しているという。実際、(28) のように、推量表現と呼応する「たぶん」など陳述副詞とともに「のではないか」を用いることができることから、単純に聞き手に意見を問うている文ではないことがうかがえる。

(28) A　「たぶん、明日は雨が降るんじゃない？」

　　 B　「そうだね。この分じゃ、降るかもしれないねえ」

(日本語記述文法研究会 (編) 2003: 180)

3.2　知覚動詞構文の補部への出現の可否

　「[名詞句] なんて～ない」が、単なる事態の非実現の描写ではないことは、別の現象からも見てとれる。3.2 では、「[名詞句] なんて～ない」の知覚動詞構文の補部での出現の可否を見ていく。

　上山 (2007) によると、知覚動詞や「～のは不可能だ」という述語は、補部に特殊な節を要求する。具体的には、これらの述語の補部には、時制節によって構成される 1 つの事態把握を表す節のみが現れることができる。対して、ある対象について話者が叙述関係を肯定する判断を含む節は現れることができない。上山 (2007: 125) は、これらの述語は「「～という事態」に関する言明」を選択していると述べている。具体的には、(29, 30) のよう

第 13 章 「[名詞句] なんて～ない」におけるモダリティとしての否定述部 | 257

に、一部のとりたて詞を含む場合や、数量詞と指示詞を含み、連動読みをする場合などは、単純な事態把握とはならないため、これらの述語の補部に現れることができない。

(29)　*[富士山の頂上にさえ電波塔をたてる] のは不可能だ。

（上山 2007: 125、下線筆者）

(30)　*[過半数の会社がそこの取引先に謝罪している] のを見かけた。

（上山 2007: 125、下線筆者）

否定文については、(31–33) に見るように、語用論的な環境を整える必要はあるものの、これらの述語の補部に現れることが可能である[7]。これは、内部否定が事態の非実現を描写するという性質を考えれば自然な現象である。

(31)　じゃあ昔の犬は注射しなくても平気だったんですか？それとも [百％ 蚊に刺されない] のは不可能だろうし、すぐ死んじゃっていたんですか？　　　　　　（BCCWJ サンプル ID: OC12_02954「Yahoo! 知恵袋」）

(32)　関羽は [かれらが武器をいっさい持っていない] のを見て、ようやく安心した。
　　　（BCCWJ サンプル ID: LBo9_00104「新訳三国志」羅貫中（渡辺精一（訳)))

(33)　目の前に転がった球を素早く捕球し、一塁へ送球――。その時、[一塁に誰もいない] のが見えた。
　　　（「朝日新聞 DIGITAL」2006 年 07 月 22 日 [https://vk.sportsbull.jp/koshien/88/chihou/iwate/news/TKY200607220198.html]）

(34–36) は、(31–33) を参考に例文の環境を整えたものである。

(34)　[この森で蚊に刺されない] のは不可能だ。

(35)　[彼らが武器を一切持っていない] のを見た。

(36)　[317 研究室に学生がいない] のが見えた。

7　知覚動詞構文の補部に否定表現が現れる場合の語用論的な制約については、Miller (2003) を参照。

（37–39）のように、（34–36）の補部を「なんて」を含んだ否定文にした場合は、これらの文は許容されなくなる。もちろん、いずれの例文も主節であれば問題なく許容される。「この森で、蚊になんて刺されないよ」という文は全く問題がない。

(37) *［この森で蚊になんて刺されない］のは不可能だ。

(38) *［彼らが武器なんて一切持っていない］のを見た。

(39) *［317 研究室に学生なんていない］のが見えた。

このような現象からわかるように、「なんて」を含んだ否定文は、事態の非存在という命題レベルの否定を表しているのではない。この現象もまた、「［名詞句］なんて〜ない」における否定が、話者の命題に対する判断を表していることを示している。

　以上、3 節では、「［名詞句］なんて〜ない」という形式が疑問文にならないという現象と、知覚動詞構文や「〜のは不可能だ」の補部に現れないという現象を見てきた。そして、これらの現象をとおして「［名詞句］なんて〜ない」に現れる否定が、単純な否定形式でありながら、命題の階層ではなくモダリティの階層で機能していることを指摘した。

4.　「なんて」の評価的意味

　3 節では、「［名詞句］なんて〜ない」という形式の「ない」が、形式は単純な否定形式でありながら、意味は話者の判断を表すモダリティとしての外部否定を表すことを見てきた。ここでは、「なんて」がとりたて詞として以外に、命題態度述語の補文標識として用いられるという現象を見ていく。そして、「なんて」は、「なんて」が付加した要素が属する命題を話者が偽だと信じている環境に共通して現れていることを論じる。

　「なんて」は、とりたて詞としての「なんて」だけでなく、補文標識としても用いることができる（山田 1995、丸山 1996、日本語記述文法研究会（編）2009 ほか）。特に、「信じられない」「驚きだ」などの命題態度述語や、「嫌だ」「ごめんだ」など、補文の内容を話者が望ましくないと判断している

第13章 「[名詞句] なんて〜ない」におけるモダリティとしての否定述部 | 259

評価的な述語のとき、補文標識として「なんて」を用いることができる⁸。これらの述語の共通点は、話者が補文の事態を「偽である」と考えていたり、「起きないだろう」「起きるべきではない」などと評価している点である。(40–42) からは、「普通、ベンツにガソリンをかけて燃やすことはしないだろう」「河原にはヒガンバナの芽は出ないだろう」「父親のために殴られたくない」と話者が評価していることが読み取れる。

(40)　[ベンツにガソリンかけて燃やす] <u>なんて</u>信じられない話だな。
　　　　（BCCWJ サンプル ID: LBb9_00023「死神村の三百歳探偵団」田中雅美）

(41)　河原にヒガンバナのつぼみを見つけました。[こんなところに芽が出てくる] <u>なんて</u>驚きです。
　　　　　　　　　　　　　　（BCCWJ サンプル ID: OY05_02754「Yahoo! ブログ」）

(42)　[親父のために殴られる] <u>なんて</u>ごめんだよ
　　　　（BCCWJ サンプル ID: PB39_00270「誘拐してみる？」あべ悠里）

(40–42) の話者の評価は、(43–45) のように単文で表すことも可能である。(43–45) は単文であるので、「なんて」は補文標識というよりはとりたて詞として分析するほうが適切である。(43–45) もまた、(40–42) と同じく、話者はそれぞれの事態について「起きないだろう」「起きるべきではない」と判断しているとするのが自然である。

(43)　普通は、ベンツにガソリンかけて燃やし<u>なんて</u>しない。

(44)　普通は、ヒガンバナの芽はこんなところに出てき<u>なんて</u>しない。

(45)　親父のために殴られ<u>なんて</u>したくない。

8　これは、「なんて」がこれらの命題態度述語でのみ現れるという意味ではない。補文標識としての「なんて」は、i, ii のようにこれらの述語以外の述語でも現れることがある。ただし、ここで重要な点は、補文標識としての「なんて」と命題態度述語の複合と、とりたて詞の「なんて」と否定辞の呼応の共通点を捉えることであるため、これらの現象には立ち入らない。

　i.　　そこへ通ってるうちに、「なんだったら芝居に出ろよ」<u>なんて</u>言われてね。
　　　　（BCCWJ サンプル ID: PB47_00078「小沢昭一がめぐる寄席の世界」小沢昭一）
　ii.　　本当っすか？憶えていてもらえるなんて嬉しいです。
　　　　（BCCWJ サンプル ID: PB37_00195「帰郷」豊田充穂）

つまり、「なんて」は、(40–42)のように補文に付加することにより、補文命題に対する話者の評価を主節で述べることもできれば、(43 45)のように単文に付加して述部のモダリティとしての否定によって命題に対する評価を表すこともできるということである。いずれにせよ、話者が当該の命題を「起きないだろう」「起きるべきではない」と評価している点が共通している。

沼田 (2009) は、接続詞や複文による文と文の複合と、とりたて詞による意味の表示の共通点について述べている。接続語によって文と文が複合した場合でも、主節が補文をとって文が複合した場合でも、当然ながら従属節と主節の2つの文は明示されている。沼田 (2009) は、とりたて詞による意味の表示もまた、文の複合の一例であるとする。沼田 (2009: 33) は、「…複合化された述語句の一方が明示され、他方が暗示されるという変則的な形ではあるが、広い意味では、とりたて詞も接続詞等に類する述語句の複合化を行なっていると考えることができる」と述べている。補文標識の「なんて」ととりたて詞の「なんて」による話者の評価の表示は、複文ととりたて詞の文の複合化の仕方の違いを体現した例であるといえる。つまり、補文標識の「なんて」が補文と主節述語を複合し主節で補文の命題に対する話者の評価を表している一方、とりたて詞の「なんて」は単文の中で否定とともに用いられることで命題に対する話者の評価を表しているという違いである。

以上、「なんて」の形態が、補文標識としてもとりたて詞としても、ある命題を話者が「起きないだろう」「起きるべきではない」と評価している場合に用いているということを確認した。

5. 「なんて」と同じはたらきをするとりたて詞

3節までは、「［名詞句］なんて～ない」という形式に焦点を絞り、「なんて」と共起した否定のモダリティとしての特徴を記述してきた。「［名詞句］なんて～ない」のほかにも、「［名詞句］［とりたて詞］～ない」の否定がモダリティの階層で働いていると分析できるとりたて詞はほかにもある。つまり、「なんて」が1つだけ特異な存在としてモダリティとしての否定と共起しているのではなく、とりたて詞の中には同様の性質を持つものが一群をなして存在しているということである。沼田 (1986、2003、2009) で「否定的

特立」と呼ばれたとりたて詞群の「なんか」「など」、沼田の一連の研究に直接の言及はないが、同様の意味を表していると思われる「とか」などがこれに該当する。(46–48) は、その例である。

(46)　氏は海軍学校を中退しているが、別に悪いことなどしていない。
(47)　いちいち参加者の顔なんか覚えていない。
(48)　今どきマニュアル車とか乗らないでしょ。

　(49–51) に見るように、これらの「[名詞句][とりたて詞]～ない」の形式は、疑問文に現れることができない。これらの点で、「なんて」と全く同じ振る舞いを見せる。

(49) *彼は、別に悪いことなどしていないの？
(50) *いちいち参加者の顔なんか覚えていないの？
(51) *今どきマニュアル車とか乗らないの？

　さらに、(52–54) に見るように、これらのとりたて詞は否定がなければ疑問文に問題なく現れる。つまり、「なんて」と同様で、これらのとりたて詞が疑問文中に現れること自体は不可能ではない。

(52)　彼はどうして脱走などしたんでしょうか。
(53)　いちいち参加者の顔なんか覚えてるの？
(54)　今どきマニュアル車とか乗るの？

これらの現象から、「など」「なんか」「とか」もまた、事態の非実現としての否定ではなく、話者の判断としての否定辞を述部に要求していることがわかる。

　さらに、「なんて」と同様に、「とか」「など」も補文標識としても用いられる。「なんて」と同じく、主節の述語は「信じられない」「ありえない」など、話者が補文の内容を「起きないだろう」「起きるべきではない」と判断しているものが現れる。(55)(56) はその例である。

(55)　[せっかくの誘いを反故にする]など考えられないが、迷いがあるこ

とも事実だった。

　　　　　（BCCWJ サンプル ID. PB39_00186「させてあげるわ…」櫻木充）

(56)　［問題まみれの今の介護現場に、子供を誘導する］とかありえないで
　　　しょう。

　　　（講談社「現代ビジネス」2017 年 8 月 29 日記事［https://gendai.
　　　ismedia.jp/articles/-/52630］）

なお、(57) に見るように、「なんか」にはこのような補文標識としての用法
がない。

(57)??［陽子が約束を反故にする］なんか、考えられない。

　「なんて」「とか」「など」が補文標識としても振る舞うことについては、
それぞれが歴史的に「なに＋とて」「と＋か」「なに＋と」からなったとす
る説からわかるように、いずれも補文標識の「と」を含んでいたとするこ
とから自然なことである（此島 1966、『日本国語大辞典 第 2 版』）。一方、
「なんか」については、歴史的に「なに＋か」から変化したとする説から
わかるように「と」を含まない。そのことを考えると、「なんか」にだけ補
文標識の用法がないのは自然なことであるように見える。ただし、実際に
BCCWJ で「なんか」の実例を見てみると、(58) のように「なんか」も、ほ
かのとりたて詞と同様に補文標識として用いられていることがある。

(58)　それを聞いても石太郎の同級生たちは同級生としての義憤を感じるよ
　　　うなことはなかった。［石太郎のことで義憤を感じる］なんか可笑し
　　　いことだったのである。

　　　　　（BCCWJ サンプル ID: PB59_00269「屁」新美南吉）

　以上、5 節では、「［名詞句］［とりたて詞］〜ない」の形で、否定がモダリ
ティとしての否定を表しているものが、「なんて」のほかに複数存在してい
ることを見た。加えて、これらのとりたて詞が「なんて」同様の使い方で、
補文標識としても用いられることを確認した。

6. 本研究の観察の理論的意義

分析の最後に、本研究の観察の理論的な意義を述べる。

本研究の主張は、単純な否定形式であっても話者や聞き手の想定を否定するモダリティとしての否定が存在するというものである。益岡（2007）では、「外部否定」は、「のだ」と「ない」の組み合わせにより明示的に示すものであるとする。益岡（2007: 45）は、「内部否定型（否定の基本形式）のなかにメタ言語的否定が未分化の形で含まれている」と述べている。ここでの「メタ言語的否定」は外部否定に対応している。つまり、単純な否定形式による外部否定の可能性を示唆している。しかし、それがどのように立ち現れるのかについて具体的な言及はなく、単純な否定形式に 2 つのタイプの否定があるというようには考えられていない。

一方、本章の観察によると、「なんて」などのとりたて詞と組み合わせることで、単純な否定形式が外部否定として用いられることがあることがわかった。このことは、理論的には、単純な否定形式に内部否定を表す否定と外部否定を表す否定の 2 つの語彙項目を認める必要性を表している。

南（1974）や田窪（1987）は、否定を日本語の階層の中でアスペクトの階層と時制の階層の間に位置付けている。遠藤（2014）は、生成文法のカートグラフィーのアプローチを用いて、同様の位置に否定を位置付けている。加えて、遠藤（2014: 117）は、「のではない」という表現について「「のではない」と「ない」という否定表現の文中の正確な階層の位置に関しては、現在のところ解明されていない未解決の問題である」と述べている。

一方、本章の観察に従えば、否定には 2 つの階層があり、1 つが命題の中、具体的には、先行研究に従ってアスペクトの階層と時制の階層の間に位置する否定であり、もう 1 つはモダリティの階層に位置する否定ということになる。実際、(59c) に示すように、本章で観察した「[名詞句] なんて〜ない」の形式は、田窪（1987）で「過程・状態」を表すとされる A-2 類の従属節である「ように」節の中に現れることができない。(59a) に見るように、「食中毒なんて起きない」という表現は主節では許容される。また、「なんて」を用いない否定であれば (59b) のように「ように」節中に問題なく否定が現れる。これは、(59b) の否定と (59c) の否定を分けることの必要性

を示唆している。

(59) a. この店では、品質管理を徹底しているので、食中毒なんて起きない。

b. この店では、[食中毒が起きない] ように、品質管理を徹底している。

c. ??この店では、[食中毒なんて起きない] ように、品質管理を徹底している。

7.　まとめと課題

　本章は、(60) (＝(3)) の2点を示した。

(60) a. 「[名詞句] なんて〜ない」という文に現れた否定は、話者の命題に対する否定的な判断を表すモダリティとしての否定である。

b. 「なんて」は、とりたて詞や補文標識として、「なんて」が付加した命題について、「起きないだろう」「起きるべきではない」と話者が信じていることを表明する文に現れる。

　(60a) を示すデータとして、「[名詞句] なんて〜ない」が疑問文にならないことや、知覚動詞構文の補部に現れないことを見た。(60a) に基づくと、「〜ない」という形態に、命題の階層とモダリティの階層の2つを認めることになることを指摘した。また、(60b) を示すデータとして、話者が補文の内容を偽だと思っている場合の命題態度述語などが用いられた複文の例を提示した。

　ただし、本分析には課題も残っている。6節の (59) では、「[名詞句] なんて〜ない」の形式が「ように」節には現れないことを見た。しかし、もし、「[名詞句] なんて〜ない」の否定が、モダリティの階層に位置しているのであれば、「ように」節に限らず、モダリティの階層を含まないB類従属節にも現れないはずである。しかし、実際には「[名詞句] なんて〜ない」は、「ように」節には現れないものの、B類従属節の一部には現れることがある。(61) は、南 (1974) でB類従属節とされた「ても」節であるが、「[名

第 13 章　「[名詞句] なんて〜ない」におけるモダリティとしての否定述部 | 265

詞句] なんて〜ない」が問題なく用いられている。

(61)　「身元調べなんてしなくても、おたがいが愛していればそれでいいん
　　　じゃないかと思うんだけどね」

　　　　　　　（BCCWJ サンプル ID: LBm9_00187「謀略の鉄路」金井貴一）

どうしてこのような現象が起きるのか、また、外部否定の詳細な統語的位置
付けをどうするのかなどの議論については、今後の課題とする。

付記

　この研究は、JSPS 科研費（課題番号 18K12393）「日本語とりたて詞の複合における
否定呼応現象の統語と意味」の助成を受けたものであり、国立国語研究所機関拠点型
基幹研究プロジェクト「対照言語学の観点から見た日本語の音声と文法」の研究成果
である。

調査資料

『日本国語大辞典 第 2 版』小学館.
国立国語研究所『現代日本語書き言葉均衡コーパス（BCCWJ）』http://pj.ninjal.ac.jp/
　　corpus_center/bccwj/

参照文献

上山あゆみ（2007）「文の構造と判断論」長谷川信子（編）『日本語の主文現象』
　　113–144. 東京：ひつじ書房.
遠藤喜雄（2014）『日本語カートグラフィー序説』東京：ひつじ書房.
此島正年（1966）『国語助詞の研究—助詞史の素描—』東京：桜楓社.
田窪行則（1987）「統語構造と文脈情報」『日本語学』6（5）: 37–48.
寺村秀夫（1991）『日本語のシンタクスと意味Ⅲ』東京：くろしお出版.
中右実（1994）『認知意味論の原理』東京：大修館書店.
日本語記述文法研究会（編）（2003）『現代日本語文法 4　第 8 部 モダリティ』東京：
　　くろしお出版.
日本語記述文法研究会（編）（2009）『現代日本語文法 5　第 9 部 とりたて　第 10 部 主
　　題』東京：くろしお出版.
沼田善子（1986）「第 2 章　とりたて詞」奥津敬一郎・沼田善子・杉本武（共著）『い
　　わゆる日本語助詞の研究』105–255. 東京：凡人社.
沼田善子（1989）「とりたて詞とムード」仁田義雄・益岡隆志（編）『日本語のモダリ
　　ティ』159–192. 東京：くろしお出版.

沼田善子（2003）「現代語のとりたての体系」沼田善子・野田尚史（編）『日本語のとりたて—現代語と歴史的変化・地理的変異—』225–241. 東京：くろしお出版.

沼田善子（2009）『現代日本語とりたて詞の研究』東京：ひつじ書房.

野田尚史（2015）「日本語とスペイン語のとりたて表現の意味体系」『日本語文法』15（2）: 82–98.

益岡隆志（1989）「モダリティの構造と疑問・否定のスコープ」仁田義雄・益岡隆志（編）『日本語のモダリティ』193–210. 東京：くろしお出版.

益岡隆志（2007）『日本語モダリティ探究』東京：くろしお出版.

丸山直子（1996）「話しことばの助詞—「とか」「なんか」「なんて」—」『日本文學』85: 122–136.

南不二男（1974）『現代日本語の構造』東京：大修館書店.

森田良行（1980）『基礎日本語 2』東京：角川書店.

森山卓郎（1989）「認識のムードとその周辺」仁田義雄・益岡隆志（編）『日本語のモダリティ』57–120. 東京：くろしお出版.

山田敏弘（1995）「ナドとナンカとナンテ—話し手の評価を表すとりたて助詞—」宮島達夫・仁田義雄（編）『日本語類義表現の文法（上）』335–344. 東京：くろしお出版.

山田孝雄（1936）『日本文法学概論』東京：宝文館出版.

Miller, H. Philip（2003）Negative complements in direct perception reports. *Proceedings of Chicago Linguistics Society* 39（1）: 287–303.

第14章

事象類型の選択と状況把握[1]

―テンス・アスペクトおよび自他動詞―

佐藤琢三

1. はじめに

　われわれは五感の身体的感覚を通して、身の回りで生じている事態のありようを理解する。そして、身体的経験を通して得られたわれわれの事態理解は、言語形式を通して表現される。したがって、事態のあり方を言い表す文の表現類型は、われわれの事態把握という認識作用がいかなるものであるかを語るものである。

　文の叙述のあり方は、その意味的、統語的特徴と関連づけながら有意義に類型化することができる。いわゆる文の叙述の類型はさまざまに論じられてきたが、その全体像は概ね次のように示すことができるだろう[2]。

1　本章は、部分的に佐藤（2017）と内容が重なるものである。具体的には、本章の2節は、佐藤（2017）の一部に対して加筆と修正を施したものである。本章の3節の内容は本書のための書き下ろしである。また、佐藤（2017）は、竹沢幸一教授還暦記念言語学ワークショップ「日本語統語論研究の広がり―理論と記述の相互関係―」（於筑波大学東京キャンパス、2017年3月27日）において、「日本語における〈過程〉と〈状態〉の言語化―日英対照を通して―」というタイトルで行った口頭発表の内容の基幹部分をまとめたものである。

2　(1) は益岡（1987）の論に基づきつつ、本章の立場でまとめたものである。

(1) 叙述の類型

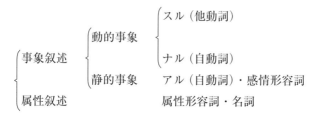

　叙述の類型は事象叙述と属性叙述に大別される。事象叙述とは、字義通り世界においてわれわれが認識する事象のあり方を述べるものであり、属性叙述とは文が述べるある対象が有する属性について語る。大まかに述べるならば、前者は動詞文がその中心を担い、後者は属性形容詞文や名詞文の領域である。事象叙述はさらに、時間の進行とともに推移する動的事象と、時間の進行に応じて推移することのない静的事象に分けられる。動的事象は、典型的に2つ以上の実体が関わり一方が他方に働きかけることを表す他動詞文、1つの実体の動きを表す自動詞文によって表現される[3]。

　世界において生起したある事態が、上記 (1) に示されたどの型で表現されるかという問題は、単に事象そのもののあり方の問題である以上に、当該の事態に対するわれわれの関わり方、換言するならば、われわれの事態に対する理解・把握の仕方の問題でもある。本章は、このようなわれわれの言語の表現類型の振り分けに関わる状況把握がどのようなものであるか、その一端を明らかにしたい。

　より具体的には、大きく2種類の観点がある。1つは、状況の理解可能性である。捉えられた状況に対して、われわれがどの程度それを整合的に理解できるかは、われわれが使用できる表現の類型にも深く関わっている。また、もう1つも理解可能性の問題と深く関わるものであるが、話者が事態を把握するにあたって、当該の事象の中に没入的に身をおいて体験的にそのありようを述べているのか、あるいは叙述する事象の外部に身をおきこれを鳥瞰的に捉えているのかという対立である。後述するように、しばしば主観

---

[3] (1) における叙述の類型と品詞等の種類の対応は、あくまで大まかな関係を示したものである。

的把握と客観的把握と呼ばれる事態把握の類型に該当するものである。このように、本章の議論は、認知言語学的な理論に目配りしつつ、日本語の言語事実の記述を進めていく。高度な普遍性を有する言語理論の視点は個別言語の記述に有効であり、個別言語の記述の積み重ねは、一般的な言語理論の発展にも貢献するはずである。

　本章の筆者のマクロな問題意識としては、上記 (1) に示した事象類型への振り分けに、全体としてどのような要因が関与しているかという点にある。本章では、(1) における動的事象と静的事象の振り分けの問題、事象叙述における自動詞文と他動詞文の対立の問題に関して、上述の 2 つの観点がいかに関与しているかについてその一端を明らかにしていきたい。

2. 「ある」「している」「した」―動的事象と静的事象―

　この節では、(1) における動的事象と静的事象の振り分けに関わる現象を取りあげ、状況の理解可能性と事態把握の要因がこれとどのように関与するのかについてみていく。

2.1　日英の傾向差

　しばしば、日英対照の観点から、日本語は「過程重視」、英語は「状態重視」の傾向が指摘されている。すなわち、話者が同じ事態を経験したり、知覚したりしても、日本語話者はそれを過程の表現として言語化し、英語話者は状態として言語化する傾向が認められる。

(2)　遅くとも 10 時までにはここに来 (てい) なさい。(*いなさい) さもないと汽車に遅れますよ。／ Be here by ten o'clock at the latest, or you will miss the train.　　　　　　　　　　　　　　　　（古川 1979. 400）

(3)　魚が終わってしまいました。／ We have only chicken. But very nice chicken.　　　　　　　　　　　　　　　　　　　　　　　　（三宅 2002: 9）

(4)　(授業の始めに先生が) 前はどこまで行きましたか？／ Where are we now?　　　　　　　　　　　　　　　　　　　　　　　　（影山 1996: 10）

(2) において、日本語では「来る」という過程の動詞を用いて表現してい

るが、英語は be 動詞を伴う状態の表現として言語化している。(3) は飛行機の中で乗務員が食事を配っている場面である。魚とチキンの 2 種類のメニューのうち、先に魚が切れてしまった。日本語において乗務員は、「魚が終わる」という発話時の状態に至る過程を言語化しているが、英語では発話時の状態のみを言語化している。

吉川 (1979: 402) は、英語では「目前の存在なり状態なりをそのまま静として言語表現のカメラにおさめていく」のに対し、日本語では「出来事の変化過程の時間的分布をながめる際そもそもの事態の初めに起った変化や動作を過去に遡って、ビデオテープを巻き戻しでも追っていく」(原文ママ) と、両言語の視点のあり方の違いを指摘している。つまり、日本語においては、ある状態が知覚された場合、話者はその状態に至る過程を読み込み、それを言語化する傾向があるということを述べている。このような事実は、言語表現の本質が現実世界における事態のあり方そのものではなく、われわれの世界の捉え方に帰されるものであることを示している。

2.2　考察の範囲

それでは、動的事象と静的事象の振り分けに関して、われわれの状況理解や事態把握がいかに関わるのか。この問題を考えるにあたって、2 節は考察の対象となる状況をしぼって進めていく。

われわれがある領域内に、何らかの対象の存在を認めた。ただし、その対象が当該の領域内に存在するに至った移動の過程は知覚していない。このような場合、それを言語化するには次の 3 つの方法がある。

(5) a. 〈客ガイル〉型 = 単純状態型：知覚された状態を単純な 1 つの静止像して捉える。

b. 〈客ガ来テイル〉型 = 過程解釈型①（複合型）：知覚された状態を事態の推移過程の 1 つの断面として捉える。

c. 〈客ガ来タ〉型 = 過程解釈型②（単純過程型）：知覚された状態に至る推移過程そのものを言語化する。

話者が家に戻ったとき、そこに客の存在を認めた。そのさいに、「客がいる」

（＝（5a））と知覚した状態のみを言語化するのが1つの方法である。この場合、文は静的事象として述べられたことになる。また、「客が来ている」（＝（5b））と結果状態の表現を用いて、知覚した状態とともにそれに至る過程も合わせて言語化することもできる。さらに、「客が来た」（＝（5c））と単に過程を表す動詞の過去形を用いて表現することもある。この場合、話者は知覚した状態は言語化せず、あえて知覚していない過程のみを言語化しており、純粋な動的事象の文である。

　（5a）のように、話者が知覚した状態をそのまま言語化することは当たり前のことと受けとめることができる。しかし、（5b）や（5c）の形式が選択された場合、そこには知覚していない過程が言語化されているわけであり、われわれの事態に対する解釈が深く関与している。このような、知覚されていない過程の言語化可能性には、どのような要因が関与しているのだろうか。

2.3　関連する研究

　（5）に示した諸タイプの使い分けの実態はどのようなものなのだろうか。陳（2009）は、日本語教育の観点から、日本語母語話者と中国語を母語とする学習者における、存在動詞の表現や結果状態のテイル表現の選択傾向を問題にしたものである。これによれば、日本語話者が圧倒的にテイルの表現を用いる傾向があるのに対し、中国語母語の学習者の多くは存在表現を用いる場合がある、ということである。

　例えば、アンケート調査によって（6）のような場面を提示し、空欄に言語形式を記入させたところ、（7）のような結果が得られたことを報告している。

(6)　　放課後、家に帰ると……
　　　あなた：「ただいま。（玄関に見たことのない靴がある）」
　　　お母さん：「（玄関に迎えに来て）お帰り」
　　　あなた：「お客さん＿＿＿＿＿」

(7)　　　　　　　　　日本語話者　　　学習者
　　　テイル形　　　87.6%　　　　　3.3%
　　　いる／いた　　2.9%　　　　　 50.0%

陳 (2009) は 10 の場面を設定して調査を行っている。場面により回答の傾
向は異なるが、上のように日本語話者の多くが結果状態を用いるのに対し、
学習者の多くが単なる状態の表現を用いる場合があるとされる。この点につ
いて陳 (2009) は、「中国語母語話者にとって、「移動」を表す動詞の「結果
状態のテイル」は、「変化の結果の持続」という概念より、むしろ「存在」
のほうに近い。」(同 : 12) という、興味深い指摘をしている。

　この研究によれば、日本語母語話者の方が知覚されていない過程の読み込
みをより積極的に行っている。もちろん、上記の結果は、話者の伝達・発話
の意図、状態を捉えたさいの状況などの諸要因によって大きく左右されるも
のであろう。

2.4 「ある／いる」vs.「来ている」―状況の理解可能性―

　ある領域内に、何らかの対象の存在を認めたが、その対象が当該の領域内
に存在するに至った移動の過程は知覚していない。つまり、われわれは対象
の移動という動的事象は見ていない。にもかかわらず、日本語では「(誰か
が) 来ている」と移動過程も含めて言語化することが少なくない。状況の理
解可能性がある場合、吉川 (1979) 等が指摘するように、日本語は事態の生
起の過程をさかのぼって言語化することを好む傾向がある。

　ただし、状況の理解可能性が非常に低い場合、つまり知覚した状態が話者
にとって理解しづらく、その状況を「のみこめない」と感じる場合、すなわ
ち話者がその事態を解釈する準備ができていない場合、過程の言語化は非常
に困難である[4]。

(8)　(大学のキャンパスの中を歩いていたところ、いかにも怪しげな風貌
　　　の見知らぬ男が立っているのを発見。)
　　　あっ、変な人が {いる／*来てる／*来た}。

4　話者が状況をのみこめないということは、話者が当該の事態の情報を受け入れる準備が
整っていないということである。これはミラティビティ (mirativity) と呼ばれる意味的特徴
と重なるようにみえるが、本章の問題とミラティビティの関係については、今後の課題と
したい。ミラティビティという観点からの日本語の現象の検討については、定延 (2014)、
小柳 (2014) を参照されたい。

第 14 章　事象類型の選択と状況把握 ｜ 273

(9)　（大学のキャンパスの中を歩いていたところ、タヌキを発見。）
　　　あっ、タヌキが {いる／*来てる／*来た}。

上の (8, 9) のように、捉えられた状況が話者にとって意外で、瞬時にはのみこみがたいものである場合、適切なのは「いる」による状態の文のみである。状況理解の可能性が低い場合、話者は状況をある動きの結果という型にはめて捉えることが困難である。つまり、状態の知覚からさかのぼって、知覚されていない過程を言語化するにあたり、一定の状況理解可能性は必要条件として機能する。

　そのことを裏付けるために、同じ状況が繰り返し知覚された場合を考えてみよう。

(8′)　あっ、あの変な人、また {いる／来てる／来た}。
(9′)　あっ、あのタヌキ、また {いる／来てる／来た}。

(8′) と (9′) において、話者は以前にも同様の事態を経験している。(8) と (9) の場合、話者はのみこめない事態に直面し、その場ではそれを整理して言語化するだけの余裕がなかったと言える。しかし、以前に同じ事態を経験している場合は、事態を整合的に型にはめて理解する準備ができていたことになる。このような場合、「いる」とともに「来る」のテイル形、夕形も十分に自然に使うことができる。

　また、状況の理解可能性を相対的に高めるものとして、対象の知悉性という要因について考えたい。

(10)　（自分の通う大学のキャンパスの中を歩いていたところ、首相が SP らとともに本部棟の前に立っているのを発見。来訪の予定などは知らなかった。）
　　　あっ、安倍首相、{いる／来てる／? 来た}。
(11)　（自分の通う大学のキャンパスの中を歩いていたところ、自分の父親が事務室の前の椅子に座っているのを発見。父親の来訪することは聞いていなかった。）
　　　あっ、お父さん、{いる／来てる／? 来た}。

（10, 11）を、特に（8, 9）との対比で考えたい。（10, 11）も（8, 9）と同様に、話者が直面した状況を完全にはのみこめていない。話者にしてみれば、状況は意外なものであり、与えられた状況を整合的に理解するための準備が整っていない。具体的に言うならば、首相や父親は普通なら大学にいるものではなく、さらに話者は事前にそのことを知っていたわけでもない。このような場合、「来た」という形で移動の過程のみを言語化するのはやや難しいが、「来ている」という結果状態の形で、眼前の状態とともに移動の過程も合わせて言語化することはごく自然となる。「安倍首相」「お父さん」という対象の知悉性がテイル形を可能にしている。

　このように、対象の知悉性は過程の前景化と関わるものである。このことは、次の（12）（13）にも表れている。

(12)　今日、学校に｛お母さん／都知事／*痴漢／*タヌキ｝が来た。
(13)　今日、学校に｛*お母さん／*都知事／痴漢／タヌキ｝が出た。

「来る」も「出る」も非状態の動詞であり、その意味でともに過程を表す動詞とみることができるが、「来る」が起点から着点に至る過程全体に関わるのに対し、「出る」は話者の知覚領域に入った瞬間しか捉えていない。知悉度の高い対象は過程の前景化と関わり、低い対象はこれと関わらない。これは、知悉度の高い対象の方がどこの誰だかわからない人物よりもその存在を一定のどこかに位置づけられやすく、そこからある領域へと至った過程を解釈しやすいからである。このように対象の知悉性は、過程の前景化に関わり、知覚されていない過程の言語化につながりやすい。

　日本語において、知覚されていない過程を言語化することにさほど厳しい制約が課されているわけではない。簡単に言えば、事態を整合的に理解できれば、すなわち話者にとってそれが十分にのみこめるものであれば、過程の言語化可能性はあるというべきだろう。言うまでもなく、対象の知悉性は過程の言語化の必要条件ではない。対象に知悉性がなくとも事態がある1つの型として整合的に理解できれば、過程の言語化は可能である。ただし、対象の知悉性は、話者にとって事態が瞬時には理解しがたいものであっても、結果状態の「来ている」の形で過程を言語化することを容易にする方向に作用する。

2.5 「いる」「来ている」vs.「来た」―事前把握の有無と事態把握類型―

前節でみた対象の知悉性という要因は、「来ている」の選択可能性を生じ
させるが、それだけでは「来た」を選択させるのは難しい。つまり、状態の
みを知覚して、その状態に至る過程のみを言語化するためには、対象の知悉
性よりもさらに高度な状況理解の可能性が求められる。

井上（2001: 107）は、「「シタ」を用いるためには、デキゴトが実現された
経過（少なくともその一端）を具体的な形で把握していなければならない。」
という指摘をしている。

(14) a. （コンロにかけておいたお湯がいつの間にか沸騰状態にある（沸か
　　　　した瞬間は見ていない））
　　　　お、沸いた。／お、沸いてる。

　　b. （給湯室の前を通ったら、誰が沸かしたかはわからないが、やかん
　　　　の中のお湯が沸騰状態にある）
　　　　あれ、お湯が沸いている。／ ?? あれ、お湯が沸いた。

（井上 2001:106）

(14a) において、話者は「沸く」という過程を知覚したわけではないが、そ
のプロセスに深く関わっている。(14b) においては、話者は「沸く」という
プロセスにまったく関わっていない。このような場合は「した」の使用はか
なり不自然である。

簡単に言えば、話者は過程を知覚してはいなくても、過程に深く関わっ
ていれば、「した」を使用する可能性が出てくる。別の言い方をするなら
ば、やはり状況に対する理解可能性が高ければ過程は言語化しやすい。次の
(15a) と (15b)、(16a) と (16b) の対比に注目したい。

(15) a. （＝(10)）（自分の通う大学のキャンパスの中を歩いていたところ、
　　　　首相が SP らとともに本部棟の前に立っているのを発見。来訪の予
　　　　定などは知らなかった。）
　　　　あっ、安倍首相、{いる／来てる／？来た}。

　　b. （前日のニュースで首相の大学への来訪の予定について聞いていた。）

あっ、安倍首相、{いる／来てる／来た}。

(16) a. (= (11))（自分の通う大学のキャンパスの中を歩いていたところ、自分の父親が事務室の前の椅子に座っているのを発見。父親の来訪することは聞いていなかった。）

あっ、お父さん、{いる／来てる／? 来た}。

b. （前日に父親が娘の留学の件で学長に直談判したいと言っていた。）

あっ、お父さん、{いる／来てる／来た}。

(15a) と (16a) において、話者は安倍首相や父親のキャンパス内における存在を意外性を持って受けとめている。この状況では「来た」の使用には若干の不自然さがぬぐえない。これに対して、(15b) と (16b) では、話者は彼らのキャンパスへの来訪を予想していたと考えられ、意外性の度合いは非常に低い。これらの例では「いる」「来ている」とともに「来た」の使用にも何ら不自然さがない[5]。

さらに、上のような状況に関する事前把握の有無の問題とは別に、話者が状況の中に没入して体験的に事態を述べるのか、あるいは事態から切り離された時空間に身をおいてこれを鳥瞰的に述べるのかという対立によっても、「来た」の使用可能性が違ってくる。

(17) （(15a) の経験を家で母親に話す。）

何でかよく知らないけど、今日、学校に安倍首相が {いた／来てた／来た} んだよ。

(18) （(16a) の経験を家で母親に話す。）

何でかよく知らないけど、今日、学校にお父さんが {いた／来てた／来た} んだよ。

5　定延 (2014: 19) は探索意識の活性化という観点からタ形の使用可能性について述べている。例えば、飲み屋に入って友人がビールのジョッキを傾けているのを目撃したさいに、「あ、飲んだ」とは普通は言えないのに対して、禁酒した友人が「飲んでいるところを見つけたら 1 万円やる」と宣言していたのを聞いていたならば、「あ、飲んだ」と言えるとしている。本章における (15b) (16b) の「来た」の使用も、定延 (2014) の観点で言うと探索意識の活性化により可能となったと説明されるものだろう。

第 14 章　事象類型の選択と状況把握 | 277

（17）と（18）は発見の文ではない。話者は現場からは明確に切り離された時空間に身をおき、第三者的に事態を述べている。ただし、これらの例においても、話者は首相や父親が大学に来訪した事情などについては理解していない。その意味で（15b）や（16b）と同じ意味での状況理解はされていない。しかし、（17）と（18）において話者は、眼前に理解しがたい状況をその場で突きつけられているのではない。話者は事態から切り離された時空間に身をおき、これを鳥瞰する位置から、いったん整理したうえで述べることができる立場にいる。つまり話者は事態の背景の事情はともかく、没入的な事態把握の場合とは対照的に、知覚していない過程も含めて事態の展開のあり方を客観的に整理し、理解することが可能な立場にある。このような意味において、状況理解の可能性が高いものと言うことができるだろう。

なお、このような事態把握の類型は、「主観的把握」と「客観的把握」という形で対立的に捉えられるものである。池上（2011: 52）は、主観的把握という概念を「話者は問題の事態の中に自らの身を置き、その事態の当事者として体験的に事態把握をする」と規定している。これまで議論してきた例において、過程の言語化が制約される可能性があるものは、主観的把握に該当すると言える。例えば、（15a）（16a）は「来た」の使用が不自然であるが、いずれにおいても話者は状況の中に没入して、体験的に事態を述べている。さらに言えば、（8, 9）のように「来た」とともに「来ている」が不自然な例も、やはり典型的な主観的把握の例である。もちろん、主観的把握の場合に過程の言語化が不可能とは限らない。しかしながら、話者が状況に没入しているということは、事態を整理し知覚していない過程を整合的に解釈するのには不利な要因であると言える。

これに対し、（17）や（18）は客観的把握の例である。客観的把握とは、「話者は問題の事態の外にあって、傍観者ないし観察者として事態把握をする」（池上 2011: 52）とされ、話者は事態をその外部から鳥瞰的に捉えるものとも言える。この 2 つの例において、話者は事態の背景の事情をよくのみこめているわけではない。しかしながら、事態を発話の現場から切り離すことによって、知覚されていない移動の過程も含む事態の全体をまるごと時間軸上のある一点に位置づけることが可能になるのである。

2.6 まとめ

　以上、2 節では、状況の理解可能性という要因が、知覚されていない過程の言語化にどのように関与するのかについて分析した。もちろん、本章の趣旨は結果状態のテイル形やタ形の使用条件の全般について論じるというものではないが、状況の理解可能性という要因が過程の言語化に関して重要な役割を果たしていることを論じた。

3.　「する」と「なる」―動的事象における他動詞文と自動詞文―

　次にこの 3 節では、動的事象における自動詞文と他動詞文の振り分けの問題の一端につき、事態把握の観点から考える。

3.1　これまでの研究

　日英対照の観点から、池上（1981）、寺村（1976/1993）をはじめ、相対的に日本語の自動詞的表現への指向の強さ、英語の他動詞的表現への指向の強さという対比が、しばしば論じられてきた。もちろんこのような単純な対立図式については慎重なコメントもあるものの、全般的には広く受け入れられた見方であると言ってよいだろう [6]。ここでは、日本語において対をなす自動詞文と他動詞文がどのように用いられるかについて論じた研究を概観する。

　この問題は、日本語教育の領域においても非常に関心が高い。守屋（1994）は日本語母語話者と学習者の自他選択の傾向を叙述される事態の性質や話者の関心のあり方の観点からこれを分析している。この研究では、母語話者がよく自動詞文を選択する傾向のあるもののうち、事態が人為的（意図的）に引き起こされていてなおかつ行為の主体が特定可能な場合に、学習者の自動詞選択が最も困難になることなどが指摘されている。また、杉村（2013）はこの研究をうけ、日本語母語話者は動作主の存在を強く意識しなければ他動詞選択はしにくいのに対し、中国語を母語とする学習者は動作主の存在を感じれば他動詞を選択しやすいと述べている。

　これらに対して、事態のあり方以外のさまざまな観点からのアプローチも

6　野田（1997、2015）、Pardeshi（2002）は、慎重なコメントを述べている例である。

されるようになってきている。牧原（2016）は、ポライトネスの観点から日本語話者と学習者の自他の選択傾向を比較している。この研究では、日本語では「好ましいと考えない事象が生じた場合、他動詞を用いて動作のコントロール性を大きく表現した方がポライトネスが高くなると考えられている」（p. 166）としている。また、伊藤（2018）は、非対人的な状況把握と対人的な状況報告という意味的なレベルから、母語話者の自他選択の傾向を動詞のタイプ別に考察するものである[7]。

　さらに、自他選択と文体的特徴の相関を包括的に調査したものとして、中俣（2017）をあげることができる。この研究は、国立国語研究所の現代日本語書き言葉均等コーパス（BCCWJ）を用いて、対をなす自他動詞の出現様相をレジスターごとに分析している。これによれば、日常的な会話文に近いブログ等のレジスターでは自動詞文が好まれる傾向が強いのに対し、白書、法律等の専門的で堅い文体では他動詞文が好まれる顕著な傾向が認められる。これは特に、後述するように、本章における事態把握という観点とも深い関係にあるものと考えられる。

3.2　事態把握からみる自動詞文と他動詞文
3.2.1　自他の振る舞いからみる意図的事態の諸タイプ
　ある 1 つの事態を叙述するにあたって、動作主の存在を含意することなく自然発生的な事態として自動詞文を用いて描くか、動作主の存在を明らかにし意図的に展開される事態として他動詞文を用いて描くかについては、非常に多くの要因が関与していると思われ、これを予測可能にする記述は今のところ不可能である。本章は、自動詞文の使用に対する説明が最も困難であると考えられる、明らかに意図的、人為的に引き起こされた事態に焦点をしぼり、話者の事態に対する関わり方、すなわち事態把握のあり方という観点から自他の問題を考える[8]。

7　伊藤（2018）の「状況把握」と「状況報告」という対立は、廣瀬（2016）の言語使用の三層モデルに基づくものである。

8　本章は、自他の対立を考えるにあたって、自他動詞の形態的関係の有無は問題にしない。自動詞「入る（hair-u）」と他動詞「入れる（ire-ru）」の間には、漢字表記上の問題は別とし

280 | 佐藤琢三

　明らかに人為的、意図的に引き起こされたという点では同じであっても、話者が眼前のこととして事態を没入的に描く場合と、発話の現場から切り離された時空間において生じた事態として鳥瞰的に描く場合とで、使用の可否のパターンは文によって異なる。

(19) a.　お茶 {が入った／を入れた} よ。早くおいで。
　　 b.　昨日、いただいたお茶 {?? が入った／を入れた} よ。おいしかったよ。
(20) a.　りんご {?? がむけた／をむいた} よ。早くおいで。
　　 b.　昨日、いただいたりんご {?? がむけた／をむいた} よ。おいしかったよ。
(21) a.　今、裏の道路工事 {が始まった／? を始めた} よ。
　　 b.　昨日、裏の道路工事 {が始まった／? を始めた} よ。

上の (19–21) の a 文は、話者が事態に没入して眼前のこととしてそれを述べているのに対し、b 文は話者が発話の現場から切り離された時空間のこととして鳥瞰的に事態を捉えている。(19) の「お茶」の例では、a 文にみるように没入的な場合は自他ともに自然であるのに対して、b 文にみるように鳥瞰的に事態を把握した場合には自動詞文の使用はかなり不自然なものになってしまう。これに対し、(20) の「りんご」の例では、没入的か鳥瞰的かに関わらず他動詞文の方が自然であり、(21) の「道路工事」の例ではいずれの場合も自動詞の方がより自然である。この振る舞いの違いは何に由来するのだろうか。

3.2.2　事態把握の影響を受けるタイプ

　(20) の「りんご」と (21) の「道路工事」の例は、没入的、鳥瞰的の対比に関わらず前者は他動詞文、後者は自動詞文が用いられる。これに対し、(19) の「お茶」の例の場合、事態把握の影響を受け、没入的な場合のみ明白な意図的事態であるにも関わらず自動詞文も自然である。これはどうして

て、形態的な同一性は認められないが、このようなものも自他の対立として扱っていく。

第14章 事象類型の選択と状況把握 | 281

だろうか。下の (22) と (23) は、(19) の「お茶」の例と同様の振る舞いを示すものである。

(22) a.　風呂 {が沸いた／を沸かした} よ。早く入りな。
　　 b.　昨日、風呂 {?? が沸いた／を沸かした} よ。いい湯だったよ。
(23) a.　肉 {が焼けた／を焼いた} よ。早くおいで。
　　 b.　昨日、いただいた肉 {?? が焼けた／を焼いた} よ。おいしかったよ。

これらの例はいずれも明確に動作主が存在する事態なので、他動詞文が使用可能なことよりも、自動詞文の使用が自然なことの方が特別な説明を必要とするものである。実際に、他動詞文はいずれの事態把握においても自然であり、自動詞文は没入的な把握の場合のみ自然である。すなわち、没入的な把握という要因が有標的な自動詞文使用を可能にしている。

　事態の性質の観点からこれらに共通して言えることは、動作主が対象に働きかけ終わってから対象の変化が一定の時間をかけて漸次的に進展するという点である。例えば、(22) の例であれば、動作主が風呂に点火するという働きかけを行った後、対象である風呂の水は時間をかけて漸次的にその温度を上げていく。また、(19) の例で言えば、動作主は茶葉の入った急須に湯を注ぎ、その後、急須の湯は漸次的に茶として適度な頃合いになるまでその濃度を高めていき、茶としての完成に至る。(23) の「肉」の例も同様である。つまり、a 文において話者は事態の始まりから終わりまでの時間的展開の中に没入的に身をおき、その状況の中で事態の終わりの局面に注目した捉え方をすることができる。これらの自動詞文は、入浴、食事、お茶などの時間のタイミングを告げる場合に非常に相性がよいと言える。

　これに対し、b 文では話者は事態を発話の現場から切り離された時空間のこととして鳥瞰的に述べている。話者は時間軸上の過去における一点の事態としてこれを述べており、事態の内的な展開は問題にされていない。つまり、事態の全体を時間的な幅を問題にしない 1 つの点として捉えている。仮にここで自動詞文を使ったとすると、存在することが明確な動作主とその働きかけの過程のみを捨象し、同様に存在することが明確な対象と変化の過程のみを言語化することになる。しかし、事態の時間的展開の中に身をおい

ているわけではないため、そのような捉え方を可能にする要因がなく、非常に不自然な文となってしまう。

没入的な把握のもとでは、事態の経験者である話者にとっての事態の見え方を言い表すことになる。そのため、話者が自律的な対象の変化過程にのみ注目していれば、それだけを言語化することが可能である。その意味で、没入的な把握とは、字義通り主観的な把握の仕方である。

3.2.3　事態把握の影響を受けないタイプ

上の 3.2.2 の議論にも関わらず、事態把握のタイプが常に意図的事態の自他選択に影響を与えるわけではない。

(24) a.　ケーキ {?? が切れた／を切った} よ。早くおいで。
　　　b.　昨日、いただいたケーキ {?? が切れた／を切った} よ。おいしかったよ。

上の (24) は、(20) の「りんご」の例と同様に、没入的な捉え方であっても自動詞文が使いにくい[9]。「りんごをむく」「ケーキを切る」といった事態は、「風呂を沸かす」「お茶を入れる」といった事態とは、その内的展開が質的に異なると言えるだろう。後者では動作主の対象への働きかけが終わった後に、対象の自発的かつ漸次的な変化があると考えられる。この場合、話者はその時間的展開の中に自らをおき、変化の局面のみに注目した自動詞文を使うことが可能である。これに対し前者では、「りんごのむき終わり」「ケーキの切り終わり」の局面までにも動作主が対象に働きかけており、事態把握に関わらず動作主とその働きかけを言語化しない自動詞文は用いにくい。また、これらの文が表す事態において、動作主の関与が完了した後の対象の自律的変化の局面は考えられない。そのため、対象の変化過程のみを切り取ってそれを言語化することはできず、結果的に事態把握のタイプに関わらず、自動詞文は用いにくい。

また、(21) の「道路工事」などの例においては、事態把握のタイプに関

9　「ケーキが切れた」が不自然であるという点は、杉村 (2013) が指摘している。

係なく自動詞文が好まれる。普通に解釈すれば、動作主は話者以外の不特定の第三者であり、話者はその存在に特段の関心はないと考えられる。このように動作主がいるにしても話者の関心が低い場合、事態把握のタイプに関係なく自動詞文が好まれる。

3.2.4　まとめ

　3節では、話者が事態に対して没入的か鳥瞰的かという話者の事態に対する関わり方が、対をなす自動詞文と他動詞文の選択といかに関わるかということを論じた。自他の選択に関わる要因は非常に多岐にわたるものと考えられる。本章の議論は、対象を自動詞文使用の説明の難しい意図的事態にしぼったうえで、事態把握という要因がいかに関与しているかを考えたものに過ぎず、決して自他選択に関わる問題の全貌を捉えようとしたものではない。このような限定的な範囲の議論ではあるが、「お茶が入る」などのような意図的事態における自動詞文使用は、没入的な事態把握という要因のもとで可能となっていることを述べた。

　上述のように中俣（2017）は、日常的な会話文に近いブログ等のレジスターでは自動詞文が好まれる傾向が強いのに対し、白書、法律等の専門的で堅い文体では他動詞文が好まれる顕著な傾向が認められることを指摘した。この言語事実の理由は今後検討されるべき問題であると思われるが、この傾向の要因の一端は、没入的／鳥瞰的という事態把握の問題とレジスターによる文体的特徴の関係にある可能性が高い。すなわち、日常会話的な文体では当然ながら没入的な把握との親和性が高く、その結果として自動詞文との相性がよい。他方、堅い文体では高度な客観性が求められるため、話者は事態を鳥瞰的に捉えることになる。そのため、自動詞文との親和性は相対的に低下する。

　日本語は自動詞文を好む傾向のある言語であると指摘されてきた。中俣（2017）が指摘するように、文体的な要因などの問題もあって、実際のテキストにおいて一概に自動詞文が多用されているとは限らない。しかしながら、「お茶が入る」の例によって代表されるように、他言語の観点からみれば特異に映る自動詞文が存在するのは事実である。そしてこの背景には、日

本語話者における没入的な事態把握への志向性の高さという点が、原因として関与している可能性があると考えられる。

4. おわりに

われわれは、世界において生起したある事態を、有意義に類型化し言語化する。つまり、事態を類型化されたどのタイプに振り分けるかという選択を常に迫られている。類型化された言語の諸タイプがいかなる意味的、統語的特徴を有するものかという議論が重要であるのと同様に、そもそもわれわれがいかにしてその振り分けを行っているかという問題も非常に重要である。

本章はこの問題に関して、動的事象と静的事象の対立、動的事象における自動詞文と他動詞文の対立の問題を取りあげ、範囲を限定して考えた。当然のことながら、われわれの類型の振り分けという行為は、われわれの事態の把握のあり方に基づいている。本章では、これらの問題に関し、状況の理解可能性、没入的か鳥瞰的かという事態把握のあり方が深く関与していることを具体的に明らかにした。

さまざまな事象の類型がある中で、本章はその一部に焦点をあてて考察したものにすぎないが、状況の理解可能性の高さはより複雑な文構造の構築と親和性が高いものと推測される。また、没入的な事態の捉え方は主観的把握とも言われるが、字義通り事態の経験者である話者にとっての主観的なものの見え方をそのまま言語化する方向に作用する。今後さらに考察を深めていきたい。

参照文献

池上嘉彦 (1981)『「する」と「なる」の言語学』東京：大修館書店.

池上嘉彦 (2011)「日本語と主観性・主体性」澤田治美（編）『ひつじ意味論講座　第5巻　主観性と主体性』49–67. 東京：ひつじ書房.

伊藤秀明 (2018)「使い方の観点からみた対のある自他動詞—現代日本語書き言葉均等コーパスを利用して—」『日本語／日本語教育研究』9: 103–118.

井上優 (2001)「現代日本語の「タ」—主文末の「…タ」の意味について—」つくば言語文化フォーラム（編）『「た」の言語学』97–163. 東京：ひつじ書房.

影山太郎 (1996)『動詞意味論』東京：くろしお出版.

小柳智一 (2014)「古代日本語研究と通言語的研究」定延利之（編）『日本語学と通言

語的研究との対話』55–82. 東京：くろしお出版.

定延利之（2014）「「発見」と「ミラティブ」の間―なぜ通言語的研究と交わるのか―」定延利之（編）『日本語学と通言語的研究との対話』3–38. 東京：くろしお出版.

佐藤琢三（2017）「知覚されていない〈過程〉とその言語化―「ある／いる」「している」「した」の選択可能性をめぐって―」『日本語／日本語教育研究』8: 5–20.

杉村泰（2013）「中国語話者における日本語の有対動詞の自動詞・他動詞・受身の選択について―人為的事態の場合―」『日本語／日本語教育研究』4: 21–38.

陳昭心（2009）「「ある／いる」の「類義表現」としての「結果状態のテイル」―日本語母語話者と中国語を母語とする学習者の使用傾向を見て―」『世界の日本語教育』19: 1–15.

寺村秀夫（1976/1993）「「ナル」表現と「スル」表現―日英態表現の比較―」『寺村秀夫論文集Ⅱ―言語学・日本語教育編―』213–232. 東京：くろしお出版.

中俣尚己（2017）「日本語話者は自動詞・他動詞をどのように使用しているか」公開シンポジウム『日本語の自動詞・他動詞を考える』口頭発表. 2017 年 10 月 7 日. 日本女子大学. http://nakamata.info/201710nakamata.pdf

野田尚史（1997）「日本語とスペイン語のボイス」国立国語研究所（編）『日本語とスペイン語（2）』83–113. 東京：くろしお出版.

野田尚史（2015）「世界の言語研究に貢献できる日本語文法研究とその可能性」益岡隆志（編）『日本語研究とその可能性』106–132. 東京：開拓社.

廣瀬幸生（2016）「主観性と言語使用の三層モデル」中村芳久・上原聡（編）『ラネカーの（間）主観性とその展開』333–355. 東京：開拓社.

牧原功（2016）「事態の把握と表出―自他動詞の選択との関わりから―」小野正樹・李奇楠（編）『言語の主観性―認知とポライトネスの接点―』151–167. 東京：くろしお出版.

益岡隆志（1987）『命題の文法』東京：くろしお出版.

三宅知宏（2002）「「過程」か「結果」か―日英対照研究の一視点―」『比較文化研究』4: 1–14. 鶴見大学比較文化研究所.

守屋三千代（1994）「日本語の自動詞・他動詞の選択条件―習得状況の分析を参考に―」『講座日本語教育』29: 151–165.

古川千鶴子（1979）「状態表現の日英比較」林栄一教授還暦記念論文集刊行委員会（編）『英語と日本語と』381–403. 東京：くろしお出版.

Pardeshi, Prashant（2002）"Responsible" Japanese vs "Intentional" Indic: A cognitive contrast of non-intentional events.『世界の日本語教育』12: 123–144.

執筆者紹介 （論文掲載順。＊は編者）

竹沢　幸一（たけざわ　こういち）＊

1956年生まれ。筑波大学人文社会系教授。専門は、統語論、理論言語学、対照言語学
主要業績："Perfective *have* and the bar notation"（*Linguistic Inquiry* 15, 1984）、『格と語順と統語構造』（研究社出版、1998、共著）、など

松岡　幹就（まつおか　みきなり）＊

1968年生まれ。山梨大学教育学部教授。専門は、統語論
主 要 業 績："Two types of ditransitive constructions in Japanese"（*Journal of East Asian Linguistics* 12, 2003）、"On the notion of subject for subject-oriented adverbs"（*Language* 89, 2013）、"On the locative structure of *-te iru* progressives in Japanese"（『言語研究』155、2019）、など

島田　雅晴（しまだ　まさはる）＊

1966年生まれ。筑波大学人文社会系准教授。専門は、理論言語学
主 要 業 績："Morphological theory and orthography: Kanji as a representation of lexemes"（*Journal of Linguistics* 50, 2014, 共著）、"Miratives in Japanese: The rise of mirative markers via grammaticalization"（*Journal of Historical Linguistics* 7, 2017, 共著）、など

長野　明子（ながの　あきこ）

1976年生まれ。東北大学大学院情報科学研究科准教授。専門は、形態論、語形成、言語接触
主要業績："A conversion analysis of so-called coercion from relational to qualitative adjectives in English"（*Word Structure* 11, 2018）、*Conversion and back-formation in English: Toward a theory of morpheme-based morphology*（開拓社、2008）、など

鈴木　彩香（すずき　あやか）

1989年生まれ。国立国語研究所プロジェクトPDフェロー。専門は、統語論、意味論、叙述類型論、テンス・アスペクト
主要業績：「日本語オノマトペ述語の形式について：スル・シテイル・ダの選択基準を中心に」（『日本語文法』12-2、2012）、「属性叙述文の統語的・意味的分析」（筑波大学博士論文、2017）、など

三上 傑 (みかみ すぐる)

1983年生まれ。東北大学高度教養教育・学生支援機構講師。専門は、統語論
主要業績: "The locative inversion construction in English" (*English Linguistics* 27, 2010)、"Heavy NP Shift in English and A-movement in subject-prominent languages" (*English Linguistics* 29, 2012)、「英語の結果構文が示す「非能格性」: 非能格動詞結果構文が許容する二つの解釈と構造的曖昧性」(『英文学研究』95、2018)、など

三好 伸芳 (みよし のぶよし)

1990年生まれ。実践女子大学文学部国文学科助教。専門は、意味論、連体修飾構造、テンス
主要業績:「制限的連体修飾節のタイプ分け」(『日本語文法』17-1、2017)、「カキ料理構文における「XのZ」の意味的関係」(『日本語文法』17-2、2017)、など

阿久澤 弘陽 (あくざわ こうよう)

1988年生まれ。聖学院大学基礎総合教育部特任講師。専門は、統語論、語彙意味論
主要業績:「イベント名詞句からの抜き出しと前提性」(『日本語文法』17-2、2017)、「コト節を選択するコントロール構文と述語の意味」(*KLS* 38, 2018)、など

王 丹丹 (おう たんたん)

1982年生まれ。電子科技大学外国語学院特任准教授。専門は、統語論、日中対照研究
主要業績:「任意の解釈をもつゼロ要素と代名詞の交替」(『日本語文法』8-1、2008)、"汉语中的两种控制从句" (中国語における二種類のコントロール構文、《語言科学》9-6、2010)、「pro 脱落言語におけるゼロ要素の統語的分析: 日本語と中国語を中心に」(筑波大学博士論文、2011)、など

石田 尊 (いしだ たける)*

1971年生まれ。筑波大学人文社会系准教授。専門は、日本語学 (文法論)
主要業績:「日本語の所有者上昇に見られる有生性制限について」(『文藝言語研究 言語篇』67、2015)、「付帯状況ナガラ節における主格要素の出現制限に関する事象関連電位を用いた研究」(『実験音声学・言語学研究』10、2018、共著)、など

本間 伸輔 (ほんま しんすけ)*

1964年生まれ。新潟大学教育学部准教授。専門は、統語論、意味論
主要業績: "Quantifier scope in syntax" (*English Linguistics* 21, 2004)、Syntactic determinants of quantifier scope (筑波大学博士論文、2015)、など

田川　拓海（たがわ　たくみ）*

1979年生まれ。筑波大学人文社会系助教。専門は、形態論、統語論
主要業績：「分散形態論を用いた動詞活用の研究に向けて：連用形の分析における形態統語論的問題」（三原健一・仁田義雄編『活用論の前線』くろしお出版、2012）、「動名詞の構造と「する」「させる」の分布：漢語と外来語の比較」（庵功雄・佐藤琢三・中俣尚己編『日本語文法研究のフロンティア』くろしお出版、2016）、など

朴　江訓（ぱく　かんふん）

1975年生まれ。全州大学人文大学日本言語文化学科助教授。専門は、統語論、文法化理論、日韓対照言語学
主要業績："A contrastive study of Japanese and Korean negative sensitive items"（*Language Sciences* 45, 2014）、"A discrepancy in the degree of grammaticalization of Korean and Japanese negative sensitive items"（*Japanese/Korean Linguistics* 22, 2015）、など

井戸　美里（いど　みさと）

1989年生まれ。国立国語研究所プロジェクトPDフェロー。専門は、日本語文法の記述、統語論、意味論
主要業績：「否定的な評価を表す二種類のとりたて詞ナド」（『日本語文法』13-1、2013）、「とりたて詞の統語と意味から見る日本語否定極性表現の研究」（筑波大学博士論文、2017）、など

佐藤　琢三（さとう　たくぞう）

1965年生まれ。学習院女子大学国際文化交流学部教授。専門は、現代日本語文法
主要業績：『自動詞文と他動詞文の意味論』（笠間書院、2005）、など

日本語統語論研究の広がり
―記述と理論の往還―

2019 年 11 月 10 日　　初版第 1 刷発行

編　者　竹沢幸一・本間伸輔・田川拓海・石田尊・
　　　　松岡幹就・島田雅晴

発行人　岡野秀夫

発行所　株式会社　くろしお出版
　　　　〒 102-0084　東京都千代田区二番町 4-3
　　　　TEL: 03-6261-2867　FAX: 03-6261-2879
　　　　URL: http://www.9640.jp　e-mail: kurosio@9640.jp

印刷所　株式会社三秀舎

装　丁　庄子結香（カレラ）

© Koichi TAKEZAWA, Shinsuke HOMMA, Takumi TAGAWA, Takeru ISHIDA,
　Mikinari MATSUOKA, and Masaharu SHIMADA 2019
Printed in Japan
ISBN 978-4-87424-811-9　C3081
乱丁・落丁はおとりかえいたします。本書の無断転載・複製を禁じます。